暴力階級とは何か

情勢下の政治哲学2011-2015

廣瀬 純

¿Qué es la clase de la violencia?
Una filosofía política bajo la coyuntura, 2011-2015.

航思社

暴力階級とは何か

目次

I

暴力階級、その肉と身体

II

怒りから恥辱へ、恥辱から勇気へ

III

「暴力が支配するところ、暴力だけが助けとなる。」

I

暴力階級、その肉と身体

搾取の終焉、勇気の時代

2014. 12

搾取から収奪へ

すべての事情に鑑みていま自民党と「二大政党」の関係を築き得るのは天皇以外にいないだろう、少なくとも明仁本人はそう思っているに違いない。かつて社会党が担っていた役割を今日の新たな状況下において担い得るのは自分しかいない――福島第一原発事故発生からの三年間の彼の様々な発言には、間違っているとはけっして言えないそのような情勢把握が垣間見える。

自民党と社会党とが対をなしていたのは搾取の時代、産業資本が資本制経済の主軸をなしていた時代のことだ。産業資本にとって労働者は生産者かつ購買者である。労働者は協業する限りで剰余価値を生産するが、その剰余価値が実現されるためにはそれを体化した集団生産物が商品に転じ労働者自身によって買い戻されなければならない。これは主として二つのことを意味する。第一に、産業資本にとっては労働者の生こそが価値増殖の源泉であり、労働者を生かしておくことが必要不可欠だということ。資本家と個々の労働者とのあいだの労働力売買が等価交換でなければならない（資本にとっての）理由はここにある。個々の労働者が労働過程で費やしたおのれの労働力の再生産を行うのはそれに必要な量の財を購入し消費することによってだが、賃金という形態で労働者に分配される富がこれを可能とするに足る量でなければ、産業資本はおのれの価値増殖を続けられない。第二に、労働者の購買力をできるだけ高めなければならないということ。資本制経済は成長（拡大再生産）への傾向をその本性とするが、産業資本主軸の場合にあっては労働者がつねにいっそう多くの生産物を商品として買い戻すということのない限り成長はない。買い戻しの必要条件となるのが購買力だが、これを高める手段は主として二つある。ひとつは賃上げ、もうひとつは国家による徴税＝再分配だ。

賃上げと再分配とを通じて資本家階級（富者）と労働者階級（貧者）とのあいだの所得差を調整することでストックの過剰を防ぎ、購買に充てられるフローを増大させる――高度成長期の日本社会においてその原動力の役割を曲芸的なやり方で担っていたのがまさに社会党だ。曲芸的だと言うのは、資本制経済がおのれの成長のために要請するこの調整を社会党は「貧富差の解消」「富の平等な分配」といった想像力のもとで促してきたからであり、また、そうした想像力がそれ自体で資本主義社会の安定に必要不可欠なものだったからだ。資本制経済の下では実際のところ貧富差解消も富の平等もないという現実は、それが「想像された共同体」の光学効果によって後景に退けられることのない限り、貧者／富者の階級対立すなわち内戦を必然的に導くほかない。

自民党との関係において社会党は、柄谷行人の論じる通り、資本＝国家の現実的結合を国家＝国民の想像的結合によって補完するものとしてあった。つまり、社会党はその語の誤解された意味（資本主義）でも正しい意味（ナショナリズム）でも「右翼」だった。しかしこれは、さらに言えば、自民党の一党支配が続いた戦後日本社会において逆説的にも社会党こそが国家だった、あるいは少なくとも、国家を体現していたということではないか。国家とは、分配への制度的介入と徴税＝再分配とを通じてストック／フローの配分を調整し資本制経済の成長を促すのと同時に、これを国民的統一という想像力によって二重化する当のものにほかならないのだから。労働者階級の利益を代表する党がその機能において国家と一致してしまうというこの事態（プロレタリア独裁!?）は、分配／再分配の現実的過程（下部構造）に国民的統一の想像的過程（上部構造）がつねにすでに曲芸的に埋め込まれているという産業資本時代特有の事情から説明され得る。つまり、冷戦下日本の産業資本社会にあっては、賃上げがそうであるのは言うまでもなく、富者から貧者への ヴェクトルでなされるという資格で再分配もまた、それ自体で、貧者を富者との利害一致（富者が富めば貧者も富む）へと導くものとしてあったということだ。

日本での社会党の消滅は世界規模での産業資本の衰退、搾取時代の終焉を告げる出来事だったと言える。搾取の終焉とは労働者の生に立脚して価値増殖を続けることを資本が断念したということ、労働者の観点から言えば、おのれの生が資本の下で維持されるそれではなくなったということだ。このシフトの原因は、最も端的には、購買意欲の傾向的低下、あるいは、新たな購買意欲をゼロから生い立たせるイノヴェイションの資本制生産枠内での枯渇に求められるだろう。資本からすれば、購買意欲を失った労働者になおも購買力を注入し続ける理由はないし、購買によって実現されることのもはやない剰余価値の生産をなおも続けるために労働力の再生産を維持し続ける理由もない。フロー面での価値増殖を通じた成長がこうして限界（「ゼロ金利」に表現される利潤率＝0の局面）に達したことにより資本はストック面での価値増殖へと舵を切ったのだ。

重要なのは、産業資本から金融資本へのこのパラダイム転換によって国家もそのありようを一変させたという点だ。機能が変化したわけではない。国家はあくまでも分配への介入と徴税＝再分配とに存する現実的機能、そして、国民的統一の維持に存する想像的機能によって定義される。変化したのはこれらの機能の作動様態だ。再分配が「貧者から富者へ」と逆転されるのと同時に、分配面においては労働力売買が不等価交換として制度化される。アベノミクスを例にとれば、再分配ヴェクトルの逆転は「第一の矢」（金融政策）と「第二の矢」（財政政策）とに体現されている。利子率＝0の局面で国債発行との連動によって行われる量的金融緩和（第一の矢）は貧者にも平等に債務を負わせながらマネーを富者のもとに集中させること（貸出によるフロー創造よりもストック市場の拡大）をはじめから目的としたものにほかならないし（リフレ派経済学者を登用してなされる非リフレ政策）、それが引き起こす円安もまた、貧者にも平等に負担を強いながら富者だけに利益を還元する仕組み以外の何ものでもない（為替差損平等／為替差益不平等としての徴税／再分配）。消費税率引き上げ（第二の矢）も同様に、その還付制度に着目すればそれが貧者から富者への所得移転の強化であるのは明白だ。他方、「第三の矢」（成長戦略）の主軸をなす雇用規制緩和は、所謂「ブラック企業」の諸事例がすでにはっきり示している通り、資本家と個々の労働者とのあいだの労働力売買が不等価交換であってよいことを制度化する企て以外の何ものでもない。

分配／再分配の以上のような根源的刷新は貧者／富者の利害一致を必然的に解除するものであり、分配／再分配の現実的過程から国民的統一の想像的過程を絶対的に分離する。それでもなお内戦を回避する（あるいはむしろ、すでに起きている内戦をあくまでも例外的「事故」として処理する）ために国家は国民的統一の想像力を何が何でも確保しなければならない。安倍政権下では主として二つの手法が用いられている。ひとつは「国民経済全体の浮揚」の謂《い》いとしての「デフレ脱却」をあくまでも唱え続けるという言説戦略であり、もうひとつは憲法解釈変更や特定秘密保護法制定などを通じて敵対性をあくまでも外部に措定するという戦略だ（もちろんこの軍国化政策には、産業資本にあって今日唯一成長の望めるセクターである軍需産業を本格始動させるという現実的な目的もある）。しかし、北朝鮮政府や中国政府からの支援によるそれ（日本政府の期待に応えて然るべきタイミングで軍事的行動をとる）を除けば、現実的過程による裏打ちをいっさい欠いたこのナショナリズムは、富者に対する貧者の階級的憤怒を抑えるには脆弱に過ぎるものにとどまらざるを得ない。明仁が「現代の社会党」としてのおのれの出番をみてとるのはまさにここにおいてのことだ（「デフレ脱却」「トリクルダウン」といった今日の経済的ナショナリズム言説の脆弱さは現実的過程への立脚のその無理に存する。これに対して天皇によるナショナリズムの今日における強さの可能性はそれが最初からいっきに想像的次元に身をおくという無理のない無理にある。また、ナショナリズムのこの二形態は本性としては一方が現実から想像へ、他方が想像から現実へという指向性を有していると言えるが、今日にあっては天皇ナショナリズムも現実／想像の絶対分離によってその作動が規定されており、脱原発や護憲への明仁の明確な意思表示が現実的にはまるで機能しないことに端的に示される通り、実際には想像が現実を導くことはけっしてない）。

恥辱から勇気へ

ブランショの名を引くまでもなく、死は長らく抵抗と切り離せないものとしてあった。生のただなかでいかに生に抗するか。生きながらにしていかに死ぬか。文学と死ぬ権利。二〇世紀にそうした問いが立てられたのは、産業資本時代にあって、生きるということが資本によって生かされているということ、生が資本との恥辱的妥協の産物にほかならなかったからだ。確かに資本は我々を宿主とし我々に寄生することをおのれの成長の条件としていたが、しかし宿主の生は分配／再分配を通じて寄生者への依存を否応なしに強いられていた。これに対して今日の寄生者は、宿主をその死に至るまでとことん喰い尽くすことにこそおのれの成長の条件を見出す。生ではなく死、生かして搾取するのではなく死ぬまで収奪する。それでもなお「文学と死ぬ権利」なのか。収奪時代の闘いは、漸進的な死のただなかでその死に抗うこと、おのれの名において死ぬこと、死の過程のただなかで「生きる権利」を決死の覚悟で行使することに存するもの以外にあり得ない。再分配ヴェクトルの逆転と分配の不等価交換化とによって規定される時代の闘いは文字通り「生きるか死ぬか」のそれとなる。

「二一世紀はドゥルーズのものとなる」とフーコーは言ったが、到来したのはむしろ逆にフーコーの世紀なのだ。生きることの恥辱ではなく、生きることへの勇気、「真理の勇気」（真理への勇気）の時代。「生きさせろ」といくら懇願してみても、購買意欲を失った我々を前にした資本がそれを聞き入れることはもはやない。搾取時代への後戻りという途は資本にはない。漸進的な死に人々が集団的に巻き込まれている収奪時代にあって、生きることはスキャンダルとなる。「東電放射能公害事件」（矢部史郎）発生以来、東日本住民の多くがそれまでの生活を捨てて他所へと退避したが、彼らが身を以て我々に示したのはまさに、生きることが今日ではスキャンダルであり、その実現には勇気を要するということではなかったか（スキャンダルとしての自主退避）。しかし同時に彼らはまた、勇気さえあれば誰にでも生きることは可能だということを教えてくれもした。だからこそ今日もなお、退避の流れが途切れなく続いているのであり、生の地下水脈が列島全体に縦横無尽に広がり続けているのだ。個人の勇気が別の個人の勇気を導くその果てしなき連鎖によって不可逆的に拡大していく地下水脈……。

収奪時代にあってはまた、生きることがスキャンダルとなるだけではなく、すべてのスキャンダルに生きることへの勇気が含まれているとも言わねばなるまい。近年の日本で言えば、「バイトテロ」、ヘイトスピーチ、著名人脅迫、イスラーム国参加、無差別殺人……。権力が「テロ」と名づけたがる類いの振る舞い、程度の差はあれ自身の破滅あるいは死を覚悟してなされるどんなスキャンダルからも、漸進的な死を逃れ生へと踏み出そうとする勇気の声が聞こえてくることを我々は否定できない。そうしたすべての勇気の発動が、あるいはその流産した萌芽が我々一人ひとりに語りかけてくる。「次はお前の番だ」。こう言い換えてもよい。今日、生きることは暴力であり、すべての暴力には生への勇気がある。だからこそ暴力の発動はさらなる暴力の発動を導き、何人たりともその流れを止めることはできず、ひとつの人民を形成するにまで至るのだ。「暴力階級」――マルグリット・デュラスがそう呼んだのは生の発露《エラン・ヴィタル》に満ちたこの戦闘的人民のことではなかったか。

テロから戦争へ

富者とは誰か、貧者とは誰か。富者とは収奪する者、貧者とは収奪される者のことであり、富者は貧者なしに存在し得ない。貧者／富者の分割は人類史上最後に残った富者が自己を二分しおのれ自身を貧者として収奪し尽くすに至るまで保たれ、資本主義はこの最後の富者（にして貧者）の自死を以て終焉する。金融資本を主軸とした今日の資本制経済は収奪関係としての階級分割を社会内につねに再生産し維持していくことをおのれの成長の条件とする。収奪し尽くされた果てに貧者は死ぬが、資本は富者のうちに新たな貧者を作り出す（トマ・ピケティの提案はこの文脈でこそその「現実主義」を担保されるだろう）。今日の富者が明日の貧者となるのは必然であり、すべての富者はすでに貧者なのだ。ここに見るべきは、産業資本時代のそれとはまるで異なる仕方での貧者／富者の利害一致、資本と国家とに真っ向から敵対する人民の形成可能性、現実的過程のただなかにおけるそうした可能性の実在だ。もちろん我々はフリーター全般労組とともに「放射能は人を選んで降り注ぐ」と言わねばならないが、しかしそれはおそらく「放射能は誰も差別しない」(ランキン・タクシー)という放射脳階級の大いなる肯定へと至るためなのだ。実際、デュラスが「暴力階級」を語ったとき、この階級は社会的諸階級と並存するものだとされ、貧者/富者の区別なく誰しもが少なくとも潜在的にはこの階級に属しているとされていた。

　現実的過程への「来るべき人民」のこの内在は「労働」の観点からも把握し得る。産業資本から金融資本へのパラダイム転換を特徴づけるのは資本家/労働者の区分の傾向的解消だ。かつて「労働力」とされたものが今日では「人的資本」とみなされる。賃金もまた少なくともその一部が年金ファンドなどを通じて金融資本に吸収される。労働者がこうして資本家化へと導かれる一方で資本家もまた労働者になる。剰余価値生産の主たる場がフロー面(G-W-G′)からストック面(G-G′)へと移行するという事態は実際、労働の消滅を意味するわけでは些《いささ》かもない。為替や株式といったストック市場での金融資本の価値増殖も、フローでの産業資本のそれと同様、労働なしにはあり得ない(無人の惑星上ではたとえ資本が存在していたとしても円安も株高も起こらない)。G-G′にあってGをG′に増殖させるのはいったい誰の労働か。マーケットで株や為替の売買に実際に従事する者たちのそれだけではない。そうした者たちも含む全人類がそのグローバルな言語活動ネットワークを通じて労働しているのだ。「社会化された工場」全体におけるこの協業こそが為替や株価の変動を生産するのであり、「話す存在」である我々は皆、資本家/労働者の区別なく等しく「金融労働者」なのである。

　金融資本の価値増殖が全社会的協業によってなされるという観点から、先に例示したアベノミクスに関してひとつ補足しておくべき重要な点がある。現実的には非リフレ金融政策を行いつつもなおあくまでも「デフレ脱却」を唱え続けるというその言説戦略は「国民経済」なる想像力によって内戦の顕在化を抑えるためのものであるだけではなく、同時にまた、マスメディアを介して「デフレ脱却」言説を社会内に広範に流布させることによって言語活動ネットワークを通じた人々の協業を「インフレ期待」の創出（円安株高の生産）へと誘導するためのものでもある。つまり、人々の日常的な言語活動をそっくりそのまま労働として捕獲することなしにはいっさい価値増殖を実現し得ない金融資本にとって、マスメディアとの結託による言説戦略の展開は二重の意味で——また、二重の意味でのことだからこそ絶対的に——必要不可欠なものであるということだ。

話を戻す。問題は、金融資本時代にあっては誰ひとり例外なく皆が等しく労働している（労働の平等）にもかかわらず、収奪することでその報酬を確保する富者と、報酬を受けないばかりか死に至るまで収奪される貧者とに社会が二分される（分配の不平等）という点、また、その際に画定される分割線の合理的根拠がいっさい見出し得ないという点に存する。「負の所得税」（ベイシック・インカム）というネオリベラル的提案をたとえばネグリ＝ハートが一連のその共著でラディカルに読み替え再提案してみせたときに問われていたのも、赤木智弘が数年前に「希望は戦争」と述べたときに問われていたのもこの同じ問題だった。産業資本中心のそれから金融資本中心のそれへと経済構造が転換されることで分配が労働から切断され、労働の埒外で分配が徴税＝再分配と結びついたときから、貧者／富者の境界画定は「国家理性」とでも呼ぶべき不条理に委ねられることとなったのだ。赤木にとって「戦争」とはまずこの不条理それ自体の名であったはずだ。境界画定が不条理の産物であるならば、その刷新もまた同じ不条理によってなされるほかない——だからこそ貧者にとって死を免れる唯一のチャンスは「戦争」の到来だとされたのだ。ネグリ＝ハートもまた、ネオリベラル派が貧者からの収奪を「平和」裡に進めるために考案したベイシック・インカムを「戦争」の道具、戦争機械として位置づけ直す。ただし彼らにおける「戦争」はもはや不条理の自己刷新の謂いではなく、不条理に抗する理性、国家理性に抗する絶対的理性の謂いとなる。全人類にその金融労働の等価的対価（「話す存在」である人々の生を再生産するのに必要な量の所得）を等しく保証する制度として彼らが再提案するベイシック・インカムは、産業資本主義時代への後戻りがないことを前提に、あくまでも金融資本の枠組みのなかで分配を労働に再結合しつつこの再結合に則って徴税＝再分配を再構築する（金融資本の価値増殖過程のただなかへの産業資本のロジックの再導入）ことで、労働（日常的言語活動）を労働（剰余価値生産）たらしめている当の金融資本（労働／分配の切断に立脚した価値増殖）をその内部から解体する戦争機械にほかならない。

個人間の触発による暴力発動の継起を止めることはもはや誰にもできない。死に曝された者たちによる決死の覚悟でのおのれの生の奪還をいったい誰が止められるというのか。生への勇気。資本と国家とに対する闘いはすでに始まっている。他方でまた、この闘いが戦争として全面化するその可能性もすでに現実に存在している。今日の富者たちは誰しも、自分が潜在的には貧者であることに多少なりとも気づいており、それ故に多かれ少なかれ不安を抱えながら生きている。暴力階級のその構成根拠をなす理性は少なくとも萌芽的状態においてすでに全面化している（理性としての放射脳)。金融資本時代の革命理論は、いかにして暴力階級を全面的に現勢化させるのか、いかにして暴力階級を組織化するのか、貧者/富者を問わず我々が皆すでにおのれの肉として生きているこの階級をいかにして身体として組織するのか、暴力階級の党はいかなるものかといったことを問うものとなるはずだ。その答えは少なくともいまのところ誰にもわからない。しかし、生きるためには勇気をもって死(資本と国家)と闘わなければならないという理性はその単純さにおいてすでに皆に共有されている。たとえ意志については多少なりとも悲観的であらざるを得なくとも、理性については迷うことなく楽観的でいられる理由を我々はすでに手にしている。今日の革命実践は、この「理性の楽観主義」を原動力にして賽を投じ続けるという史的唯物論のそれとなるはずだ。

我々はいったいどうしたら自殺できるのか

「シャルリ・エブド」襲撃事件

2015. 2

「私は死を怖れていません。横柄に聞こえるかもしれませんが本当のことです（一〇年前の私は死を怖れていました）。死の直視から生じる感覚は危険かつアナーキーなもので、現行の社会に反逆するものです。社会は恐怖と不安とを巧みに利用しているわけですからね」——映画作家ヴェルナー・シュレーターは一九八一年に行われたミシェル・フーコーとの対談[*1]でそう述べている。この発言はしかしフーコー自身のものだったとしても何の不思議もなかっただろう。シュレーターは「社会」を語っているが、そこから我々が直ちに理解するのは、彼が「権力」というものを主権や法＝権利といった次元ではなく力関係あるいは統治の次元で把握しているということであり、法＝権利についてさえ力関係としての権力の一部品としか考えていないということであるが、これはフーコーが七〇年代に展開した権力論と異なるものではない。シュレーターにとってと同様、フーコーにとっても、主権者に対して権利を要求することなど問題にもならないし、主権者の定めた法を侵犯するといったことすらそれ自体としては重要ではない。彼らにとっての問題はどうしたら「社会」の閾を越えられるかという一点に存する。我々の日々生きている人間関係それ自体、「社会」それ自体が権力としてあるのだとしたら、我々はいったいどうしたらこの権力の彼岸に達することができるのか。死を怖れないことだとシュレーターは答えるが、この点でもフーコーは同意するはずだ。八四年のあるインタヴューでフーコーはたとえば次のように述べている。「たとえ権力関係が完全に非対称的で、一方が他方に対して何でもなし得ると言えるような状態にあったとしても、その他方に対する権力の行使は、その他方に自殺するとか窓から身を投げるとか相手を殺すといった可能性が残されたままである限りにおいてしか、実現され得ないのです」[*2]。死を怖れぬ者は統治されない。死を怖れぬ者は支配されない。権力は「他者への関係」として行使されるが、どんなに抑圧的で強制的な権力関係であってもなお必ずそのただなかに「自己への関係」としての「自由」（可能態としての「不服従」）が存在し、この自由を実践することは死を怖れなければつねに可能だ。自己あるいは他者の破壊はそうした「自由の実践」の極限形式をなす。フーコーはそう言っている。

＊1　Michel Foucault, « Conversation avec Werner Schroeter » (1982), repris dans *Dits et Écrits II, 1976-1988*, Gallimard, coll. « Quarro », 2001.

＊2　Id., « L'Éthique du souci de soi comme pratique de la liberté » (1984), repris dans *Dits et Écrits II*.

「シャルリ・エブド」襲撃事件は死を怖れない者たちの事件だった。同誌事務所とユダヤ食品スーパーとを襲撃した三人の若者たちはおのれの死を覚悟した上で彼らの計画を実行したに違いない。生きてどこかに逃亡できるとは微塵も考えていなかったに違いない。死を怖れていなかったのはしかし彼らだけではない。「シャルリ・エブド」誌の編集者と風刺画家たちもまた死を怖れていなかった。彼らは二〇一一年に旧事務所を焼かれその後も死の脅迫を受け続けていたわけだが、それに怯むことなくムハンマドやコーランを冒瀆する風刺画を描き雑誌に掲載し続けた。襲撃者たちと同様、彼らもまた自分たちの営みの先におのれの死が待っていることを十分自覚していたはずだ。

他方、事件当日の夕方からパリでは何万もの人々が《JE SUIS CHARLIE》というカードを掲げて街路に出た。そのすぐ後の日曜日には政府の呼びかけた「共和国行進」（Marche républicaine）にパリだけで一五〇万とも言われる人々が同じカードを掲げて結集した。レピュブリック広場やバスチーユ広場、ナシオン広場を埋め尽くした彼らは、マスメディア報道などによれば、共和国の価値のひとつである「表現の自由」が「テロに屈しない」ということを示すために結集したとされているが、しかし本当にそうだったのか。「シャルリ・エブド」の人々がそうだったように、あの群衆もまた「表現の自由」の行使のために死を覚悟した者たちだったのか。彼らもまた死を怖れぬ者だったのか。もしそうだったとしたら、なぜ彼らは《JE SUIS CHARLIE》というカードの代わりにムハンマドを冒瀆した風刺画を携えて「共和国行進」にやってこなかったのか。フランス全土では三七〇万とも報じられたあの群衆はむしろ反対に死を怖れる者たちだったのではないか。死への恐怖、死への不安こそがあれだけの数の人々を結集させたのではないか。「共和国行進」翌朝のラジオ生番組で、生き残った風刺画家リュズがインタヴューに答え、前日の国家的かつ国民的イヴェントに対する違和を表明していた。「ありとあらゆる象徴を批判の対象とし笑い飛ばしてきた〝シャルリ・エブド〟それ自身がいまや象徴に祭り上げられてしまった。しかも、よりによって〝国民団結〟(union nationale)などというそれ自体批判の対象でしかないはずのものの象徴に……」。死を覚悟して象徴を破壊してきた雑誌が死への恐怖と不安との下に結集した「国民」の象徴に祭り上げられる。《JE SUIS CHARLIE》(私はシャルリである)というスローガンに誰しもが感じる捻れ、矛盾、欺瞞はここにある。死を怖れる「私」が死を怖れぬ「シャルリ」への自己同一化を表明する。「社会」によって捕獲される「アナーキー」……。「シャルリ」はしかし言うまでもなくこれら三七〇万の「私」よりも三人の襲撃者にずっと近いのだ。

「私は死が怖くありません」というシュレーターの言を受けてフーコーは「自殺」の難しさということを語り始める。「しばらく前から私の頭を離れないもののひとつに自殺するのがどれほど難しいかということがあります」。「いかにして自殺するかという問題は一生かけて検討し続ける必要のあるものかもしれません」。「アナーキー」あるいは「自由」の実践において死を怖れないことは必要であるがそれだけでは十分ではないとフーコーは言っているのだ。死を怖れず自殺するだけではその自殺が真の意味での自殺にならない可能性がある、自由の実践としての自殺にならないで終わってしまう場合がある、自殺は「何にもまして美しい振る舞い」となり得るがそのためにはその方法の綿密な吟味が必要であり、その実現に際しても細心の注意と用心とを伴った徹底的な自己制御が必要であるとフーコーは言っているのだ。実際、その先に自分の死が待っていることを承知の上で死を怖れずにムハンマドの風刺画を掲載し続けた「シャルリ・エブド」の人々がなしたのは確かに自殺の試みではあったが、彼らのその自殺は「何にもまして美しい振舞い」と呼ぶに値するものとなったか。彼らの自殺は事務所近隣の人々やユダヤ食品スーパーの客などを巻き添えにしただけでなく、それ自体としてもいとも易々と「国民団結」の象徴にされてしまった。「シャルリ・エブド」の人々についてエティエンヌ・バリバールは事件直後に発表された短文で[*3]「軽率さ」（imprudence）を指摘したが、彼らはまさにその軽率さ、計画の甘さ、自己制御の不徹底ゆえに自殺に失敗した。もしフーコーが存命だったならば、彼の関心をより強く引いたのはむしろシェリフとサイードのクアシ兄弟そしてアメディ・クリバリによる自殺の試みのほうでありその失敗だったに違いない。死を覚悟して彼らが実行した行動は風刺雑誌の人々のそれと同様、自殺の試みだったと言えるが、彼らもまた失敗したと言わざるを得ない。ただしその失敗は「シャルリ・エブド」の人々が陥ったのと同種の失敗ではまるでない。そもそもクリバリとクアシ兄弟には「軽率さ」など微塵もない。事務所の場所を厳密に特定できていなかったということを除けば彼らは綿密に計画を立て、また、女性を二名殺害してしまったということを除けば十分な自己制御を以て逸脱なく計画を実行した。事件は彼らの構想通りに実現した。その意味では彼らは自殺に成功した。しかしその成功が失敗でもある、少なくとも失敗と表裏一体のものとしてある。そしておそらくは誰よりも彼ら自身がそれをよく知っている。けっして裕福とは言えない環境で育った三人の若者（クアシ兄弟はとりわけ悲惨な境遇で育ったがクリバリもパリ郊外貧困地区の出身である）が、成功が失敗でしかあり得ないことの初めからわかっている「自由の実践」をそれでもなお字義通り「決死の覚悟で」実現しようとしたのであり、だからこそ彼らの振る舞いには誰にとっても胸を打つ何かがあるのだ。

＊
＊　＊

「いったい何が起こったのか？」——事件の分析を求めるこの一文をタイトルに含む『千のプラトー』第八章（と第九章）でジル・ドゥルーズとフェリックス・グァタリはどんな個人、どんなグループも基本的に三種類の「線」から構成されていると論じる。「逃走線」「分子状線」「モル状線」の三つだ。これら三線のうち第一のものは「絶対的脱領土化の運動」だと定義される逃走線であり、この逃走線が相対化されると分子状線になり、同じ逃走線が切断され停止させられるとモル状線になるとされる。ドゥルーズ＝グァタリはしかしまた逃走線をそれとして辿るのが「遊牧民」（nomades）、分子状線を引くのが「移民」（migrants）、モル状線を設けるのが「定住民」（sédentaires）だとしつつ、とりわけ移民についてはそれが「地下潜行者」（clandestins）になる場合と「周縁者」（marginaux）になる場合との二通りがあると指摘してもいる。注意すべきは、ドゥルーズ＝グァタリにおいて「実践」の問題とされるのは地下潜行者になることであって遊牧民になることではないという点だ。定住民のモル状線と同様に遊牧民の逃走線もそれとしては避ける

＊3　Étienne Balibar, « Trois mots pour les morts et pour les vivants », *Libération*, le 9 janvier 2015.

べき「危険」だとされるのである。なぜか。逃走線はそれ自体としては「あまりにも暴力的かつ高速で」我々に呼吸することも思考することも許さない線であり、我々には生きることのできない線、「死の線」だとされるからである。逃走線を生きる遊牧民はこの意味で文字通り「来るべき人民」なのであり、我々は実人生からは区別される哲学あるいは芸術を通じてその可能性を示し、それに呼びかけることしかできない（「来るべき人民」の実人生における到来が期待できるにしてもそれは小泉義之の言を借りれば「百万年単位での期待」[*4]となる）。実人生においては、したがって、逃走線を相対化し生き得るものにしなければならない。逃走線を折り畳まなければならない。だからこそドゥルーズ＝ガタリは「分子状線」を語るのだ。分子状線は逃走線を折り畳み生き得るものとした線であり、その線上で我々は逃走線であることを回避しながら逃走線になる。白鯨の狂った逃走線をそれとして辿り白鯨に一体化する拝火教徒フェダラーではなく、この同じ線を折り畳み白鯨になるエイハブ船長をドゥルーズ＝ガタリが一貫して重視する理由はここにある。

これに対してフーコーが「実践」の問題として問うのは、あくまでも、どうしたら逃走線をそれとして辿ることができるのか、死と狂気の逃走線にどうしたら一体化できるのかということである。ドゥルーズ＝ガタリとフーコーとのこの相違はどこから来るのか。シュレーターとの対談でフーコーは次のように言っている。「自分の存在をひとつの作品にする人たちと存在のなかで作品を作っている人たちとのあいだに違いがあると私は思っていません。存在はそれ自体でひとつの完璧で崇高な作品になり得るのであり、そのことをギリシア人たちは知っていました。ところが、とりわけルネサンス以降、我々はそれを完全に忘れてしまったのです」。ドゥルーズ＝グァタリとは異なりフーコーは実人生と芸術とを区別しない。フーコーにおいては実人生をそっくりそのまま作品にするということが問題となる。モーリス・ブランショの言うように「文学と死ぬ権利」なのだとすれば、フーコーにおいてはその「死ぬ権利」を実人生においていっさいの相対化なしに行使することで実人生を「文学」そのものにするということが問題となる。

　人々に死への恐怖や不安を植え付け彼らをひとつの「社会」としてまとめあげる抽象的な力をドゥルーズ＝グァタリは「超コード化機械」（machine de surcodage）と呼び、この超コード化機械の実現のために具体的に編成されるのが「国家装置」（appareil d'État）だと論じている（学校は子どもたちに死への恐怖と不安を教えるためにある）。四方八方に漏れ出す線を各所で切断し停止させるのは様々な「権力装置」（dispositifs de pouvoir）であるが、一つひとつの権力装置が行うのは、具体的には、逃走線をコード化（規範化）した上でそれを再領土化するという操作だ（「コード」は知の問題であり「領土」は権力の問題である）。権力装置による逃走線のこのコード化が成功するためには超コード化機械によって死への恐怖や不安が人々に植え付けられる必要がある。人々に権力装置を欲望させるのに欠かせないこの超コード化機械の対極にドゥルーズ＝グァタリはもうひとつの抽象機械、死への恐怖そして不安を解除する「戦争機械」を見出す（超コード化機械／戦争機械はエロス／タナトスを「欲望の動的編成《アジャンスマン》」の観点から捉え直した対概念だと言える）。ドゥルー

＊4　小泉義之『ドゥルーズと狂気』河出ブックス、二〇一四年。

ズはパルネとの共著『ディアローグ』でたとえば次のように述べている。「逃走線が他人あるいは自己を廃棄し破壊する線へと転じるのはその逃走線が戦争機械によって引かれるときのことです。逃走線に固有の危険はここにあります〔…〕。逃走線が死の線に転じる場面で我々が想起するのもやはり、〝死の本能〟といった類いの内的欲動などではなく、欲望の動的編成のひとつのありようなのであり、客観的かつ外的に定義可能なひとつの機械を作動させる動的編成なのです。何者かが他人あるいは自分自身を破壊するとき、きまってその何者かは自分の辿る逃走線上に彼自身の戦争機械を創り出しているのであり、〝戦争機械〟という表現はたんなる比喩ではないのです」[*5]。逃走線の折り畳みを問題にするドゥルーズ＝グァタリ自身にとっては戦争機械のこうした作動は無論、避けるべき「危険」だということになるが（さもなければ我々は死んでしまう）、フーコーにとってはその限りではない。フーコーにおいては反対にどうしたら自分自身の戦争機械を創り出せるのかと問われることになる。絶対的に脱領土的かつ脱コード的な運動である逃走線はその資格でそれ自体において「死の線」にほかならないが、それでもなお実人生においてこの線をそれとして（いっさいの相対化なしに）辿り尽くし、おのれの存在それ自体を「ひとつの完璧で崇高な作品」とするためには我々は一人ひとり独自の戦争機械を創り出さなければならないということだ。

＊
＊＊

フーコーにおいては、したがって、戦争機械の創出とその作動とを妨げるすべての要因が「危険」とみなされることになる。実人生において遊牧民になるという過程を妨げるすべての危険を避けなければならならず、そのためにこそ最大限の用心と徹底的な自己制御とが必要だということになる。フーコーが「自己への関係」とこれを存在論的条件とした倫理的実践としての「自由の実践」を語り始めるのは八〇年代に入ってからだが、ドゥルーズは七七年の時点ですでにフーコーが何を最大の危険とみなしているかを的確に指摘していた。その当時ドゥルーズがフーコーに宛てた私信には次のようにある。「周縁者を自称する者たちに対するミシェルの嫌悪感を私も共有しています。狂気や犯罪、倒錯やドラッグといったものに対するロマン主義は私にとってもますます耐え難いものとなりつつあります。私の議論に即して言えば、逃走線〔…〕は周縁者たちによって創造されるものではない。反対に逃走線はひとつの社会を横断する客観的な線なのであり、周縁者とはそのそこここに陣取ってループを作り旋回し再コード化を行う者のことなのです」[*6]。ドゥルーズ＝グァタリ自身がこの点から展開するのは、定住民であることをやめ移民になった後になおいかにして周縁者に陥ることを避け地下潜行者にとどまるかという問題だが、フーコーにとってはそもそも移民になること自体、すなわち、逃走線を相対化すること自体が避けるべき危険としてある。しかしそれでもなおフーコーの議論のなかで周縁者に陥ることが特に重大な危険だとみなされているとすればそれはなぜか。死を怖れない者にとっては、死への恐怖

＊5　Gilles Deleuze et Claire Parnet, *Dialogues* (1977), Flammarion, coll. « Champs », 1996, p.171.
＊6　Gilles Deleuze, « Désir et plaisir » (1994), repris dans *Deux Régimes de fous*, Les Éditions de minuit, 2003.

や不安が再び回帰してこない限り、すなわち、そのように自己制御が徹底されている限り、定住民に逆戻りすることも移民という「妥協」へと逸れることももはや現実的な危険をなさない。死を怖れない者には「死を怖れない」ということそれ自体に由来するまるきり別の危険があるのであり、それこそがまさに自己周縁化なのだ。死や狂気に対するロマン主義、他の誰もが死を怖れているなかで自分だけが死を怖れていないという認識に由来する自己確信、そうした自己確信あるいは自己絶対化から生じる前衛主義。『千のプラトー』には次のようにある。「すべては顕微鏡的な明晰さ、明瞭さを帯びるに至る。我々は自分たちがすべてを理解したと考えそこから結論を導く。我々は新たな騎士であり、我々には確固たるミッションもあるのだと」[*7]。超コード化機械が国家装置を通じて植え付けようとしてくる死への恐怖や不安に打ち勝ち、様々なコード化を課してくる権力装置のすべてをそのことによって機能不全にしてもなお、脱コード化の線に一体化しようとする試みに固有の危険が残る。死の線への決死の覚悟での一体化それ自体をロマン主義的幻想によって再コード化してしまうという危険、自由の実践であるはずの「自己への働きかけ」を周縁的ループにしてしまうという危険。それだけではない。ドゥルーズ＝ガタリが「ブラックホール」と呼ぶこの自我のループに陥って自己周縁化する遊牧民は、そのなかで彼の得る明晰な世界観に従ってその「正義」の下で自らに確固たるミッションや役割を担わせ、そのことで彼自身、危険な存在になってしまう。ドゥルーズ＝ガタリ（とりわけガタリ）[*8]が「ミクロファシズム」と呼ぶ危険である。死を怖れないことは必要だが十分ではない、自殺がどんなに難しいかを知り、どうしたら自殺できるかを一生かけて考え抜かなければならない、その実践にもまた細心の注意と徹底した自己制御を要する──そうフーコーが言っていたのは、遊牧民が自己周縁化してしまうこの危険、逃走線が独りよがりな小さな穴に吸い込まれそこでの幻想や解釈によって再コード化されてしまうこの危険、絶対的脱領土化の運動が周縁性において再領土化されてしまうこの危険、戦争機械がそれ自身のロマン主義的表象によって捕獲されミクロファシズムに陥ってしまうこの危険を念頭においてのこと、要するに、自我のブラックホールに陥ることなく逃走線に一体化しそれを「死の線」として辿り尽くすことがいかに難しいかというこの問題を念頭においてのことなのだ。

主権者への法を通じた服従といったかたちで長らく理解されてきた「権力」を「他者との関係」としてフーコーが新たに定義したのはネグリなどのイタリア人たちが「資本の下への社会の実質的包摂」をみてとった一九七〇年代のことだったが、これは偶然ではない。もしも別の時代であったならフーコーの権力論もまたまるきり別のものになっていただろう。同じことは主体化論についても言わなければならない。「自己への関係」をその存在論的条件とした倫理的実践としての「自由の実践」というフーコーの議論は、工場の壁を越えて社会全体すなわち人間関係のすべてが資本権力の下に包摂された時代に固有の闘争論だとみなすべきだろう。自殺による「自由」あるいは「不服従」の実践というフーコーの提案も、したがって、ニクソン・ショック以後

＊7　Gilles Deleuze et Félix Guattari, *Mille Plateaux*, Les Éditions de minuit, 1980, p.278.
＊8　Cf. Félix Guattari, *Lignes de fuite. Pour un autre monde de possibles* (1979-1980), Éditions de l'Aube, 2011.

を生きる我々の時代を見据えたものだとみなすべきだろう。どうしたら自殺できるのかという問いは今日ではたんに倫理《エチカ》の問い、生き方をめぐる問いであるだけでなく、それがどんなに奇妙に聞こえようとも、闘いの問い、政治の問いなのだ。フーコー自身が七六年刊行の『知への意志』の巻末近くで書いている通り、生がまるごと権力行使の対象になった今日においては、生き方をめぐる問いが直ちに闘いをめぐる問いに、倫理が直ちに政治になることは必然だ。だからこそ今日ではどんな自殺も政治的実践であり闘いなのであり、人々は自爆攻撃をけっしてやめないのだ（「自爆テロ」は「生＝政治」にほかならない）。ドゥルーズはフーコーと同じ「嫌悪感」を自分も共有すると述べていたが、フーコーは本当にそんな嫌悪感を抱いていたのだろうか。ドゥルーズ＝グァタリが想定するように周縁者が移民の亜種であるならば、すなわち、おのれの生命維持を前提にした周縁者が問題であるならば、極右あるいは極左の前衛集団、性や民族にまつわるアイデンティティ・ポリティクス等々における「正義の番人たち」が問題であるならば、確かにそうした嫌悪感もあったのかもしれない。[*9] しかし、少なくとも八〇年代に入ってからのフーコーにとって周縁者とは移民の亜種のことではなく遊牧民のそれのことだった。社会全体が資本権力の下に包摂されたそのただなかでそれでもなおおのれの死を覚悟して人生でたった一度だけおのれの自由を実践しようとする者を前にして、そのひとがミクロファシズムに陥ったということだけを取り上げて、いったい誰が嫌悪感を覚えるだろうか。最悪の再コード化に陥って失敗する危険を冒してでもすべてのコード化を逃れ脱コード化のフローにたとえ一瞬でも一体化しようとしたその「勇気」こそ、誰しもがそこにみてとるものなのではないだろうか。そして多かれ少なかれ誰しもがこの「真理への勇気」の発動に心を動かされ触発されるのではないだろうか。「預言者ムハンマドの復讐を果たした」──風刺雑誌の人々を殺害した後にそう叫んだ若者たちが、自らの辿りつつあった絶対的脱領土化の線を自らで同時にそっくりそのまま再領土化していたというのは事実だろう。脱コード化の「真理」が彼らにあっては最初から「イスラーム原理主義」なる周縁的明晰さによってそっくりそのまま再コード化されてしまっていたというのも事実だろうし、他者への関係としての権力関係の織りなす平面に自己への関係としての自由という「穴」を見出した彼らが、その穴をそっくりそのまま自我のブラックホールに仕立て上げ、そこに自ら吸い込まれてしまったというのも事実だろう。さらにはまた、そのブラックホールのなかに見出される彼ら独自のヴィジョンのその透徹さに基づいて彼らが確固たる役割とミッションとをおのれ自身に担わせたというのも事実だろう。「我々は新たな騎士だ」「我々は周縁者だ」「我々は前衛だ」……、これらすべてのミクロファシスト的言葉はクリバリとクアシ兄弟のそれでもある。しかしこれらの失敗は、高等教育を受ける機会のなかった若者がそれゆえにもった特殊な「軽率さ」などといったものには些かも由来していない。それどころか反対に、彼らの経験は周縁的再領土化に陥ることなしに絶対的脱領土化の線を辿り尽くすことの一般的な困難さ、自殺することの難しさこそを我々に語っている。『ディアローグ』でドゥルーズはブラックホール

＊9　Cf. Michel Foucault, « Sur la justice populaire. Débat avec les maos » (entretien avec Benny Lévy et André Glucksmann, 1972), repris dans *Dits et Écrits I, 1954-1975*, Gallimard, coll. « Quatro », 2001.

に陥ってしまう原因として「閾を越える際に急ぎ過ぎてしまう」[*10]ということを指摘している。先に見た通り、フーコーもまた、どのようにして閾を越えるかという問題は「一生かけて検討し続ける必要がある」と言っていた。クリバリとクアシ兄弟が「急ぎ過ぎ」たというのは本当だろう。しかし彼らのこの性急さをどうしたら非難し責められるというのか。一生かけて検討し続ける必要があったなどとどうしたら彼らに説教できるのか。彼らには急ぎ過ぎなければならない理由、一生かけて検討し続けることのできない理由があったのではないのか。あるいは今日、いったいどこに急ぎ過ぎないでいられる者などいるのか。おそらくクリバリとクアシ兄弟は自分たちが性急に過ぎること、それゆえに自分たちが最初から失敗していることを自覚していたに違いない。そのなかで許される限りの細心の注意と最大限の自己制御を以て自殺したのであり、自殺に失敗したのである。彼らは我々に問いかける、問いかけを通じて我々を触発する――いったいどうしたら自殺できるのか。いったいどうしたらいっさいの幻想やイメージなしに自殺できるのか。いったいどうしたらいっさいの解釈や表象なしに自殺を構想できるのか。いったいどうしたら「自己自身の対極そのものとなるような自己の技芸」[*11]として自殺できるのか。いったいどうしたら反社会的となることなしにたんに非社会的に自殺できるのかと。

*10 Deleuze et Parnet, *Dialogues*, p.167.
*11 Foucault, « Conversation avec Werner Schroeter », *op.cit.*.

II

怒りから恥辱へ、
恥辱から勇気へ

すべてのうちにすべてがある

柄谷行人／ジャック・ランシエール

2011. 9

六万人が参加した二〇一一年九月一一日の東京での反原発デモの最中、一二名が逮捕された。釈放後、そのうちのひとりから興味深い話を聞いた。取り調べの際に警官から「君たちが何をやりたいのか、まるで理解できない」と告げられたというのだ。

長年の経験（？）ゆえなのだろうか、警官の指摘は鋭い。鈍い感性しかもち得ない者であれば、「反原発」を掲げたデモなのだから原発に反対している、脱原発を主張しているに決まっていると「理解する」ことで済ませてしまうはずだ。ところがこの警官はそこに「まるで理解できない」何ごとかを看取しているのだ。もちろん、警官は人々が原発に反対したり脱原発を主張したりしているということそれ自体について「まるで理解できない」と言っているわけではない。反原発や脱原発を求める叫びがたんなる「ヒステリー」にしか聞こえないのは石原伸晃だけだろう。*

そうではなく、警官は「反原発」を掲げたデモのただなかにそれでもなお反原発・脱原発の声だけでなくそれとは別の何か、過剰な何かをも同時に聞き取っているのであり、その過剰な何かについて「まるで理解できない」、つまり、ノイズにしか聞こえないと言っているのだ。

警官が鋭いのは、しかしながら、反原発デモのうちに反原発以上の何かがあることを注意深く察知しているからだけではない。彼はまた、彼にとってはノイズにしか聞こえないその過剰な何かのほうこそが、ややもすると、「原発やめろ」の意思表明にもまして、反原発デモ参加者たちの「やりたい」ことの中心をなしているという奇妙な事実に気づいてもいるのだ。警官が「まるで理解できない」とする事態は、この意味では、映画に喩えるなら次のようなショット／切り返しショットだと言えよう。まず、政・官・業に学・マスメディアを加えた複合体による「それでも原発は必要だ」の大合唱キャンペーンを捉えたショットが示される。次いで、その切り返しとして、人々による反原発デモを捉えたショットが示されるのだが、この第二のショットにはそこに映っているはずだと予想されるものとはまるきり別の何かが唐突に映ってしまっている。ふた

＊ 石原伸晃・自民党幹事長（当時）は二〇一一年六月一四日の記者会見で、東京電力福島第一原発の事故後、反原発の動きが広がっていることについて「あれだけ大きな事故があったので、集団ヒステリー状態になるのは心情としては分かる」と述べた。なお石原は、環境相の立場にあったその三年後の一四年六月一六日、同事故の除染で出た汚染土などの中間貯蔵施設をめぐり、難航している被災地との交渉について、首相官邸で記者団に「最後は金目でしょ」と述べた。

つのショットのあいだにこうして穿たれた齟齬あるいは不連続性こそを警官は「まるで理解できない」ものとして指摘しているのだ。

柄谷行人がデモに参加している。しかし彼は我々の知る「柄谷行人」ではもはやない。一一年六月五日に東京の紀伊國屋ホールで開催されたシンポジウム「震災・原発と新たな社会運動」（「atプラス」09号に収録）に登壇した柄谷は、とりわけ『隠喩としての建築』などを発表していた時代の自分の仕事が、代案を提出する「アーキテクト」のそれだったと振り返った上で、今日の自分は「アーキテクト」ではもはやなく「アーティスト」であり、その資格で毎回のデモに参加し人々に「デモをしよう」と呼びかけているのだと発言している。もし柄谷がデモに参加しつつもこれまで通り「アーキテクト」であり続けていたとすれば、警官にとって「まるで理解できない」ことなど何ひとつなかったに違いない。「それでも原発は必要だ」と唱える「アーキテクト」たちを捉えたショットに対する切り返しとして、これに反対し代案を掲げる別の「アーキテクト」たちを捉えたショットが示されるという限りであれば、そこには結局のところ「同じもの」の反復があるだけだからだ。

「アーティスト」にとってデモとは何か。「〝歩く〟ことです」——柄谷は簡潔にそう定義している。歩くことは「原始的」とも言えるその単純さからニュートラルで透明な行為のようにも思えるかもしれないが、実際にはそうではない。歩くことは反原発の声をあげるためのニュートラルな媒体などではなく、したがってまた、この点については柄谷自身にも若干の混同があるように見受けられなくもないが、我々一人ひとりが反原発の意思を代表制システムを経ることなしに無

新宿・原発やめろデモ !!!!!（2011年 9 月11日）
写真：金浦蜜鷹

媒介的に表明するための透明な「直接行動」でもない。歩くことは脱原発を要求することの傍らに、この要求にけっして帰し得ない純然たる「差異」として、すなわち、絶対的な過剰として実現される行為なのだ。

アーティストとは歩く人のことだ。ジャック・ランシエールは、個々人の知力の解放を目的とした特異なメソッド「普遍教育」の創始者として知られるフランス人教育者ジョゼフ・ジャコトー（一七七〇－一八四〇）を論じた著書『無知な教師』で、「アーティスト」を柄谷とまるきり同じ言葉で定義している。そしてランシエールは「歩く人」としての「アーティスト」に「歩くことを怠ける人」としての「説明者」（柄谷のいう「アーキテクト」）を対置する。自分の維持せんとする秩序こそがどんな秩序よりも優れているということを説明し、そう説明した相手にも同じ説明をして回るよう促すのと同時に、自分の説明に反する他のどんな説明も徹底的に退けようとする「説明者」が「怠惰」だとされるのはなぜか。「説明者」は他者との関係を知力の優劣に基づくそれとして打ち立てようとするのであるが、彼が知力の不平等をそのように必要とするのは「平等が要請する無限の責務を前にした怠惰」ゆえのこと、「自由を前にした恐れ戦《おのの》き」ゆえのことにほかならないからである。

拙著『蜂起とともに愛がはじまる』などでもすでに触れたことのある通り、ランシエールにとっての「政治」「民主主義」とは、一般にそう考えられているのとは異なり、ただたんに「誰もが語る」ということではなく、あくまでも「誰もがどんなことについても語る」（tout parle de tout）ということである。「自分の知らないことでも教えられる」と主張する「無知な教師」ジャ

写真：金浦蜜鷹

コトーによって創設された「普遍教育」がランシエールの関心を引くのは、まさしくそれが「誰もがどんなことについても語る」ための条件を作り出すもの、個々人に「誰のうちにもすべてがある」（tout est dans tout）ことを教えるものだからである。そして「誰もがどんなことについても語る」ときに、そこで語られることがつねに「仮説」「意見」に慎ましくとどまるように、「誰のうちにもすべてがある」という前提それ自体もまたあくまでも「仮説」「意見」にとどまるのであり、それゆえに実践のなかで絶えず「実証」される必要がある。この意味でランシエールは次のように言うのだ。「誰のうちにもすべてがある」こととしての知力の平等は「法や力によって定められた平等でも、受動的に授かった平等でもなく、実行されることで見出される平等、歩く者たちが一歩踏み出すたびに実証される平等」なのだと。

アーティストが歩くのではない。歩くことで我々一人ひとりがそれぞれアーティストになるのであり、疲労とそれゆえの怠惰とに抗って踏み出される一歩一歩が解放なのだ。どんな一歩のうちにもすべてがある——警官が「まるで理解できない」こととして鋭く看破していたのはこれである。

画一化か、荒涼か

篠原雅武／空族

2011. 10

人文学はその中心を歴史学から地理学へと移しつつある。この世界的な傾向を同時代的に体現する仕事が日本語環境にも出現した。三〇代半ばの若き思想家・篠原雅武による二冊目の著作『空間のために——遍在化するスラム的世界のなかで』（以文社）がそれである。

「画一化」の時代から「荒涼」の時代へ——『空間のために』の圧倒的な魅力は、何よりもまず、著者によって「空間の質感」と呼ばれるものの今日的な趨勢がこのように大域的かつ力強く把握されている点に存している。

「工場が移転したあとに残された空き地、衰退しつつある商店街、居住者の高齢化がすすむかつての新興住宅街」といった必ずしも日本だけには限らない世界各地の地方都市そしてその周辺地域（郊外）に共通して見出される空間を、「そこに身をおくことで得られる質感」の観点から把握しようと試みるとき、これまでよく問題にされてきたような「画一化」の議論はもはやまったく役に立たない、事態はすでに新たな局面に移行しつつある——篠原はそう主張し、この新たな局面に「荒涼」という名を与える。

「空間が打ち捨てられ、荒廃し、朽ちていく」——「スラム的世界」とも呼ばれ、その「遍在化」が今日的な趨勢として把握されるこの「荒涼」について篠原はまた次のようにも言う。「生産される空間、質感をもった空間とでもいうべきものが、住むことの困難なものへと変貌を遂げ、端的にいって死滅しつつある」。すなわち、篠原のいう「荒涼」とは、新たな質感の生産がいっさい見られないだけでなく、「画一化」というかたちでの既存の質感の再生産ですらもはやいっさい起こらず、これまで生産され再生産されてきたありとあらゆる質感がただひたすら朽ち果て失われていくだけの空間、すなわち、質感それ自体の死滅（質感＝0）へと加速度的に接近していくそのドライヴをまさしく唯一の質感とするような空間のことなのだ。

篠原がこうして「荒涼」を「現在の基調」として描き出すのは、我々にそれを〝よい知らせ〟として告げるためではまるでない。篠原が質感＝0への空間の回帰を語るのは、あくまでも〝悪い知らせ〟としてのことであり、この〝悪い知らせ〟への抵抗を呼びかけるためだ。質感を回復せねばならない、あるいはむしろ、新たな質感を創造しなければならない。そうした新たな質感の創造を通じて、空間と「そこに身をおく者」たちとのあいだの有機的な紐帯を回復し、「住むこと」のできる空間を再び作り出さなければならない——篠原はそう我々に呼びかける。しかし、ここで我々はひとつの疑念を抱くことになるかもしれない。すなわち、もしそうだとすれば『空間のために』はむしろ「空間の質感のために」あるいはより素直に「人間のために」と題されるべきであったのではないかという疑念である。

「空間」それ自身が再び何らかの質感を帯びたがっているかどうか、人間との有機的な紐帯を結び直したがっているかどうかはまるで自明ではない。むしろ正反対に「空間」は、これまでの「人間的、あまりに人間的」な質感がその可能性もろともすべて消尽された果てに現れるその「荒涼」(質感＝0)におのれの潜勢力がそれ自体として純粋に輝きを放つ契機を見出し、これを祝福しているかもしれない。そして人間にとってもまた、いっさいの有機的な質感なしに剝き出しの「空間」そのものに無媒介的に住まい、また、そのことによって「人間」であること自体を多少なりともやめ得るかもしれない、すなわち、おのれのうちにある非人間的かつ非有機的な力を見出し得るかもしれない、その意味で「荒涼」はやはり祝福すべき事態であるかもしれない。これが言い過ぎであるとすれば、少なくとも次のようには言えるだろう。すなわち、「画一化」よりは「荒涼」のほうがマシであると。

『空間のために』の刊行を追うようなかたちで富田克也監督・空族制作の『サウダーヂ』が公開されたことはたんなる偶然などではやはりなかろう。というのも、山梨・甲府の街を舞台にした『サウダーヂ』もまた、まさしく「工場が移転したあとに残された空き地、衰退しつつある商店街、居住者の高齢化がすすむかつての新興住宅街」といった空間における「質感」を全面的に問題にした作品だからである。

今日の甲府の街でそこに実際に暮らす人々の出演を得て制作された『サウダーヂ』が「そこに

身をおくことで得られる質感」をフィルムに収めようとした試みであることは疑い得ない。そしてそこには実際、「荒涼」そのもののようにも見える空間の様々な断片がモザイクのように敷きつめられている。シャッター通り、ショッピングモール、不況、地元企業の倒産、雇用の激減、失業、不安定な生活、外国人家族の貧困と失意の帰国、外国人排斥、極右思想……。しかしながら、ここが重要な点なのだが、富田監督と空族はこれらの断片を提示する際に「画一化」の観点をけっして手放すことがないのだ。『サウダーヂ』の強度はまさしくここにある。

我々は次のように告げられているかのようだ。すなわち、「荒涼」（質感＝0）にまで至っていたのならどんなによかったかしれないが、困ったことに我々はまだ「画一化」のただなかにおかれ続けているのであり、あるいはより厳密に言えば、「荒涼」を構成するそれとして誰もが知っているようなステレオタイプ的な「問題」によって埋め尽くされるという点において「画一化」されているのであり、この「画一化」こそが甲府という空間に「住むことの困難なもの」という質感を与えているのだと。

『サウダーヂ』において、「荒涼」の構成要素とみなし得るような「問題」（シャッター通りなど）とそれ以外の様々なクリシェとが同等に扱われているのはこれが理由である。この点については作品のタイトルがすでに多くのことを語っている。ブラジル人たちの「決まり文句」が「サウダーヂ」であるというのは、彼らとの具体的な付き合いがない者たちにも広く共有された世界標準の「知識」だ。しかしまた、「ブラジル人といえばサウダーヂ」というこの「知識」そのものが彼らの「国民的気質」なることが語られる際に持ち出されがちな典型的な「決まり文句」のひとつであるというのも、誰しもがよく知っていることだ。驚くべきは、現実に甲府で暮らしているブラジル人たちによって演じられる彼ら自身の生活を映像のまったき具体性のただなかに捉えた一本のフィルムがそれでも「サウダーヂ」というこの抽象的な「決まり文句」をそのタイトルに冠してしまっているという事実なのだ。

「サウダーヂ」とはしたがって「画一化」の名であるが、しかし、それと同時にひとつの抵抗の名でもある。「そうであり得たかもしれない現在に対する郷愁」としての「サウダーヂ」はブラジル人たちだけでなくすべての登場人物によって個々に抱かれる感情として作品全体を貫いている。ただしそれはあくまでも「画一化」への抵抗であって「荒涼」へのそれではなく、おそらくはむしろ、「荒涼」のためのそれなのだ。

社会保障からローンへ

マウリツィオ・ラッザラート／
浅田彰

2011. 11

パリ在住の思想家マウリツィオ・ラッザラートがこの秋、フェリックス・グァタリをめぐるヴィデオ作品制作などのために約一ヶ月間、日本に滞在した。来日直前、ユーロ危機のただなかにあるフランスで刊行された彼の新著は「負債」の観点からネオリベラリズム（新自由主義）を論じた刺激的かつタイムリーな一冊だ。

『借金人間製造工場――ネオリベラル的条件についての試論』（*La Fabrique de l'homme endetté. Essai sur la condition néolibérale*, Editions Amsterdam, Paris, 2011）と題された同書（杉村昌昭訳、作品社）の最大の魅力は、ネオリベラリズムによる統治の原理を「負債」に見出したこと、そして、今日の敵対関係の所在を「債権者／債務者」関係に同定したことにある。「負債の製造、すなわち、債権者／債務者間の力関係を構築しこれを発展させることは、ネオリベラル政策における戦略の中心として構想され計画されたものだった」。

ラッツァラートがネオリベラル的統治の核心に「負債」を、そして、その主軸をなす力関係に「債権者／債務者」をそれぞれ位置づけるのには、その核心を「金融」、その主たる力関係を「金融資本／実体経済」とした上で、「ものづくり」に基づく「健全な」資本主義を回復するために過剰なマネー・ゲームを規制し「カジノ資本主義」からの脱却をはからねばならないと唱えるエコノミストやジャーナリストたちの一見良心的な見解を退けるという含みがある。ラッツァラートに従えば、サブプライム・ローンの破綻（二〇〇七年）から今日のユーロ危機にまで続く事態は「金融危機」という以上に「負債危機」であり、また現在、ギリシアやイタリアなどのヨーロッパ諸国で人々が路上に出て異議を申し立てているのは「金融」に抗してという以上に「負債」に抗してのことなのだ。実際、民衆が叫んでいるのは自分たちの負わされた借金を一文たりとも返済したくないということにほかならず、過剰な金融取引の規制（トービン税の導入など）を唱えているのはサルコジ政権をはじめとした諸政府のほうだ。

この意味で、ラッツァラートが「危機」（あるいは、その常態化としての「カタストロフ」）の発端となったサブプライム・ローンにとりわけ着目するのは当然だろう。かつての福祉国家体制においては生存権をはじめとした社会的諸権利が国民に普遍的かつ平等に保障され、そのために国家は所得の再分配を行いつつ、国債発行や国際金融機関（世界銀行など）からの借入によってその不足分を補っていた。しかし、ネオリベラリズムは文字通り「負債」という観点から福祉国家体制の終焉を宣告し、同時にまた、国家の負ったその債務の「元凶」をまさにそうした社会支出に見出した上でその削減（「仕分け」）を要求する。そして、これまでの社会保障に代わるものとして新たに位置づけられるのがまさしくサブプライムに代表される様々なローンなのだ。社会的諸権利にクレジットカードが取って代わり、人々は「借金人間」として製造され直す。

賃金が低下し福祉国家が解体されるといった状況においてもなおすべての人々を富ませるためにはローンに頼るほかない。この政策はいかに機能するのか。「あなたの賃金はスズメの涙ほどですが、心配には及びません。借金をして家を買えばよいのです。家の価値は上がるでしょうし、それを担保に別のローンも組めるようになるのですから」。しかし、利率が上昇するやいなや、負債と金融とによるこうした「所得配分」の機構はそのすべてが崩壊することになる。（p.86）

ラッザラートの着想は特定の源泉をもつ。ドゥルーズとグァタリ（以下ＤＧ）の共著『アンチ・オイディプス』（一九七二）であり、ニーチェの『道徳の系譜学』をもとにそこで展開される負債論である。ところで我々日本語読者は、ラッザラートよりも三〇年早く、まさにネオリベラル体制の本格展開が始まった一九八〇年代初頭に、『アンチ・オイディプス』の今日的な核心をその負債論に見出していた者がいることを知っている。当時まだ二〇代半ばだった浅田彰だ。『構造と力』（一九八三）に収められた論考「コードなき時代の国家」（一九八一）で浅田が負債論を軸に圧倒的な明晰さでまとめあげたＤＧ思想の「ラフ・スケッチ」は、「負債経済」としてのネオリベラリズムとその「カタストロフ」とが誰の目にもはっきりと立ち現れている今日、改めて読み直すことが緊急に求められるテクストだ。

浅田はまず、どんな社会秩序の形成も負債の働きに基づいているというDGの議論を強調する。ありとあらゆる方向に溢れ出ていこうとする欲望の流れを秩序づけ、欲望の大洪水を押さえるのはつねに負債であるということだ。次いで浅田はDGの分類する社会秩序の三様態（原始共同体、古代専制国家、近代資本制）における負債の働きを順に描き出していく。原始共同体を形成するのは大地表面で展開される負債のバケツ・リレーだ。たとえばAがBにリンゴをひとつ贈与するとき、AからBに与えられるのはリンゴとその価値に相当する負債＝負い目である。この負債＝負い目から一刻も早く解放されたいBはそのためにCに対して新たな贈与を行う。原始共同体では、無際限に続くことなる負債＝負い目のこうした循環に沿って欲望の流れが秩序づけられるわけだ。これに対し、古代専制国家は「ご恩と奉公」の垂直軸に沿って形成される。王が果てしなき高みに出現し、眼下の地表に貼りついている人々一人ひとりにその生存そのものを無限の「ご恩」として授けるのだが、そのとき同時に、無限の負債＝負い目を烙印のようにして押しつける。こうして無限の負債＝負い目を刻みつけられ絶対的な債務者となった人々は、絶対的な債権者としての王に対し無際限に「恩返し」を続けるよう宿命づけられるわけだ。原始共同体から古代専制国家への移行において重要なのは、前者では有限かつ返済可能だった負債＝負い目が後者においては無限で完済不可能になるという点だ。王の殺害とともに始まる近代資本制では、それまで王に対するものとしてあった無限の負債＝負い目がそっくりそのまま個々の主体の内に折り畳まれ、一人ひとりがおのれ自身に対する無限の負債＝負い目を抱え込むことになる。主体は絶対的な債権者としての自己に対して無際限に返済を続けていかなければならない絶対的な債務者になるということだ。

ネオリベラリズムは「企業」を唯一の単位として社会全体を再編成する体制であり、労働者ですら「資本」と「所得」とからなる「企業」として振る舞うよう導かれる——七〇年代に行われた講義『生政治の誕生』でのミシェル・フーコーの有名な議論だ。ラッザラート、浅田とともにフーコーのこの議論を再読するならば、ネオリベラリズムは我々一人ひとりに次のように告げているということになろう。「きみには無限の資本が贈与されている。それを絶えずフル活用し所得を際限なく生産していくことは、したがって、きみ自身に対してきみが果たすべき責務なのだ」と。

運動と政党、その齟齬と連動

フェリックス・グァタリ／NPA

2011. 12

「ミクロポリティックスの問題、すなわち、社会野における欲望の動的編成《アジャンスマン》をいかに把握するのかという問題は、相異なる二つの次元がどう交差し合うのかという問いに関わります。社会的差異のうちでも特に大きくて際立った類いの差異が生産される次元（私が〝モル状〟と名づけた次元）と私が〝分子状〟と名づけたもうひとつの次元とはどう交差し合うのか。これら二つの次元を両立し得ないものだとみなしてはなりません。すべての社会闘争は分子状であると同時にモル状でもあるのです」

フランス人哲学者フェリックス・グァタリがそう述べたのは一九八二年、ブラジルを訪問した際のことであった。当時、ブラジルは長期軍政時代の末期にあり、「再民主化」を求める民衆からの圧力のもと、一九六四年の軍事独裁体制樹立以来初めての直接選挙の実施が決定され、その選挙戦の最中にあった。グァタリは約一ヶ月の滞在中、様々な社会運動・マイノリティ運動グループと対話を重ねたが、なかでもとりわけ彼が関心を寄せていたのは、後に大統領となるルーラを党首として一九八〇年に結成され初めて選挙に臨もうとしていた労働者党（PT：Partido dos Trabalhadores）だった。

グァタリのPTへの関心はヨーロッパが一九七〇年代に経験した「失敗」を踏まえてのものだった。たとえばフランスについてグァタリは次のように言う。

一九六八年の後、ありとあらゆるレヴェルにおいて強力な分子革命運動が巻き起こりました。〔…〕しかし問題はそれらのアクションのいずれもが新たな次元での闘争へと移行できないままに終わってしまったという点にあります。他のセクターに属する人々も巻き込むこの新たな次元での闘争へ向かうために彼らが用い得た方法は、旧態依然とした従来通りの小規模先鋭集団、従来通りの党や労組を組織するといったことでしかありませんでした。〔…〕運動は社会・政治のグローバルな場のなかに真の力関係を産み出すことができなかった。この事実こそが、反動勢力による思うがままの反撃を、ありとあらゆる類いの懐柔を許してしまうという結果を招いたのです。

グァタリ自身のそれでもあったヨーロッパの「失敗」から導かれたのは次のような課題だった。すなわち、「どんな分子状運動であっても、経済問題やメディア、既存の勢力に対応し得るだけの確固たるポリティクスを構築しなければけっして長続きはし得ない」という課題。つまり、どんな社会闘争も「分子状」（フロー、生成変化、相転移、強度など）であるのと同時に「モル状」（主体／客体／表象の固定的配分）でもなければならず、「敵対し合うこれら二つの次元の接合を可能にする新たなロジックを開発し、両者があくまでもその敵対関係を維持したままそれでもなお連動し得るようにしなければならない」という課題。

サン・パウロでのＰＴ主催の集会でグァタリは次のように話している。

これらの課題に取り組む際には細心の注意が必要でしょう。こうした展望をもつことが最悪の帰結を招き得るというのは歴史が証明している通りなのですから。私が言おうとしているのは、ＰＴの登場ですべてが奇跡的に解決されたとか、ルーラがイエスやブッダの化身だといったことではまるでありません。組織化に対するＰＴの考え方にまだ旧態依然としたところが残っているためマイノリティを組織化するそのやり方に多くの問題点があるということも知っていますし、私が「リーダー主義」と呼んでいるものの下地がすでに形成されつつあるということも知っています。〔…〕しかし、たとえそうであるにしてもやはり、ここＰＴでなされつつあることには極めて斬新な何か、大いなる実験のようなものがあるように私には思えるのです。

八二年のブラジル滞在におけるグァタリの発言と対話は、彼を招いたブラジル人精神分析家スエリ・ホウニクの編纂で『ミクロポリティクス 欲望の地図作製術』（Félix Guattari et Suely Rolnik, *Micropolítica. Cartografias do desejo*, Editora Vozes, Petrópolis, 1986. 未邦訳）としてまとめられ、二〇〇二年にルーラが大統領に選出されPTが政権をとった後には仏語や英語などでもその訳書が刊行され世界中で読まれることになった。注意すべきは、創設期のPTとグァタリとのこの出会いに対する今日の再検討が、オルターグローバライゼイション運動からアラブの春へと至る流れのなかで、すなわち、グァタリが生きていれば「分子状運動」と呼んだに違いない闘争の新たな高揚とその持続のなかで進められることになったという点だ。七〇年代に「失敗」を経験したヨーロッパの観点に立てば、まさに、その「失敗」を乗り越えて新たなロジックを開発し、分子状の次元とモル状の次元とをその敵対関係そのもののなかで連動させるという試みに挑戦するチャンスが再来した時期、より具体的に言えば、既存の政党や労組によっては組織化され得ないプレカリアートたちの分子状運動がおのれの自律性をそれとして維持しつつも「既存の勢力に対応し得る」ものとなるために、モル状の次元での新たな政治的組織化の考案が求められる時期だったということだ。

実際、九〇年代末からのヨーロッパではこの課題に対する様々な試みが各国でみられるようになる。なかでも注目に値するのはポルトガルで一九九九年に創設された左翼ブロック（Bloco de Esquerda）、フランスで二〇〇八年に創設された反資本主義新党（NPA：Nouveau Parti anti-capitaliste）の試みだろう。前者はもともと毛沢東主義・トロツキズム・共産党極左分派らの所謂《いわゆる》「議会外左翼」の合流によって結党された組織ではあるが、今日では、都市部の若い不安定労働者や学生のみならず、人権活動家（女性、移民、マイノリティなど）やエコロジストなどからも広範な支持を集め、それらの運動との連動を試みる政党として、国会、欧州議会、地方議会に議席を擁するに至っている。後者についての詳細はすでに邦訳のある良書『反資本主義宣言――フランスＮＰＡの挑戦』に譲るが、トロツキスト組織「革命的共産主義者同盟」（ＬＣＲ：Ligue communiste révolutionnaire）の自発的な解党とともに創設されたこの政党もまた、プレカリアート運動をはじめとした様々なレヴェルでの分子状運動との連動を探るモル状の次元での組織化の試みだ。両者はどちらも前衛革命小集団をその主たる出自としてはいるが、従来通りの綱領的ロジックに従って振る舞うことも、大衆に対する前衛を自任することももはやない。

プレカリアート運動に反原発運動が重なり合い、多岐にわたるマイノリティ運動がそれにさらなる厚みと広がりを与えるというかたちでまさに分子状運動の渦中にある日本もまた、八〇年代初頭にグァタリによって提起されたこの問題に緊急に取り組むべき状況を迎えている。そうした運動と「齟齬をきたしつつ連動する」ような新たなタイプの「党」が新たなロジックとともに創出される必要があるかもしれないということだ。

安全か、自由か

原発事故とその思想的効果

2012. 1

柄谷行人は二〇一一年一一月、『「世界史の構造」を読む』（インスクリプト）を出版した。前年に刊行された自著を「三・一一」以降に再読する試みだ。

『世界史の構造』（岩波書店）で柄谷は、三つの「交換様式」（「互酬性」「略奪＝再分配」「商品交換」）を区別するという九〇年代からのアイディアを再び取り上げつつ、それらの分節のされ方の違いに応じて世界史全体を三つの時代（氏族社会からなる「ミニ世界システム」、国家社会からなる「世界＝帝国」、資本主義社会からなる「世界＝経済」）に区分した上で、そこから、第一に、既存の三つを揚棄する新たな交換様式（これまで抑圧されてきた「共」の回復）、第二に、この第四の交換様式に対応する新たな世界システム（アソシエーション社会からなる「世界＝共和国」）、そして第三に、資本（商品交換）／国民《ネイション》（互酬性）／国家《ステイト》（略奪＝再分配）の三位一体に基づいて機能する現行のシステム「世界＝経済」を転覆するための「世界同時革命」の可能性を導き出していた。

柄谷が三・一一の衝撃のもとで自著の再読に取り組むことになったのは、一一年四月から日本各地で見られるようになった反原発デモに、「資本＝国民＝国家」というボロメオの環を解体させんとする民衆の大いなる力の高まりを見出したからにほかならない。『「世界史の構造」を読む』のなかで柄谷は、三・一一以降の日本語言説空間においてナオミ・クライン『ショック・ドクトリン』とともに主たる参照軸のひとつとなったレベッカ・ソルニット『災害ユートピア』に触れながら次のように論じている。「この原発災害は、いかに大型であろうと地震や津波による災害がもたらしえないような何かをもたらすのではないか〔…〕。たとえば、脱原発への闘争がそうです。脱原発への闘争とは、原発を造るべく資本＝国家が構築してきた体制を脱構築することです。その意味では、災害それ自体が〝ユートピア〟をもたらすことはなくても、資本＝国家への対抗運動の引きがねを引くことになりうる、と思います」（なお、ここで問題となっているのが「資本＝国民＝国家」ではなく「資本＝国家」なのは、世界＝経済の今日のネオリベラル的局面においては、資本主義的「自由」と国家的「平等」とのあいだで結ばれた同盟がネイション的「博愛」を「押さえ込んでいる」と柄谷が考えているからである）。

柄谷だけではなく多くの思想家たちが三・一一以降の日本の状況に転覆的力の高まりを見出している。資本との完全な共犯関係のなかで、それが人々の生命を抵当に入れることなしには進められないのを十二分に承知しながら、その核エネルギー政策をいっさい問いに付すことのなかった国家に対し、多くの住民たちがこれまでとは比較にならないような大きな不信感を抱いているのだから、それはいわば当然だろう。フランスのアナーキスト地理学者エリゼ・ルクリュ（一八三〇－一九〇五）を刺激的に紹介した『新しいアナキズムの系譜学』（河出書房新社）の著者で、日英二ヶ国語サイト *Fissures in the Planetary Apparatus* (http://jfissures.org) を三・一一直後に立ち上げた高祖岩三郎は、吉本隆明から佐々木中まで多岐にわたる世代の書き手が寄稿した論集『思想としての3・11』（河出書房新社）に発表された論考で次のように論じている。三・一一以降の日本での運動が、脱原発を求めるだけにはとどまらず、資本＝国家に対して全面的に「NO！」を突きつけるものであるとすれば、それは、この運動が人々の身体と地球の身体とを連動させる「機械状」の運動になっているからなのだと。「人間の非有機的な身体」（マルクス）としての地球／自然は、資本＝国家によってその様々な「装置」のもとに長らく抑圧されてきたが、いまやそれらの装置に裂け目を走らせ、前代未聞のやり方で資本＝国家に対して屹立するに至った。資本＝国家の「世界」とアナキストの「地球」とのあいだの衝突として生じた原発事故は、資本＝国家の諸装置をその拡大のまさしく最前線において内破に導いたのであり、反原発運動は、高祖に従えば、何よりもまずそうした地球の隆起と連動する運動なのだ。

今日の日本での反原発運動において新たな「プロレタリアート」が出現しているというのが本当だとしても、それは、一九四六年にルイ・アルチュセールが当時「来るべき核戦争」という脅威のもとにその形成を見ていた「善意のインタナショナル」と同じもの、あの「不安のプロレタリアート」に過ぎないのではないか。今日問題になっている原発事故が来るべきものなどでは微

荒川河川敷追い出し工事ヤメロ！霞ヶ関一周デモ（2011年12月２日）
写真：金浦蜜鷹

塵もなく優れて現実のものであるにしても、やはり、そこで出現しつつあるのは、「平等」を「今日の悲惨」においてではなく「明日の死」においてしか見出し得ていないとアルチュセールが批判したあの「明日のプロレタリアート」の再来に過ぎないのではないか。デカルトやドゥルーズの急進的な読解で知られる小泉義之は『思想としての3・11』に寄せた論考でそう厳しく問うている。小泉が指摘するのは、三・一一以降の運動のただなかで、おのれの自由を自らすんで封殺するような「コンセンサス」が形成されつつあるということである。高まる一方の不安感情に立脚したこのコンセンサスは、資本＝国家の「生権力」複合体が住民を全体的かつ個別的に包摂しコントロールするために三・一一の遙か以前から進めてきた「対ガン戦争」の継続とそのいっそうの強化とを住民が自ら求めるというものだ。

「今日の悲惨」に立脚したプロレタリアートはいかにして到来するのか。仮にガンで多少なりとも早死にするリスクがあったとしても、国家＝資本が保障する（ふりをしている）「安全」を完全に拒否し、おのれの自由と自律性を求める「今日のプロレタリアート」はいかにして到来し得るのか。この問いをめぐってこそ、小泉の思考は市田良彦のそれと交わることになる。『ランシエール　新〈音楽の哲学〉』（白水社）の著者である市田は、小泉も参加した討論『脱原発「異論」』（作品社）において、四月一〇日に行われた三・一一以降の最初のデモでの一万五千もの「語る主体」の出現を文字通りの「叛乱」だったと位置づけつつも、その後の運動の展開については、「議論」による内的緊張が欠落しており、それゆえに運動が「自己権力」の高みにまで至らないという点を指摘する。「原発災害はみんなの問題であり、みんなが当事者だ」といった

「抽象的な平等」ばかりが強調され、被災地で無産階級となった人々とそれ以外の地域で有産階級にとどまっている人々とのあいだに生じている「現実的な不平等」、原発事故によって現実に産み出された不平等を、運動がきちんと自分のものにしていないということである。自律的で自由な主観性の生産、「今日の悲惨」のなかでの現実的な平等の実現は、同じ討論に参加した新世代の思想史家、王寺賢太が言う通り、様々な「ここ」と様々な「よそ」とのあいだの「分離＝結合」（齟齬を孕む接続）をひたすら増殖させていくことを通じてのみ、おそらく可能なのである。

倒錯と自由

イーストウッド『J・エドガー』／ドゥルーズ『意味の論理学』

2012. 2

クリント・イーストウッドの新作『J・エドガー』は、一九三五年にFBIの初代長官に就任し、七二年に七七歳で病死するまで同職にあったJ・エドガー・フーヴァーの人生を描いた作品だ。『J・エドガー』の強度のすべては次の点にある。すなわち、共産主義や黒人公民権運動に対する徹底的な不寛容といったかたちでその公的生活において表出されるフーヴァー（レオナルド・ディカプリオ）の「雄々しさ」と、部下クライド・トールスン（アーミー・ハマー）との同性愛というかたちでその私的生活において表出される同じ人物の「女々しさ」とが、両者間に存する「隔たり」とともに肯定され、この「隔たり」がどんな因果関係によっても埋められないまま「自由」そのものとして示されるという点。

これは、実際、フーヴァーの伝記というものに人々が抱かずにはいられない期待を見事に裏切っている。「アカ」「クロ」「ホモ」に対する憎悪はボロメオの環のように結びつき不可分な三位一体をなしているとする臆見的観点に立つ限り、「アカ」「クロ」をあれほどまでに弾圧したフーヴァーその人が「ホモ」であった（かもしれない）という事実は誰の目にも必然的に最大の謎としてたち現れる。フーヴァーの人生を語るとは、したがって、この謎に対する何らかの解釈を提示すること（同性愛者ではなかったという立論も含む）、すなわち、「隔たり」を何らかの論理的説明によって解消するということにほかならない。そして実際、たとえば、同性愛的傾向を自ら否認するために勇ましさのなかにおのれを没しようとしたとか、同性愛者であるという私的な真実を隠すために公的には過剰なまでに筋肉質に振る舞ったとか、自分自身の私生活に「弱み」をもつゆえに有力政治家たちの私生活の調査（盗聴など）の重要性を誰よりもよく心得ていたとか、同性愛の証拠を握られたがために特定の組織に対してとりわけ厳しい弾圧を行ったといった具合に、フーヴァーの「女々しさ」と「雄々しさ」とを因果関係で繋ぐ様々な説明がこれまでにもなされてきた。ところがイーストウッドはそうした説のいずれも採用せず、独自の新説も披露しないばかりか、そもそも、そこに解くべき「謎」を認めることすら拒否し、「隔たり」を「隔たり」としてあっけらかんと肯定してみせたのだ。

イーストウッド作品にあって主人公の「女々しさ」と「雄々しさ」はどちらもが等しく「結果」であるかのように描かれる。そしてその「原因」は母アンナ・マリアとの関係に求められる。あるいはむしろ逆に、女々しさと雄々しさの双方を「結果」として位置づけるために、「原因」が母との関係へと押しやられると言ったほうが精確かもしれない。フーヴァーは母の女性として

の魅力をそのまま我がものにすることと同時に、おのれを魅了する母からの

「雄々しくあれ」という命令に忠実であることも欲する。しかし、フーヴァーがダブルバインドあるいはそれゆえの行動不能に苛まれるようなことはけっしてない。彼にとっても女々しさと雄々しさとはもちろん同じことではないが、しかしなお、女々しくあることは雄々しくあることを排除するものではなく、その逆もまた真なのだ。あるいはむしろ、そのあいだの「隔たり」を埋めることなく女々しさと雄々しさとを同時に生きることのできる特異な者の名こそが、タイトルに掲げられた「J・エドガー」にほかならない。

「J・エドガー」は「結果」だけを生きる。彼の生きるいかなる「結果」も「原因」に転じることがない。原因／結果の切断――これはまさに哲学者ジル・ドゥルーズがルイス・キャロルを論じたその著作『意味の論理学』において「ストア派思想におけるこの上なく偉大な大胆さのひとつ」として指摘していたものだ。「すべての原因は深層でそれらに固有の統一性へと送り返され、すべての結果は表面でそれら特有の別のタイプの関係を結んでいる」。我々のアリス、「J・エドガー」もまた、深みへと潜行していくのではなく、あくまでも表面を横滑りしていく。物語展開の軸は、晩年のフーヴァーがその半生を法務省入省から時間の流れに沿って回想する（そしてそれを若い部下に口述筆記させる）という場面におかれているが、これは原因の物体的な深みへと下りていくためではない。五〇年もの年月が回想されるにもかかわらず、その映像の連鎖は時代変化をいっさい感じさせることなく同じ質感を保って平坦に続くだけであり、回想が行われる「現在」（六〇年代末から七〇年代初頭）の映像もまた、この均質性のなかに同じ質感で書き込まれる

（ワシントンDCに固有の非時間性？）。回想はむしろ、すべての事柄を言語（語り）あるいは映像の非物体性において捉え直し、のっぺりとしたその表面においてフーヴァー自身もまた自分を「非物体的な分身」すなわち「J・エドガー」とするための形式なのだ。

もちろん、遮蔽幕《スクリーン》の表面に映し出されるすべての非物体的な映像は映写機へのフィルムの物体的な装塡を原因とする結果であり、その意味で映像が「運命に服しているのは明白だ」。「しかし」とドゥルーズは直ちに句を継ぎ、次のように書く。「ストア派のパラドクスは、運命を肯定するが必然性は否定するということにある」。運命と自由とが同時に肯定されるのだ。「運命」とは物体的な原因どうしの結合とそこでの相互作用のことだが、この結合は結果に依存しない限りで自由である。他方、非物体的な結果どうしの共立とそこでの交感もまた、原因に依存しない限りで自由である。自由を保証するのは、したがって、原因／結果の分離なのであるが、そうだとしたら、双方に自律性を与える「境界」はいつ引かれるのか。ドゥルーズに従えば、それは、たとえば、表面上で何らかの結果が他の結果に対してそれらの「本当の原因」とは峻別される「準原因」の役を演じるとき、つまり、遮蔽幕上で何らかの映像が他の映像に対してそれらの「準映写機」の役を引き受けるときだ。そして、「パントマイム」による表面への原因のこの倒錯的内在化こそ、母を亡くした四三歳のフーヴァーが薄暗い母の部屋で彼女の残したドレスとネックレスを身に纏い、鏡の表面に映った自身に向かって「強くあり続けよ」と命じる場面を充たす倒錯性にほかならない。フーヴァーの非物体的な分身「J・エドガー」は鏡の手前と彼方に自己を二重化し、結果としてのおのれに対してその原因に擬態するのであり、そのすべてが回想形式による「結果の表面」で起こるのだ。

かつてフランス人映画作家リュック・ムレはファシストと批判されもするサミュエル・フラーを擁護して「モラルはカメラ移動の問題だ」と言った。モラルは内容ではなく形式において示されるという意味だ。イーストウッドは、自由から最も遠い存在として知られた人物（フーヴァー）を描くことで、そこから計り知れない自由（J・エドガー）を引き出してみせたのである。

現代思想、ハードコア
——「怒り」から「自由」へ

市田良彦／マトロン／ネグリ

2012. 3

市田良彦の新著『革命論——マルチチュードの政治哲学序説』（平凡社新書）は一九六〇年代からフランスを中心に展開されてきた所謂「現代思想」について今日までに日本語で刊行されたもののうち疑いなく最も優れた概説書であるのと同時に、我々一人ひとりが「自由な人間」としておのれを見出すための様々な技術・技法を具体的に紹介し論じた先鋭的カタログでもある。「現代思想」の「包括的見取り図」がそっくりそのままひとつの「革命論」になってしまうという事実にまず、読者は驚かされるだろう。市田の新著を読むと、フランス共産党のイデオローグでもあったルイ・アルチュセールや、六〇〜七〇年代のイタリアにおける運動の理論的指導者だったアントニオ・ネグリ、アルチュセールの弟子で毛沢東主義者のアラン・バディウといった「政治哲学者」は当然のこと、ジル・ドゥルーズやミシェル・フーコー、さらにまた、ある意味ではジャック・デリダやデリダ派の哲学者たちですら、ひたすら「革命」のためだけに思索を続けてきた人々だったという事実に改めて気づかされる。「現代思想」のこれらの登場人物たちがそれぞれ「政治」を語ってきたのはよく知られたことかもしれないが、そこで問題となっていたのはつねに「革命」だったという事実、市田の本がそうである以前に「現代思想」そのものが総体として「革命論」だったという事実、自明でありながらなぜか忘れられがちなこの事実を『革命論』は我々にはっきりと思い出させる。「現代思想」にとって「主体は、革命という出来事、出来事としての革命を対象とするときにのみ現れ」るのであり、「政治は、人間の活動としては革命のなかにだけ存在する」のだ。

革命とはクリシェの絶えざる回帰のただなかにあってなお「新たなもの」をそこから解き放ち、それをすべてのクリシェに対して屹立させる試みのこと、あるいは、市田とともにもう少し慎み深く言えば、「政治が人間の思考もろともリセットされる地点」のことである。新たなものであれリセット地点であれ（リセット地点でこそ新たなものは出現するだろう）、革命とはクリシェとの闘いの謂いなのだ。そしてクリシェとは社会的・経済的・利害的・物理的な因果性に従って継起する諸現象、あるいは、そうした因果性すなわち「運命」それ自体を原因として我々のもとに到来する諸現象のことである。

原発事故が起きているから反原発デモがある、原発事故に対する反作用として反原発デモがある、反原発デモは原発事故を原因とする結果である——こうした必然性のなかで生きられる限り、反原発デモはクリシェでしかあり得ない。たしかに反原発デモは「怒り」のダイナミックな表出だ。東電の責任を追及したり脱原発を要求する人々は彼らの倫理観に照らして「正義の人」としてそう振る舞っているのでは些《いささ》かもない。癒着の極みにあって彼らの生命や財に損害を与える国家＝資本の悪を眼前にして腹の底から怒っている。しかし、どんなに度外れでダイナミックであったとしても、その怒りが原発事故とのほとんど条件反射的とも言ってよい相互作用関係にとどまる限り、すなわち、その怒りが原発事故によって隅々まで規定されている限り、反原発デモは革命ではあり得ない。

　しかし市田は言う、そもそも「現代思想」が革命などというものを悠長に語っていられるのもひとえに「〝怒れる〟人々は強いと安心しているゆえ」のことなのだと。怒れる人々が「強い」のは、彼らがもはや、既成の価値としての「正義」やら「道徳」やらへの信仰、スタティックな作り話のなかにはいっさい身をおいていないからだ。「〝正義〟は社会のあり方にかかわりなく〝正義〟であろうとする」。正義ほど革命から縁遠いものはなく、怒りはその正義からの解放であり、リアルな地平の回復にほかならない。しかしなお、あるいはむしろ、だからこそ「現代思想」は言わずにはいられないのだ、「幾ばくかの可能性を、さもなければ窒息してしまう」と。そして問わずにはいられない、反原発デモが革命に転じるチャンスはつねにすでにあるはずだと。

　反原発デモが革命になるというのは、「革命をその例外性に忠実に思考しようとした哲学」としての「現代思想」にとって次のようなことを意味する。すなわち、現実には原発事故との因果的連鎖のなかでしか生起し得ない反原発デモがそれでもなおその連鎖の切断となり、原発事故による規定から解かれ、そのまったき自律性を得るということ。反原発デモを生起させる「本当の

3.11 東京大行進 追悼と怒り（2012年３月11日）
写真：金浦蜜鷹

原因」があくまでも原発事故（より厳密には、原発の建設者たる国家＝資本をこの世に出現させた「私のあずかり知らぬ原因」）に存するということは否定されない。この現実的な因果性とそのディストピアとをそれとして受け入れつつもなお、怒りの必然にけっしてとどまることなく、例外としての革命の可能性を肯定すること。

このように「現代思想」は革命を、諸現象の因果的連鎖のなかで生起しつつも同時にそこから逸脱するもの、因果的連鎖のただなかにあってなおそれを切断するもの、運命のただなかでなお必然性を拒否するものとして位置づけてきたわけであるが、『革命論』全体を通じて著者が特に重視し強調するのは、そうした逸脱、切断あるいは例外についてもまた「現代思想」はその「原因」を見出そうとしてきたという点だ。革命にはそれ固有の原因があり、だからこそ革命はいつでも可能なのだ。「本当の原因」から根源的に峻別されるこの原因を知り、「その原因に人間がなる」ための思索、その技法あるいは技術の具体的発明——これこそが「現代思想」と呼び慣わされきたものの、おそらくは唯一可能な真の定義なのだ。

そして革命とは「自由」の別名にほかならない。「現代思想」は「革命的な人間」と「自由な人間」をいっさい区別しない。革命論としての「現代思想」は直ちに自由論でもある。そして自由になるためには、つまり、クリシェの仮借なき連鎖のただなかでなおその連鎖から自由になるためには、その原因を我がものとして発見しなければならない。自由の原因をおのれのうちに見出すとき、人間はつねにすでに解放されている。「現代思想」にとって自由の原因を認識することとは即、実践なのだ。『革命論』の刊行とほぼ同時期に邦訳が出版され、やはり「現代思想」をとりわけ「六八年とスピノザ」の観点から振り返ったアントニオ・ネグリ『スピノザと私たち』（水声社）において「理性の楽観主義」の名のもとに再確認されるのも、「現代思想」が「実践の哲学」であったというこの事実にほかならない。

市田とネグリの両書において密やかに「主役」を担わされている者がいる。日本語環境ではその名すらほとんど想起されることのないスピノザ主義者、アレクサンドル・マトロンだ。「現代思想」の真の「原因」と言って過言ではない彼の著作の邦訳刊行が、今日もなお、とりわけ待たれる急務であり続けていることを最後に言い添えておきたい。

明解な映像に曖昧な理念を対峙させよ

ゴダール／毛沢東／アルチュセール

2012. 5-6

毛沢東主義時代のジャン゠リュック・ゴダール作品のうち六つを収めたDVD‐BOXが発売される。日本ではこれまで一度もソフト化されず、上映の機会もほとんどなく、多くの人にとって不可視であり続けてきた『ありきたりの映画』『たのしい知識』『ウラジミールとローザ』も含まれる。「毛沢東主義時代の」としたが、この形容は字義通りに理解されなければならない。毛沢東主義者を気取っていたとか、そうした時代の雰囲気を作品内に多少なりとも反映させていたといった程度の話では微塵もない。一九六七年から約六年のあいだ、ゴダールは真に毛沢東主義者だったのであり、その作品はいずれもがフランスでは「小さな赤い本」と呼ばれる『毛沢東語録』をたえず参照しながら撮られたものだったのだ。

当時のフランスでの毛沢東主義が何だったのかを知る上で想起されなければならない人物がひ

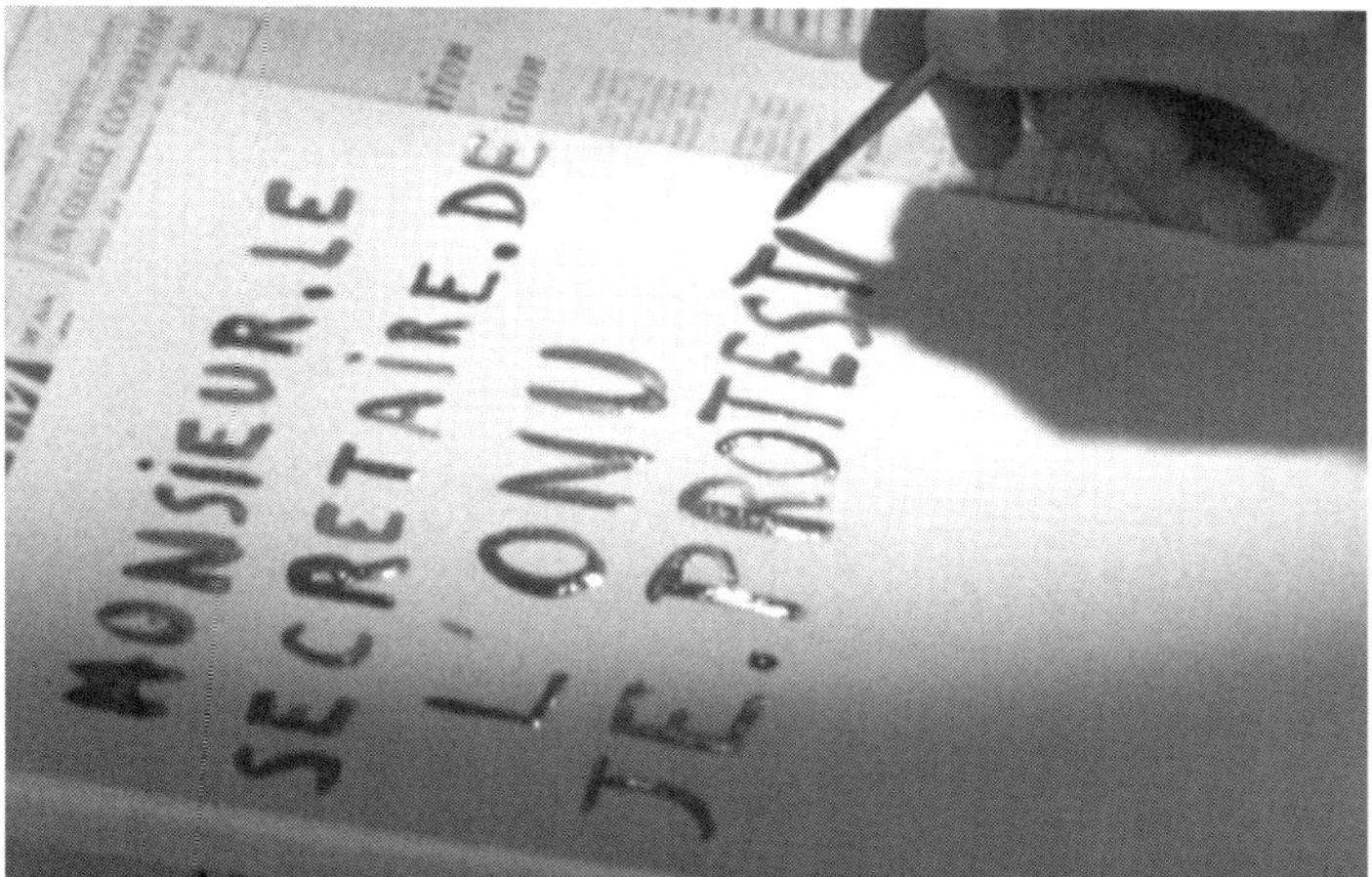

上：『ありきたりの映画』©1968 Gaumont – Productions de la Guéville
下：『ウラジミールとローザ』©1971 Gaumont

とりいる。哲学者ルイ・アルチュセールだ。というのも、六〇年代半ばからのフランスにおける毛沢東主義の潮流は、同国におけるエリート教育機関のひとつ、パリ・ユルム街の高等師範学校でアルチュセールの自主ゼミに参加していた学生たちが中心となって形成されたものだからである。

アルチュセールにとっての毛沢東と文化大革命のインパクトは主として次の二点にあった。ひとつは、イデオロギー闘争のための組織としての紅衛兵の出現。階級闘争には経済・政治・イデオロギーの三形態があると考えていたアルチュセールにとっての問題は、経済には労働組合（フランスでは労働総同盟CGT）が、政治には党（フランス共産党PCF）がそれぞれすでにあったのに対し、イデオロギーについては、これを担う組織が存在しなかったということにあった。紅衛兵はそのモデルを提供するものだったのだ。

もう一点は、毛沢東がフルシチョフ以降のソ連を「修正主義」だとして批判した上で、マルクス＝レーニン主義にとっての敵は米国のブルジョワ帝国主義だけでなく、「その一形態」に過ぎないソ連の修正主義でもあるとしたこと。これはフランス国内の文脈では、米国と同盟関係にあったド＝ゴール体制、そして、ソ連共産党の影響下にあったPCFに対して同時に闘いを進めるということを意味する。ただし後者についてひとつ注意すべき点がある。PCFの党員だったアルチュセールは、党指導部の修正主義的傾向に対する批判をあくまでも党内部から展開しようとしたという点だ。すでに長い歴史があって豊富な経験を有し、高い組織力を誇るPCFについて、アルチュセールはその存在をあくまでも重視していたのだ。九〇年に死去するまで党籍を残したアルチュセールが選択したこの路線の「正しさ」は、とりわけ七〇年代に入り小規模先鋭グループが乱立し大文字の「革命」の可能性が誰の目にも遠のくなかで、回顧的に確認されていくことになろう。

いずれにせよ、以上のような立場からアルチュセールはＰＣＦの下部組織（日本の「民青」に相当）とみなしてよい共産主義者学生連合ＵＥＣに多くの学生たちを加入させる。しかし学生たちはアルチュセールの期待に応えなかった。ＵＥＣのなかですぐに一大勢力となった彼らはＵＥＣのＰＣＦからの独立をはかり、その結果、党指導部の圧力によってＵＥＣから除名されてしまう。これが契機となり、六六年暮れ、後に自らの経験をもとにした小説『エタブリ』*L'Établi*（未邦訳）の成功で広くその名を知られることになるロベール・リナールらをリーダーとした毛沢東主義者グループ、共産主義者青年連合マルクス＝レーニン主義派ＵＪＣ－ＭＬが結成されることになる。

創設当初のＵＪＣ－ＭＬの活動は「赤い大学」という理論教育教室の運営を中心としていた。しかしＰＣＦによって「実践」の場が支配され、「理論」の余白しか残されていなかったためだ。しかし六七年前半にはすでに「ヴェトナム下部委員会」という北ヴェトナム連帯組織網の創設によって彼らは多くの高校生や大学生を巻き込むことに成功する。そして六七年七月には「調査をしない者に語る権利はない」という毛沢東の言葉に従い「調査」を開始する。休暇などを利用して大衆のもとに赴き、彼らの考えていることを収集するという活動だ。しかし「大衆から出発する」だけでは毛沢東思想に忠実とは言えない。「調査」によって収集した大衆の拡散的で非体系的な考えを「分析」によって凝縮し体系化した上でそれを携え「大衆のもとに戻る」必要がある。この目的のために六七年九月から開始されたのが établissement（「定着」とでも訳し得るだろうか）と呼ばれる活動、すなわち、エリート学生であるという自らの「プチブル・インテリ的」身分を文字通り捨て、工場などでの労働に専念することを通じ、労働者階級のただなかにその身を埋めるという活動だった。労働者階級に対して圧倒的な影響力をもつCGTを内破させ、真に闘争的な労働組合を組織するにはこの方法以外にない――UJC‐MLの活動家たちはそう考えたのだ。

ゴダールの『中国女』でジャン＝ピエール・レオやアンヌ・ヴィアゼムスキーらによって演じられる毛沢東主義者グループはこのUJC‐MLをモデルにしたものだ。『東風』からジガ・ヴェルトフ集団としてともに活動することになるジャン＝ピエール・ゴランの紹介を通じて、ゴダールは六七年初め、創設当初のUJC‐MLのもとに赴き「赤い大学」などの活動を「調査」する。その結果を「分析」した上で同年三月に撮られたのが『中国女』だった。しかし九月に公開されると、すでに「調査」を経て「定着」を開始していたUJC‐MLの活動家たちから強い批判を受けることになる。彼らの活動を「ブルジョワ青年たちのお遊び」のように描く同作品は「挑発」以外の何ものでもないというのが批判の主旨だった。

ゴダールはこの批判を真摯に受け止め、公に「自己批判」を行うことになるのだが、そうした「ゴダールらしからぬ」振る舞いにも当時の彼がどれだけ本気で毛沢東主義者であろうとしていたかを見ることができよう。そもそも「自己批判」それ自体、「理論と実践の結びつき」「大衆との密接な繋がり」とともに『毛沢東語録』のなかで政治活動の三大要素として挙げられていたものなのだから。そしてこの「自己批判」を作品に反映させるべく六八年初めに撮られることになったのが『たのしい知識』だった。

『中国女』と『たのしい知識』の最大の共通点はどちらが描くのも「理論」の場であって「実践」の場ではないという点にある。反対に、両者のあいだの最大の相違は前者が基本的に「昼」のシーンから構成されているのに対し、後者は「夜」のシーンのみから構成されているという点にある。これによってゴダールは、レオとジュリエット・ベルトによって演じられる『たのしい知識』の登場人物たちが作品内では示されない「昼」を「実践」の時間に充て、毛沢東の言葉通り「理論と実践の結びつき」を正しく生きているように描こうと試みたのだ。

＊

一九六〇年代後半から一九七〇年代前半にかけて、政治を主題にした映画が世界各国で数多く作られた。同時期、同様に政治化していたジャン゠リュック・ゴダールは、しかしながら、コスタ゠ガヴラス『Z』に代表されるようなそうした主流派の「政治映画」に対し、その不十分さを繰り返し批判した。真に政治的な映画は、彼にとって、語られる内容が政治的なだけでなく、語りの形式それ自体においても政治的でなければならなかったのだ。

「政治映画は政治的に作られなければならない」。内容だけでなく形式にも政治性を要求するゴダールのこの考えは「闘いは二つの戦線で進められなければならない」とする『毛沢東語録』における「芸術」の規定に直接由来する。毛沢東は次のように書いている。「我々が求めるのは政治と芸術の一致、内容と形式の一致、政治における革命的内容と芸術における可能な限り完璧な形式の一致である。〔…〕だからこそ我々は誤った政治的観点を表現する芸術作品に反対すると同時に、スローガンやポスターの域を超えない作品、すなわち、表現されている政治的観点は正しくとも芸術としての表現力を欠くような作品を制作しようとする傾向にも反対するのだ。〔…〕我々の闘いは二つの戦線で進められなければならない」。

形式の政治性とは何か。実在の毛沢東主義者グループのもとでの「調査」を踏まえて六七年に撮られ、ゴダール毛沢東主義時代の最初の作品となった『中国女』は、セリフやグラフィティといったかたちで挿入される様々な文章断片（その多くは『毛沢東語録』からの抜粋）によって作品中が埋め尽くされているのだが、なかでもとりわけ際立つものに、作品の舞台となっているアパートの壁一面に大きく書かれた「明解な映像に曖昧な理念を対峙させよ」という一文がある。『毛沢東語録』にそれとしてあるものではないが、しかし、映像／理念（言葉）、存在／思考、物質／精神の「弁証法的唯物論」を語っているという意味で、やはり、毛沢東思想から導出されたとみなし得るこの考えにこそ、ゴダールは「映画を政治的に作ること」の具体的な方法を見出していたのだ。

「明解な」という形容を肯定的に捉えてはならない。毛沢東主義者ゴダールにとって、ひとつの映像が明解であるというのは、その映像に内在する「内的矛盾」が覆い隠され、あたかもすべてがいっさいの齟齬なく調和のとれた統一性のもとで澄み切って存在するかのように見える状態のことである。明解な映像とはしたがって錯覚の産物以外の何ものでもなく、また、すべてが矛盾なく明解であるように見せるこの錯覚こそが「ブルジョワ・イデオロギー」の内実をなすものであって、だからこそ、この錯覚を打ち砕くことはそれ自体で直ちに政治的であり、政治的に映画

『たのしい知識』©1969 Gaumont – Bavaria Atelier Gesellschaft

を作ることだとされるのだ。『毛沢東語録』には次のようにある。「事物や現象の発展をもたらす第一の原因は外的なものではなく内的なものであり、それらの事物や現象の内的矛盾において見出される」。さらに次のようにもある。「社会変化は社会に内在する矛盾の発展によって、すなわち、生産諸力と生産諸関係とのあいだの矛盾、階級間の矛盾、新たなものと古きものとのあいだの矛盾の発展によって生じる」。

明解な映像は何らかの観念に対峙させられることでその明解さを失い、おのれのうちで矛盾し合う様々な要素を徐々に露呈させていくことになるが、その際に映像に差し向けられる観念はあくまでも「曖昧な」ものだとされる。つまり、映像に内在する矛盾を精確に言い当てるような「正しい」観念が最初からあるわけではないということだ。それでは「正しい観念はどこからやってくるのか。天から降ってくるのか」——『中国女』の翌年、六八年に撮られた『たのしい知識』でも登場人物たちは『毛沢東語録』を引いてそう問うている。正しい観念は映像／観念の対峙のなかでこそ初めて獲得される。映像が明解さから解放されていくプロセスと、観念が曖昧さから解放されていくプロセスとは映像／観念、映像／音声のあいだの往復運動のなかであくまでも同時に進行するものなのだ。この意味でこそ、さらに一年後の六九年にイギリスで撮影された『ブリティッシュ・サウンズ』でもまた、次のように言われる。「ときに階級闘争は二つの映像のあいだの闘争、二つの音声のあいだの闘争でもある。映画の場合、この闘争は映像と音声のあいだの闘争となる」。

『中国女』がそのモデルとなった毛沢東主義者グループ（アルチュセールの教え子たちによって結

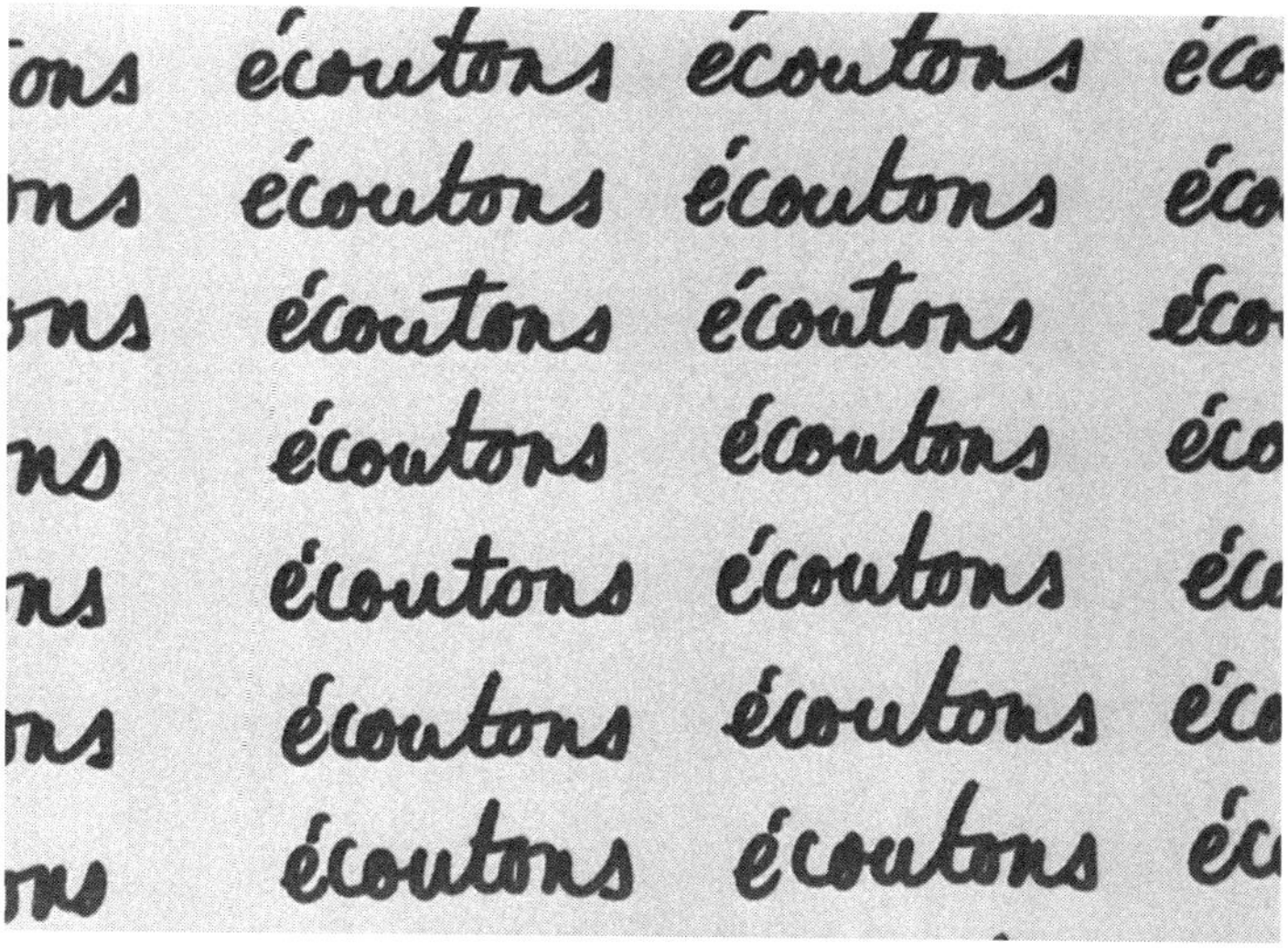

『たのしい知識』©1969 Gaumont – Bavaria Atelier Gesellschaft

成された共産主義者青年連合マルクス＝レーニン主義派）から批判された際、ゴダールはそれを認め自己批判し次のように述べている。「あの作品の失敗はすべて私のせいです。私は彼らを感じの良い人々として描きたかった。彼らは勤勉かつ優秀であり、大学でこれまで教えられてきたようなブルジョワ的な読み方も、共産党が強要する修正主義的な読み方もはねのけて、マルクスをゼロから再読しようと試みている若者です。映画においてその零度に回帰し、そこから再出発しようとしている私自身と彼らにはその意味で似たところがあるのです」。零度への回帰――まさしくこの点においてこそ、アルチュセール編纂の論集『資本論を読む』そしてアルチュセール自身の著作『マルクスのために』は六五年の両書の刊行以来、大きな衝撃をもって読まれることになったのであり、他方でまた、ソ連共産党を修正主義として批判した毛沢東そして文化大革命のインパクトもこの同じ点、すなわち、それがマルクス＝レーニン主義をその零度に戻す試みであるという点にこそあったのだ。そしていずれにおいても零度とは、矛盾なくすべてが調和し一様で平坦な表面を形成しているような「明解な」状態のことなどではまるでなく、それとは真逆の状態のことであった。

明解な映像に曖昧な理念を対峙させることでゴダールが試みたのもまた、したがって、映像と理念、映像と音声においてそれぞれの零度に回帰するということだった。『たのしい知識』の終わり近くで次のような会話がなされる。ジュリエット・ベルトが言う。「恋愛とは互いに自分が何であるのかを相手に言ってもらうディスクールのこと」。次いで相手役のジャン＝ピエール・レオが次のように言う。「映像と音声についてそれぞれの零度を探求することで、また、記憶のなかで響くそれらのエコーを聴くことで、ひょっとするとぼくはきみと一緒に恋愛の零度を生き始めているのかもしれない」。『毛沢東語録』で恋愛が語られることは一度もなく、それゆえにいっそうこの箇所は印象深いものとなっている。しかし恋愛もまた、（相手の）明解な映像に（相手についての）曖昧な理念を対峙させる往復運動を通じて互いに相手をその零度において捉え、ふたりの関係を零度にまで導くという意味で、まさしく形式の政治性のひとつの実践なのである。

『ジャン＝リュック・ゴダール
＋ジガ・ヴェルトフ集団 BOX』
発売元：アイ・ヴィー・シー
価格：Blu-ray BOX ￥35,000（税抜）、
DVD BOX ￥30,000（税抜）

処置なしの愚か者たちと生きる

原発再稼働／官邸前デモ／
緒方正人

2012.7

野田内閣（当時）が大飯原発の再稼働を決め、首相官邸前では毎週金曜日、反原発デモが行われている。夕方から始まるそのデモにやってくる者の多くは学校や会社帰りの個人のようだが、その数は日を重ねるごとに増え続け、いまや八万人にも達している。

今回のデモの舞台は東電前でも経産省前でもない。首相官邸前だ。国家そのものに人々の怒りが向けられているのである。国民と利害を共有する国家なるものが「国民国家」などと呼ばれてそれなりに信じられていた時代は決定的に終わったようだ。報道ステーション（テレビ朝日）などが伝えるところによれば、官邸に出入りする閣僚たちに彼らの目の前で行われているデモについて意見を求めても、彼らは無視するか、「忙しいので」と急ぎ足で立ち去るか、そのいずれかの反応しか返さない。国家は国民と完全に縁を切り、資本と永遠の愛を誓い合ったかのようだ。

いやむしろ、国家が資本と親密な関係にあるというのは、無論、誰もがすでに知っていたことだ。ただ、福島第一原発の事故とそれによる公害とが進行中の事態にほかならず、その解決も収束もまだいっさい視野に入ってこない現況において、まさかこうやすやすと原発再稼働の決定を下し得るほどにその「絆」が強く分かち難いものだとまでは、さすがにほとんど誰にも想像できていなかったのだ（しかも自民党ではない政権が！）。「資本＝国家」のあまりにあからさまで破廉恥な現前を目の当たりにして、多くの人々は字義通り「夢」から覚めたのである。

ところで我々は、この間、より精確にはどのような「夢」を見ていたのだろうか。どんな愚か者であっても我々の説得次第では少しはマシになる場合がある、そうすることでこの世から一定程度は愚かさを排除できる、そんな夢を見ていたのではないか。いまよりも少しはマシな「もうひとつの世界」の実現はけっして不可能ではないはずだ、そんなことを我々は夢見ていたのではないか。大飯原発再稼働の決定は我々をそうした「夢」から目覚めさせた。愚か者たちにつける薬など何ひとつないということ、愚か者たちは愚かであり続けるということ、したがってまた、この世界から愚かさを駆逐することなどいっさいできないということ、我々の暮らすこの世界が「もうひとつの世界」などというものに転じるような喜ばしい日はいつまで待っても到来しないであろうこと、要するに、我々は処置なしの愚か者たちとともに生きていく以外の選択肢をもたないということ。再稼働決定が我々に突きつけたのはそうした現実あるいは真理だろう。

それでもなお、毎回午後六時に首相官邸前に集まってくる人々は諦めていない。愚か者でも場合によっては少しはマシな人間になるかもしれないなどといったことについてであれば、もちろん、彼らは諦めている。彼らは「もうひとつの世界」やその実現可能性などもはやまったく信じていない、その意味ではたしかに彼らは諦めている。しかし、それでも彼らが怒っているのは彼らが何かを諦めていないからだ。怒りは諦念の対極であり、諦めていないことの表明そのものだ。そうだとしたら彼らはいったい何を諦めていないのか。処置なしの愚か者たちが今後とも永遠にその愚行を繰り返していくのがいまや誰の目にも明確となったこの世界のただなかでそれでもなお生きていくということ、これこそ彼らが微塵たりとも諦めていないことなのだ。

首相官邸前に集まる者たち一人ひとりにとって、それが集団であることはおそらく二次的な要素でしかない。できるだけ数多く集うことで「国民」の代表としての正統性を多少なりとも獲得するといった考えは、そうすれば愚か者たちに幾ばくかの自覚を促し得るかもしれないと期待するかつての「夢」に対応した絵空事でしかもはやない。人々は、「国民」の資格で資本=国家に敵対し、その力関係のなかで後者をでき得る限り善導しようとの思いから集まってきているわけではないのだ。処置なしの愚か者たちが我が物顔で暮らすその同じ世界のなかでそれでも生きていくこと、そのような世界がなおも自分にとって生き得るものだと信じること、そうした不屈の精神は一人ひとりが各自、個別的に獲得するほかない。集まることで彼らが得ようとするのは、互いに勇気づけ触発し合うといった内的共振であって、愚か者たちの愚行を阻止するための「数の力」などではまるでないのだ。

愚か者たちがその一部をなすこの世界をそれでも生き得るものとして信じること、そのためには我々一人ひとりがそれぞれ独自の「技法」を創出しなければならない。不知火海に面した漁村に生まれ、家族を水俣病で奪われ、自らも水俣病に苛まれてきた緒方正人の著作『常世の舟を漕ぎて』（世織書房）、『チッソは私であった』（葦書房）はそうした技法について貴重なヒントを我々に与える。緒方の闘いはまさしく、愚か者たちの許し難い愚行を前にした怒りから始まった。チッソの幹部、そして県、国の担当者に面会を求め、彼らと直接対峙し、その愚行を問い糾していくという闘争を続けるなかで、しかし、緒方は徐々に虚しさを感じるようになり、ついには狂ってしまう。「責任主体としての人間がチッソにも政治、行政、社会のどこにもいない」。資本＝国家をどこまで追いつめても、どんな「人間」と直接向き合っても「責任主体」、愚かさの根源はつねに無限遠へと逃れてしまう、愚かさ自体には一寸たりともメスを入れられないという不可能性に直面するのだ。しかし狂いによって彼に転機が到来する。もし仮に当時、自分がチッソの幹部だったとしてもやはり「同じことをしたのではないか」という「大逆転」を経て、「チッソは私であった」と直観するに至るのだ。そして緒方は言う。

そう思えるようになってからが自分では非常に楽になりました。それ以前はやっぱり、チッソといっても結局人を恨んでたんですから。人を恨み憎んでいるときはよか顔ばしとらんですね。それから解き放たれたとき、自分が非常に楽になった気がしました。

ここには第一に、愚かさの「原因」を同定することへの、そして、それによって愚か者たちに自覚や反省を促すことへの絶対的な諦めがある。この世界とはあくまでも愚か者たちのいる世界

首相官邸前行動（2012年６月29日）
写真：田中龍作

のことなのであり、愚か者たちのいるこの世界に生を受けたことは私の「運命」なのだという諦念だ。しかし第二に、この小さな諦念が大いなる解放、大いなる力の高まりを導くことになる。ただしそこに至るには「チッソは私であった」という直観、すなわち、愚かさの原因、無限遠の彼方にあって私の与《あずか》り知れぬその原因に私自身を擬態させてしまうという意志のアクロバティクス、「私といういのちのビッグバン」が緒方には必要だった。因果関係を短絡させ切断するこの跳躍によってこそ、緒方は、愚か者たちが不可避的に含まれるこの世界をそれでもなお自分にとって「生き抜くそして死にきる」べき唯一の世界として肯定し信じる力、世界の愚かさとその悲惨を運命として受け入れつつもなお必然性を退ける力、自律性の力を獲得したのだ。

「革命的になる」ということ

ロベスピエール／官邸前デモ／ドゥルーズ

2012. 8

この世界から愚かさが消滅することはなく、減少することもない。しかし我々はこの世界で生きていくことを諦めない——野田政権（当時）による大飯原発再稼働決定に怒り、首相官邸前に集まる人々はそう表明しているようだ。これはしかし、歴史上のどんな革命や闘争、運動とも異なる、決定的に新たな何かの出現ではないか。

実際、今日の日本での反原発運動をおいてほかに、ジル・ドゥルーズの次のような言葉をそのまま体現するかのような闘いを人類は一度でも経験したことがあったか。

我々にはひとつの倫理《エチカ》、ひとつの信が必要なのだ。それは愚か者たちを笑わせるものだろう。我々に必要なのは、何か別のものを信じることではなく、この世界を信じることであり、こ

の世界とは愚か者たちも一部として含まれている世界のことなのだ。(『シネマ2 時間イメージ』法政大学出版局)

「何か別のもの」とは何か。それは、愚か者たちが愚かであることをやめた世界、愚か者がひとりもいなくなった世界、愚か者がその愚かさとともに死滅した世界のことだろう。では、誰がそうした世界を信じてきたのか。革命を目指す者たちが信じてきた。革命とは、愚か者のひとりもいない世界を実現すること、この世界を「もうひとつの世界」に変えることにほかならない。しかしそもそも、革命を目指す者とは誰か。レーニンや毛沢東といった所謂「革命家」たちだけではない。この世界から愚かさが少しでもなくなればいいのに、いまよりも少しでもマシな世界が到来すればいいのに……と誰しもが望んできたのだとすれば、おそらくは、我々みなが革命を目指してきたと言うべきなのだ。

「何か別のもの」とは、したがって、「あの世」「来世」として制度宗教が掲げるような仰々しいユートピアだけを意味するのではない。むしろ逆に、どんな愚か者でも熱意をもって丁寧に説得すれば必ずや少しはマシな人に変わってくれるはずだといった、誰もが一度は抱いた覚えのある至極一般的な信念が、すでに「あの世」へのまったき信仰をなしていると言ったほうがよい。

「三・一二」(矢部史郎)以降、人々は様々なかたちで怒りを表明し続けてきたが、彼らの信の対象は最初から「この世界」にあったわけではない。二〇一一年四月一〇日の高円寺でのデモ以来、信じられてきたのはむしろ「何か別のもの」だった。できるだけ多くの人が集い、みんなで声をあげれば、必ずやそれが愚か者たちにも届き、彼らを「脱原発」へと善導することができるはずだと。あのときの菅政権の長岡原発稼働停止決定は「何か別のもの」への人々の信をより確かにする「奇蹟」のような出来事だった（聖ナオト！）とも言えよう。野田への政権交代はそうした信に少なからず影を落としただろうが、その時点でもまだ、「この世界」をありのままに信じることなど、可能性としてすら誰も想像していなかった。人々の信の対象が「何か別のもの」から「この世界」へと移るためには「奇蹟」以上に決定的な出来事の到来、大飯原発再稼働決定が必要だったのだ。これによって人々は「何か別のもの」を信じるということが端的に不可能であるという耐え難き事実を突きつけられた。官邸前の人々が教えるのは、耐え難きことに直面しそれを直視することと、「何か別のもの」ではなく「この世界」を信じることとがひとつの同じことにほかならないという真理なのである。

「耐え難きこと」は、しかし、再稼働決定によってこの世に初めて出現したわけでは些かもない。我々の日常とともにつねにすでに存在していたものであり、ただ、我々がそれを直視せずにいたもの、「この世界」の生きづらさゆえに「何か別のもの」を求める我々の弱さがそこから我々の視線を逸らさせてきたものに過ぎない。「この世界」を「何か別のもの」へと変容させること、この世界から愚かさを一掃することはつねにすでに不可能なのであり、歴史上の名だたる革命家たちはみな、この永遠真理に直面しつつもそれを無視することで彼らの革命を進めてきたのだ。

たとえばロベスピエール。ルイ一六世とその一味をみな断頭台に送ってもなお、革命を続けなければならないと彼が主張したのはなぜか。立憲政府が樹立されたにもかかわらず、これを廃して改めて革命政府を打ち立て、革命続行を標榜したのはなぜか。『啓蒙の運命』（名古屋大学出版会）所収の上田和彦による論文「恐怖政治と最高〈存在〉の祭典」はこの問題を考えるのに貴重な示唆に富んでいる。ロベスピエールにとって、ルイ一六世とその仲間を処刑しただけでは愚か者が一掃されたことにはならなかった。イギリスやスペインといった国外の愚か者たちがフランスへの武力侵入を企んでいたからだ。しかし、トゥーロンの攻囲戦でそうした外敵を退けた後もなお、革命は継続されなければならなかった。なぜか。外敵は軍事力に訴えることを断念した後も、フランス国内に陰謀を巡らし「自由の敵」を組織し続けたからだ。それでは、国外からの遠隔操作を断ち、ダントン派やジロンド派の残党、エベール派の残党をひとり残らず粛清することができたなら、共和国の真の樹立が宣言され得たのか。否。たとえ公的な場では「一般意志」との契約を忠実に生きているかに振る舞っている者たちであっても、ひとたび家庭に戻ったならば、社会契約などどこ吹く風、どんな愚かさに身を任せていることか、誰にも知り得ないからだ。「徳がなければ恐怖は不吉だ、恐怖がなければ徳は無力だ」として恐怖政治の必然を説くとき、ロベスピエールは実は知っていた。恐怖があってもなお徳は無力にとどまざるを得ないことを。なぜなら愚かさや悪は純粋なポテンシャルの問題であり、どんな「善良な市民」も潜在的には「自由の敵」であり続けるからだ。革命は人類がひとり残らず粛清されるときにしか成就しないのだ。社会契約からいっさいの夾雑物が排されるのは、すべての個人がその潜在的な愚かさとともに死に絶えるときだけなのである。誰もいなくなったこの地上に「一般意志」だけが亡霊のように残され、おのれ自身と契約する――これこそが「何か別のもの」の結び得る唯一の像なので

首相官邸前行動（2012年７月27日）
写真：諏訪京

あり、それは徹底的なルソー主義者ロベスピエールにとってだけでなく、革命を目指してきたすべての者、つい先日までの我々みなにとっての真理なのだ。

いまや我々は次のようなドゥルーズの言葉を誰よりもはっきりと理解するだろう。「歴史のなかで革命が辿ることになる道と、人々が革命的になるということ、これらふたつの事柄は混同されがちですが、実際には同じ人が問題になってすらいません。人々にとっての唯一のチャンスは〝革命的になる〟ということのほうにこそ存しているのであって、それだけが恥辱を祓い得る、許し難いものに応じ得るものなのです」(『記号と事件』河出文庫)。革命的になる、「この世界」を信じるとは、世界ではなく自分自身を変容させることであり、自己変容の力(力能)を高めることなのだ。倫理《エチカ》が直ちに政治となるのである。

出来事を到来させるために

ルソー／アルチュセール

2012. 9-12

今年（二〇一二年）はジャン＝ジャック・ルソーの生誕三〇〇年にあたる。これを記念し日本でも雑誌が特集を組んだり講演会が行われたりしている。「一般意志」に基づいた共和的かつ民主的な政体を構想し、それがフランス革命などに影響を与えたということでよく知られるルソーだが、フランスの現代思想家ルイ・アルチュセールはそれとはまるきり異なるルソー像を描き出そうとしていた。

アルチュセールにルソーについての著書はない。一九四八年から八〇年までパリ・ユルム街の高等師範学校において哲学教師の職にあった彼はしかし、その講義のなかで幾度かルソーを集中的に論じていた。アルチュセール自身の残した草稿、受講生のノートなどをもとに編まれた講義録『政治と歴史、マキャヴェッリからマルクスまで』（平凡社）にもすでに五〇年代、六〇年代のものが収められているが、今年六月、一九七二年二月から三月にかけて三回にわけて行われたルソー講義の記録がフランスで出版された（Louis Althusser, *Cours sur Rousseau* (1972), éd. par Yves Vargas, Le Temps des cerises, Paris）。口語ということもありたいへん読みやすく、しかし内容はとても刺激的で、一刻も早い邦訳刊行を願わずにはいられない本だ。

アルチュセールのルソーへの関心の主軸は五〇年代から一貫して『社会契約論』ではなく『人間不平等起源論』にあったようだ。七二年の講義で論じられるのも後者である。この講義はそれに先立って同年初めに行われたマキャヴェッリについての講義を振り返ることから開始される。マキャヴェッリとルソーとのあいだには二世紀の隔たりがあり、それがとりわけ自然法理論の時代であったことを強調した上でアルチュセールは、ホッブズやロック、グローティウスやプーフェンドルフらの近世自然法論者たちをすっ飛ばして（！）「マキャヴェッリを論じた後にルソーを論じる」とはいったいいかなることなのかと問うことから講義を始めるのだ。この問いは高等師範学校（「超」のつくエリート校）の秀才学生たちからのあり得べき不満に対する配慮といったことゆえに立てられているものではない。この問いにはすでに、ルソーに対するアルチュセールの関心のすべてが凝縮されているのだ。一般には近世自然法論者のひとりとみなされることも多いルソーをそこから切断し、二世紀の隔たりを飛び越えてマキャヴェッリに直接接続するときに浮かび上がるはずの新たなルソー像、あるいは、ルソー自身のうちにあってそうしたアクロバティックな操作を可能にするはずのいまだ知られざる側面、これを描き出すことこそがアルチュセールの賭け金なのである。予《あらかじ》め言っておけば、それは、歴史をその根源において思考したルソー、「必然性を構成する偶然性」の介入それ自体として歴史を捉えたルソー、歴史をその根源的な「不安定性」において把握したルソー、出来事の創造を可能にする唯一の力として「時間」を見出したルソーである。

アルチュセールはマキャヴェッリと近世自然法論者たちとのあいだでルソーの奪い合いを演じさせる。マキャヴェッリと近世自然法論者たちとは同一の参照対象を共有している。国民的統一を実現するための一形態としての絶対君主制だ。しかしこの共通の参照対象が両者の議論のなかで与えられる位置づけは同じではない。一六世紀にイギリスやフランスで絶対王政が実際に成立したからだ。都市国家の乱立状態にあったルネサンス期イタリアを生きたマキャヴェッリにおいてはそれがこれから「成し遂げられるべき事実」として位置づけられていたのに対し、一七世紀の自然法論者たちにおいてはすでに「成し遂げられた事実」として位置づけられることになる。

共通の参照対象の位置づけの相違からアルチュセールにとってはより重要なもうひとつの相違が派生する。マキャヴェッリが思考したのは、成し遂げられるべきその事実がいかなるものなのかということだけではなかった。同時に彼は、現実にはまだ存在していないその事実が実現されるための条件がいかなるものなのかということも思考し規定しなければならなかったのだ。絶対君主制や国民的統一それ自体だけではなく、そもそもその創設を可能にする条件がマキャヴェッリの生きていた世界にはいっさい存在していなかったし、考えられてすらいなかったのだ。彼の政治プロジェクトは絶対的なゼロ地点から開始されなければならず、そのゼロ地点それ自体を彼は考えなければならなかったということだ。これから成し遂げられるべき事実の「始まり」はいかなるものなのか、どのような環境を準備すれば出来事は到来するのか、未来がやってくるとすればその原因はいかなるものなのか、こうしたことをマキャヴェッリは考えなければならなかったのである。

これに対し、絶対君主のもとでの国民的統一がすでに成し遂げられた事実としてあった近世の自然法論者たちの関心はまるで別のところにあったとアルチュセールは続ける。彼らにとって重要だったのは何よりも、自分たちの眼前にあるその事実に対してどのような政治的立場をとるかということだった。たしかに彼らもまた、その事実を生じさせた原因に大いに関心を寄せていたわけだが、しかしそれはあくまでもその事実に対するそれぞれの政治的立場を正当化するためのことだった。彼らは各自の政治的立場に応じて、すでに成し遂げられたその事実の「起源」を説明しようとしたのである。

未来の出来事を到来させるためのその「始まり」(commencement)を考えること(マキャヴェッリの場合)と、すでに起きていまここにある出来事のその「起源」(origine)を考えること(自然法論者たちの場合)とは、どちらにおいても出来事の発生条件を問うことが問題になっているがゆえに一見、同じことのようにも思えるかもしれない。しかし、共産主義革命が可能となるための条件をそのゼロ地点において思考し続けたマルクス主義者アルチュセールにとっては少なくとも、それらは同じことなどでは微塵もなかった。彼にとって圧倒的に重要だったのは未来の出来事の「始まり」を考えるマキャヴェッリのほうであり、そのマキャヴェッリの系譜のなかにルソーもまた身をおいていると彼は主張したのである。

おかしいではないかという声がすぐにも聞こえてきそうだ。不平等の「起源」を論じているのみならず、他に『言語起源論』と題された著作もあるルソーがなぜマキャヴェッリの系譜にあって「始まり」を思考した思想家だなどと言えるのか。『人間不平等起源論』は、ルソーの生きた一八世紀ヨーロッパにおいてまさしくすでに「成し遂げられた事実」としてあった不平等のその起源を論じた本であるという以外にいったい何だというのか。「成し遂げられた事実」に対してホッブズが絶対主義を、ロックが自由主義をそれぞれ掲げ、それぞれの立場からその起源を論じたのとまるきり同様に、ルソーもまた彼らと同じ既存事実を共有し、その起源を民主主義の立場から論じようとしたのではなかったのか。アルチュセールはこうした反論にどう応じるのか。

出来事に「起源」はない

すでに「成し遂げられた事実」としてある「不平等」のその「起源」を論じた本であると一般的には理解されているルソーの『人間不平等起源論』のただなかにアルチュセールは、これから「成し遂げられるべき事実」のその「ゼロからの始まり」についての理論を読み込もうとする。その賭け金は高い。というのも、このアクロバティックなルソー読解は、一七世紀にホッブズやロックなどによって展開された自然法理論の一八世紀における継承者であると一般的にはみなされているルソーを彼らから切り離し、逆に、ルネサンス期を生きたマキャヴェッリに二世紀の隔たりを越えて直接接続しようとする試みでもあるからだ。これは思想史の改竄であるだけにはとどまらず、自然法論者たちを思想史から抹消してしまうことでもあるだろう。いずれにせよ、そこでアルチュセールが浮かび上がらせようとするのは、すでに到来済みでいまここに自明のものとして存在している事態のその原因ではなく、これから到来すべき出来事のその原因を思考するルソー、「必然性を構成する偶然性」として歴史を定義してみせるルソー、ただ時間のみに出来事を到来させる力を認めるルソーという前代未聞のルソー像である。

しかしなにしろ本人が「起源」だと言っているのだから、やはりルソーは「起源」の思考を近世自然法論者たちと共有する思想家なのではないか。当然とも言えるこうした疑念に対し、アルチュセールは『人間不平等起源論』序説にあってルソー自身が近世自然法論者たちを批判する一節を引くことから応答を開始する。

社会の土台を検討したこれまでの哲学者たちはみな、自然状態にまで遡る必要性を感じていたにもかかわらず、その誰一人としてそこに到達し得た者はなかった。〔…〕そうした哲学者たちはみな〔…〕社会それ自体のなかで彼らが見出していた考え方をそっくりそのまま自然状態のなかに運び込んでしまったのだ。彼らは野生人を語りながら社会人を描いたのである。

自然法論者たちはみな、すべての人が平等に有する「自然権」というものを自然人に見出そうとする。そうした権利が行使されれば万人が万人と恒常的に争うことになったはずだとして、その戦争状態を自然状態に位置づけるのがホッブズであり、他方、いやそんなことはない、人々による自然権の行使は「自然法」のもとで平和裡に行われ得たはずだとして、その平和状態を自然状態に位置づけるのがロックである。ホッブズとロックの議論の相違は、絶対君主制という形態ですでに「成し遂げられた事実」として彼らの眼前にあった「社会」（国民的統一）に対するそれぞれの政治的立場の相違から直接的に生じたものだ。絶対主義者ホッブズは、だからこそ戦争状態を終わらせることのできる絶対君主制という形態での社会形成が必要だったのであると言って自分の立場を正当化し、他方、自由主義者ロックもまた、だからこそそうした平和状態を回復しより確かなものとするために、事実上の戦争状態である現行の絶対君主制を廃棄し、それとは別の形態で社会形成をはからなければだめなのだと言って自分の立場を正当化するのである。

正反対とも言える両者の政治的立場、そこから帰結するやはり対照的と言える両者の自然観にもかかわらず、ホッブズとロックとのあいだにはなお、形式の面で類似点があるとした上でアルチュセールはまた、その類似点こそをルソーは近世自然法論者たちみなによって共有された同じ「誤り」「偏見」として見出しこれを包括的に批判したのだと指摘する。ホッブズもロックも、そして同時代の他の自然法論者たちもみな、社会形成を必然的に導くその原因を自然状態のなかに見出していたということだ。たとえばホッブズにあっては、戦争状態としての自然状態において人々の感じていた「怖れ」が原因となって絶対君主制という形態での社会形成が必然的にその結果として生じたのだと論じられる。他方でまた、平和状態としての自然状態において人々のあいだで自然法あるいはそれを遵守しようとする「義務感」が共有されていたとするロックにあっても同様に、その「義務感」が原因となって必然的にそこから絶対君主体制の打倒転覆、そして、自由主義国家という新たな形態での社会形成が導かれるはずだとされるのである。

近世自然法論者たちが社会形成の原因を自然状態に求めたのは、絶対王政の成立とともに一六世紀から王権神授説などが唱えられはじめ、原因が超越的次元に飛ばされてしまっていた（！）ことに対する政治的（ロック）あるいは理論的（ホッブズ）な反発からのことにほかならない。彼らにとっての賭け金は社会形成の原因を自然のただなかに、すなわち人間の自然、人間の本性（ヒューマン・ネイチュア）のただなかにあくまでも内在しているものとして再発見することだった。我々がいま眼前にしている社会は人間的自然を原因とするそこからの必然的な結果として形成されたものである――これこそが近世自然法理論の核心をなすテーゼなのであり、これに対して超越性理論とはまるきり異なる側面から異論を唱えたのがルソー、アルチュセールにとってのルソーなのだ。

『人間不平等起源論』第一部の終わりでそれまでの議論が次のように要約される。「自然人に潜在的に与えられている自己完成能力や社会的徳をはじめとした諸能力は、それらだけではけっして展開され得なかったものであり、それらの能力が実際に展開されるためには、起こらないままにずっととどまることもあり得た幾つかの外的な原因の偶発的な生起という助けが必要だった」。ルソーにとって社会形成を導いた原因はあくまでも「外的な」ものであって、自然や人間の本性のうちに見出されるようなものではまったくないということだ。たしかにルソーも自然人のうちに、後の社会形成に役立ちそうな様々な能力を認めてはいるが、そうした能力はあくまでも「潜在的に」存在しているだけであって、ホッブズにおける「怖れ」やロックにおける「義務感」のようにそれ自体で活性化し必然的に社会形成へと突き進んでいくようなものでは微塵もない。

しかし「起源」とはホッブズやロックが考えていたような原因の在処をいうのではないのか。社会形成を生じさせた原因の在処としての自然状態こそを社会の「起源」と呼ぶべきなのではないか。しかしそうだとしたら、ルソーの描こうとする自然状態、すなわち、原因を「外」に飛ばしてしまいおのれのうちには原因をいっさい内在させていない自然状態、逆説的にも「真の」というような含意でルソー自身によって「純粋な」と形容される自然状態はなお「起源」と呼び得る代物なのか。

時間だけが潜勢力を発動させる

ホッブズやロックといった近世自然法論者たちは、絶対君主制という形態で当時すでに「成し遂げられた事実」としてあった「社会」(国民的統一)のその形成の原因を自然状態に内在するものとして、あるいは、自然状態にある人間の本性に内在するものとして同定した。彼らはみな社会形成の「起源」というものを論じたが、「起源」とはまさに社会形成を必然的に導くその原因をおのれのうちに内在させた自然状態のことだった。一七世紀の自然法論者たちがこうして社会形成の原因を自然状態、人間本性にあくまでも内在するものとして論じようとしたのは、絶対王政の成立とともに一六世紀から唱えられるようになった王権神授説など、原因を神といった超越的次元に飛ばそうとする議論に対する反発からのことだった。

ルソーはそうした自然法論者たちの一八世紀における継承者であると一般的にはみなされているが、アルチュセールはこの一般理解に異を唱える。たしかにルソーもまた「起源」という表現で自然状態を語るが、しかしこの語でルソーが理解していることは近世自然法論者たちと同じではもはやなく、むしろ「始まり」と呼ぶべきものだとアルチュセールは言うのである。なぜか。『人間不平等起源論』においてルソーが主張するのは何よりもまず、「不平等」(社会)の形成を導くことになるその原因が自然状態のなかには求められないということ、換言すれば、社会形成を導くその原因を内在させていない「純粋な」自然状態が近世自然法論者たちの理解するそれよりもさらに深いところに見出されなければならないということだからだ。「起源」と区別してアルチュセールが「始まり」と呼ぶのは社会形成の原因を内在させていないこの「純粋自然状態」のことなのだ。

しかしそうだとしたら原因はどこにいってしまったのか。ルソーもまた原因を超越的次元へと飛ばしてしまうのか。ルソーは書く——

> 自然人に潜在的に与えられている自己完成能力や社会的徳をはじめとした諸能力は、それらだけではけっして展開され得なかったものであり、それらの能力が実際に展開されるためには、起こらないままにずっととどまることもあり得た幾つかの外的な原因の偶発的な生起という助けが必要だった。

『人間不平等起源論』第一部の終わりにその要約として挿入され、アルチュセールの講義でも引かれるこの一文が決定的に重要であるように思われるのは、その前半で「始まり」を、その後半で「原因」をそれぞれ語り、文の構成そのものによって始まり／原因の相互外在性を浮き彫りにしてみせるからだ。

「始まり」としての純粋自然状態は無際限に広大で無尽蔵に豊饒な森として構想される。自然人たちは森の広大さゆえに互いに出会うことなく、また、森の豊饒さゆえに出会う必要もなく、仮に出会ったとしてもそれを「出会い」として認識することもない。森は出会いの「無」そのものであり、だからこそ社会形成に必要な諸能力はどれも自然人にあっては純粋な潜在性にとどまる。逆に言えば、森のそうした広大さと豊饒さによってこそ、純粋自然状態はその「純粋性」を、すなわち、社会形成の原因（出会い）に対するその絶対的外在性（森で誰かに出会うことは森からその外に出ること）を担保されるのだ。この原初の森の詳述にアルチュセールは一日の講義をまるまる充てているのだが、そこで暗黙のうちに念頭におかれていたのが、空虚のなかを垂直に落下する無数の原子たちの雨というエピクロス派の描く「始まり」の光景（八〇年代になってアルチュセールが語り始めることになるもの）だったのはほぼ間違いない。自然人は森を垂直に貫く雨粒としてあり、出会い（クリナメン）を知らないその雨粒の一つひとつに社会的諸能力が純粋な潜在性として充填されているといったことなのだ。

社会形成の原因としての出会いはしたがって自然状態の「外」にある。しかしこの「外」は神などの超越的次元ではあり得ない。もしそれが神であったなら出会いの到来は必然であるはずだから。逆に言えば、王権神授論者たちが神に原因の在処を求めるのはその到来の必然性を語るためにほかならず、この必然性によってこそ彼らは絶対王政の正統化を試みたのだ。これに対しルソーにおいて出会いはあくまでも「偶発的に」しか生起しない。出会いは事故、偶然の産物であって、到来しないままにとどまることも十分にあり得た。ここで問題となっているのはしたがって神ではなく「時間」であり「歴史」にほかならない。ルソーは社会形成の原因の在処を時間に見出しているのであり、時間だけが出会いを到来させ得ると考えているのだ。

ここでもう一度、近世自然法論者たちに対するルソーの批判に立ち戻るべきだとアルチュセールは提案する。自然状態に原因を内在させてしまった近世自然法理論にルソーが見出す最大の問題点は、そうした「起源の思想」の呪縛のもとで彼らが「歴史」を完全に取り逃してしまったということにこそ存するのだ。時間の力に思いを巡らすことが些かもなかった近世自然法論者たちは必然性によって隅々まで支配された世界、その意味では、結局のところ、彼らが批判の対象とした超越論者たちのそれと何ら変わらない世界を描くことしかできなかった。「野生人を語りながら社会人を描いた」という彼らに対するルソーの批判はしたがって、内在を語りながら超越を描いた、人間を語りながら神を描いたと誤読することを許すものでもあるだろう。

しかしルソーの描く世界とて偶然性のみに支配されているわけではないとアルチュセールは注意を促す。出会いはたしかに純然たる偶然の産物として時間の力によってのみもたらされ得るが、ひとたび到来したその出会いは必然的に社会形成をその結果として導くことになる。厳密には、偶然が必然へと転じるこの運動こそをアルチュセールは「歴史」としてルソーのなかに見出しているのだ。偶然の必然へのこの転換を可能にするのは何か。自然人のうちに見出される潜在性にほかならない。どんな事故がいつ起こってもそれに応じておのれを変形させ生き延びる能力が人間にはその本性として潜在的に備わっているのであり、「自己完成能力」とルソーが総称するその力によって人間は偶然を必然に変えるのである。

「起源」を始まり／原因に、潜在性／時間にこうして分裂させることでルソーは「成し遂げられた事実」の発生条件（起源）を語るふりをしながら「成し遂げられるべき事実」のそれ（始まりと原因）を描いた。ルソーの偉大さはここにあるとした上でアルチュセールは、この観点からかの有名な社会契約論を再検討しなければならないと言うのである。

思考不可能性から思考は始まる

他の誰もが「存在」を見ることで満足していた地点に独自の「無」を見出し、その「無」からなおも「存在」が生い立つその原因をただ「時間」の力にのみ求め、この力にこそ「歴史」の意味を認めるルソー。

『人間不平等起源論』でルソーが語る「起源」はホッブズやロックといった近世自然法論者の語るそれと同じではない。近世自然法論者たちが「起源」として構想した「自然状態」には、社会形成を必然的に導くその原因としての「出会い」がすでに書き込まれていた。ホッブズにおいては戦争状態、ロックにおいては平和状態というかたちで、人々は自然状態のなかですでに出会い、互いに関係し合っているものとされた。これに対してルソーは、無限な「森」にあってその無尽蔵な豊饒さゆえに人々が出会うことのけっしてない「純粋自然状態」なる場面を「起源」に据える。出会いの無、人間関係の無、社会形成を導く原因の無、社会の無として完全に閉じた「円環」をなしているこの純粋自然状態からなおも社会が発生するとしたら、それはいったいどのようにしてのことなのか――これがルソーの立てた前代未聞の問いである。アルチュセールにとってのルソーの偉大さは、社会形成を思考するにあたり、それが思考不可能になる地点、思考し得ぬものになる地点を自ら創り出し、この不可能性それ自体に自らの思考の場、思考の力を求めようと試みたことにある。思考不可能性に強いられて思考するという状況を自ら創り出し、あたかも思考を可能にするのはただその不可能性だけだとでも信じているかのように、ルソーはその状況のなかに自らすすんで身をおいたのだ。

アルチュセールは『人間不平等起源論』で描かれる社会発生過程に純粋自然状態から始まる四つの段階をみてとった上で、継起するその四段階がそれでもなおそれぞれ閉じた「円環」としてあり、互いに非連続的であることを指摘する。つまり、ひとつの段階から次の段階への移行が問われるたびに、ルソーは思考の不可能性という壁を自らの眼前に屹立させ、その壁に押されてその場で跳躍するかのようにしておのれの思考を展開させるということを繰り返すのである。思考し得ぬものを思考するルソーのそのアクロバティックな営為は、したがって、アルチュセールと同時代のフランスの哲学者ミシェル・フーコーのいう「外の思考」のようなものとなる。ルソーはおのれを思考不可能性の壁にまで追いつめることで、「時間」という非人称的な力をおのれの思考の力とするのだ。その結果、それぞれの段階間での移行を実現させるその原因が、ただ時間の力によってのみ到来する純然たるアクシデント（偶発事）に見出されることになる。

純粋自然状態から「世界の若年期」と呼ばれる第二段階への移行を導く「原因＝アクシデン

ト」は天変地異だとされる。これによって「森」は無尽蔵な豊饒さを失い、人々は「出会い」を余儀なくされるが、それでもなお各人がそれぞれの経済的自立を保ち得る分だけの資源は維持されている。ホッブズが「起源」に位置づけていた「戦争状態」はルソーにおいては「世界の若年期」に続く段階にようやく見出される。第二段階から第三段階へのこの移行を導く原因もまた第二段階のうちにはいっさい含まれておらず、あくまでも「時間」という外からの力がもたらすアクシデントに求められる。冶金の発見という偶然であり、これによって農業が開始され、すべての土地が私有化され、「森」が完全に消滅するにまで至る。第二段階においては仮に貧者であっても「森」から必需品を調達することができたが、その「森」がもはや存在しない第三段階においては他人の所有物を略奪する以外に必需品を確保する方法はなく、人々は恒常的な戦争状態に入ることになる。

戦争状態に続く第四段階が「社会状態」の形成なのであるが、アルチュセールは、この移行を導く原因とされる「契約」もまた、ルソーにおいてはアクシデント、すなわち、それに先立つ戦争状態に内在するものではなく、あくまでも外の力によって外から到来するものとしてあることを強調する。ホッブズについてはひとつの同じ「円環」の連続性のなかで起こると論じられていたこの移行、契約を契機とした戦争状態から社会状態へのその同じ移行が、ルソーについては、アクシデントを介した二つの円環のあいだでの非連続的な移行だとされるのはどうしてなのか。ホッブズにおいて社会契約は戦争状態のなかで万人によって例外なく一様に共有されている「怖れ」が原因となって生じるとされる。これに対して、ルソーにおいてこの「怖れ」に似た感情を抱いているのは、自分の所有物が略奪の危険に曝されている富者だけであり、貧者のほうはむしろ戦争状態の継続なしには生き延びることすらままならないのだ。さらに付言すれば、何も所有せず略奪によってのみ食いつないでいる貧者は契約によって、彼らに唯一残されていた「自由」まで、略奪を可能にする自由まで奪われることになる。契約によって富者もまた「自由」を失うことにはなるが、彼らはそれと引き換えに所有権を保障される。富者とは異なり、貧者にとって契約は百害あって一利なしなのだ。戦争状態とは、契約の観点からみれば、富者と貧者のあいだのこの齟齬そのもののことだと言っても過言ではなく、この意味で、戦争状態のなかに契約の実現を必然的に導く原因はいっさい含まれていない。だからこそ、契約の実現もまた、天変地異や冶金の発明と同様に、絶対的な外から到来する純然たるアクシデントだとされるのである。齟齬の両側でそれぞれ垂直に落下し続ける富者／貧者の平行線をそれでもなお交差させることになるそのアクシデントは、具体的には、おのれに残された唯一の財である「自由」をも自らすすんで手放してしまうという「大いなる狂気」が貧者たちのなかに到来するという事態に見出される。契約の実現を可能にするこの「狂気」は戦争状態を生きる貧者のうちから主観的に生じるものではあり得ない。ただ時間の非人称的な力によってのみ「客観的に」もたらされるのである。

社会形成を導く歴史過程のなかにルソーがこうして繰り返し見出す「無」とそこからの「存在」の発生はルソー自身の思考過程におけるそれでもある。思考の不可能性を自ら作り出すことで「外の思考」をおのれのうちに導き込むことなしに、新たな思考を産み出すことなどできない。安易な思考可能性でお茶を濁すのに甘んじている限り、おのれの思考が囚われている「円環」を打ち砕くことなどできない——ホッブズやロックをそう批判してみせるとき、ルソーはすでに、『思惟とは何の謂いか』において思考不可能性を思考の発生条件に位置づけ今日の「現代思想」を創始したマルティン・ハイデガーの先駆者となっている。アルチュセールが生涯、触発され続けたのはこのルソーだったのである。

混濁する緑から反復する赤へ

ランシエール／バディウ／ジジェク

2013. 1

フランスの哲学者ジャック・ランシエールは「『中国女』における赤」と題された論考（『批評空間』Ⅱ‐12）のなかで一九六七年に発表されたジャン＝リュック・ゴダールの作品を論じ、一般には「六八年五月を先取りした」とされるこの作品に、それとはまるきり別の「先取り」を見出している。翌年の出来事ではなく、八〇年代に入ってからの出来事、すなわち、「赤」が「緑」に取って代わられるという出来事、緑の混濁のなかで赤の光輝が失われるという出来事である。『中国女』は、毛沢東主義を掲げる若者グループがパリの大きなアパートを拠点にして「夏季大学」を行う様子を描いたフィクション映画だ。ランシエールはまず、このアパート内部の色彩構成が白を地に赤・青・黄の三色からなることを指摘する。赤は毛沢東主義の色、その旗そして思想の色であり、青は人民服の色、そして黄は人種の色であるが、とりわけランシエールが強調するのはこの三色があくまでも純粋で、どんな「現実」的な混濁、グラデイションにも回収されず、「現実」に対して文字通り「異彩を放つ」あるいは「異色」をなすものとしてあるという点だ。アパートは、「現実」の混濁のなかにけっして溶け込んでしまうことのない純粋な「理念」がそれとして維持され演じられる場だということである。

しかしランシエールはまた、『中国女』において、そのように「理念」の純粋空間としてあるアパートの外に、それとはまるで異質な「現実」がなおそれとしてはっきり示されているということ、そしてとりわけ、この「現実」を体現する色としてゴダールによって配されるのが「緑」だということに注意を促す。三つの「純粋な」色から構成されたアパートのその窓の外に「現実」が「混濁した」緑として広がっているということだ。ランシエールは次のように論を進める。

緑は生活それ自体の色であり、原初の色としてある混濁色だ。しかし緑はまた、赤の対極をなす色でもある。物事を停止させる赤とは反対に、物事を通過させる色、コミュニズムの色である赤に対して市場経済の色をなしてもいる。九〇年代の広告に〝なぜ緑なのか? 赤の時代が終わったからだ〟というものがあった。お役御免となった赤のヒーロー〔毛沢東とスターリン〕がFNACの〝グリーン・プライス〟で得な買い物をするよう勧める広告だった。『中国女』はもちろん赤の時代の作品だ。赤の時代とは、目の覚めるような鮮やかな色の時代、単純な理念の時代のことだ。ただし、単純な理念とは、単純化された理念ということをたんに意味するわけではなく、単純な理念というものがどのようなものなのかを探求すること、そうした探求それ自体としてある理念のことでもある。反対に、緑の時代とは、現実が理念への反逆として位置づけられ、現実を織りなす様々な色が混ざり合い、生活の色としての緑単色にまで至る時代、生活というものが単純であって、あくまでもその単純さのなかでのみ生きられなければならないとされる時代のことだ。（FNACはフランス諸都市に店舗を有し、本・CD・DVDなどを扱う大型小売店。一九五〇年代に二人のトロツキストによって創立された）

緑とは、今日では、もちろん「エコ」であり「持続可能な社会」のことだ。しかし、顕揚され始めて久しいそうした価値が「理念」などでは些かもないということ、それどころか、動物的で単純な生という混濁のなかへの回帰でしかないこと、理念のノイズを差し挟むことなくただ「シンプルに」生きるということへの反動的な回帰でしかないこと、こうしたことを六〇年代にすでに予示していたのが『中国女』である、そうランシエールは論じているのだ。緑の時代に退けられたのは、緑一色でべた塗りされた生活のその表面に赤の異色を重ね塗ることで生活を二重化すること、生活／理念の最小回路をその齟齬とともに生きるということだったというわけだ。

経済危機と政治不信とが広がるなかで新たな闘争や運動が世界各地で展開されつつあった二〇〇九年（日本について言えば「派遣村」とともに迎えられた年）の初春、ロンドンでアラン・バディウとスラヴォイ・ジジェクの呼びかけのもと、ランシエールも含む著名な論者が一堂に会し「コミュニズムの理念」と題されたシンポジウムが開催され大いに話題となった。このシンポジウム

『中国女』

は論集としてまとめられ、その邦訳も先日、刊行された（水声社）。バディウによる基調講演には次のようにある。

> ここ三〇年のあいだで起きたのは「コミュニズム」という語が完全に忘却されてしまったということ、さもなければ、幾つかの犯罪的企てと同一視されるだけのものとなるに至ったということです。それゆえに、政治に対して各々の主体がおかれた状況は世界中であれほどまでに支離滅裂な様相を呈することとなったのです。理念が欠けている限り、人民大衆が混濁に陥ることは避けられません。しかしながら今日では、そうした反動的な時代が終焉を迎えつつあり、それを告げる様々な兆しが、この論集やそのもととなったシンポジウムも含めて、いたるところに現れています。

八〇年代から三〇年のあいだ続いた緑の時代は「歴史の終焉」という考え方が支配した時代だったとも言える。フランシス・フクヤマによって唱えられたこの考え方は、自由民主主義的な資本主義社会こそ、人類がその長い歴史の果てに辿り着いた最良の社会形態であり、人類にはそれにまさる形態を構築する能力はなく、今後は必要に応じてこの形態をマイナー・チェンジしていくしかないというものだった。つまり、我々人間には緑の混濁のなかにとどまる以外に他の道はなく、唯一可能なのは緑がその連続性のなかでとり得る様々なグラデイションのうちでより公正で寛容なものを選んでいくことだけだというのが「歴史の終焉」の謂《い》いであり、三〇年間、多くの人がそれを信じてきたのだ。

バディウがその再来の兆しを看取する赤の時代、理念の時代とは、グラデイションのなかにとどまることの拒否、緑のグラデイション全体に対してその絶対的な外をなす「異色」としての赤の回復、「現実」の混濁にけっして回収されることなくその外で「異彩を放つ」理念の新たな回帰のことだ。緑がその混濁、グラデイションによって規定されるとすれば、これに対置される赤はグラデイションの不在それ自体としてある色、すなわち、連続性のなかでの進展というものをいっさい知らない色である。この意味でこそ、ジジェクはシンポジウムの閉幕を告げるそ

『中国女』

の講演で、「コミュニストは何度でも始まりから始め直す力と柔軟性を有している」というレーニンの言葉を引き、次のように解釈してみせるのだ。「キルケゴール流に言い直せば、革命プロセスは段階的、漸進的に進められるようなものではなく、何度でもその始まりを反復する運動だということです」。赤とはこの「始まり」、つねなるゼロのことであり、緑の連続性の傍らにこの零度を何度でも創出し直すということなのだ。

資本・ネイション・ステイト

2013. 3-5

「右からの反原発」について考える——鈴木邦男／針谷大輔／小林よしのり

「週刊金曜日」二〇一三年二月八日号掲載の鈴木邦男と坂本龍一の対談「左右を超えた脱原発、そして君が代」は正直、残念な内容だった。鈴木と坂本とが「左右を超えて」出会うその場所はつまるところ「右」でしかなかったからだ。

福島第一原発事故は右翼にとって大きな転機となった。それはたんに、よく言われるように、これまで長らく左翼の専売特許であるとみなされてきた「脱原発」「反原発」を右翼がついにおのれのものにしたといっただけのことにはとどまらない。原発事故を眼前にして彼らは初めて決定的にネイション（民族・国民）とステイト（国家）を峻別し、両者のあいだの敵対性を認識するに至ったのである。立場に応じた濃淡はあったにせよ、やはり彼らはこれまで多少なりともネイション／ステイトを混同してきた。あるいは少なくとも、そうした混同をおのれに許してきた。ナショナリストであるはずの彼らは、様々な具体的な問題への介入のなかで、事実上、ステイティスト（国家主義者）になってしまっていた。ネイションとステイトとの混濁としてあったその微睡《まどろ》みからの覚醒、真のナショナリスト、真の右翼としての覚醒を彼らに強く迫ったのが福島第一原発事故だったのであり、その覚醒が「右からの脱原発」として現出したのである。

原発事故はいかにして彼らを真のナショナリズムへと導いたのか。事故を前にした彼らが直視することを迫られたもの、それは端的に言って資本とステイトの汚らわしい癒合であり、この「資本＋ステイト」の複合体制のもとで徹底的に抑圧されているネイションの姿である。「天皇の神州」にほかならないこの「麗しき山河」のあちこちに「資本＋ステイト」によって糞尿のようにまき散らされた原発や放射性廃棄物という形象そのもののうちに彼らは、天皇そしてネイションに対して「資本＋ステイト」の振るう暴力の結晶化を見るよう導かれたのであり、そのことによって、ネイションの敵、天皇の敵にほかならぬものとしてステイトを再発見したのだ。原発事故を契機にネイション／ステイトの混同とはっきり決別し真のナショナリズムに目覚めた者たちが今日、ＴＰＰに対して強い反対を表明しているのは当然である。彼らからすればＴＰＰもまた、原発と同様、資本と結託したステイトによるネイションの抑圧、天皇とその山河に対する暴力以外の何ものでもないのだから。

ステイティズムとの混同からナショナリズムをそのように回復させてみせた右翼は、しかしながら、今日、大きな宿題を抱えてしまったとも言えるだろう。すなわち、ネイション／ステイトの峻別を少なくとも今日ほどはっきりとさせぬままにこれまで彼らが唱えてきた様々な主張、とりわけ日本の近現代史に関わる主張を、非ステイティスト的ナショナリストという今日の彼らの立場から再検討しなければならないという宿題である。たとえば、彼らの一部がこれまで唱えてきた、南京大虐殺はなかったといった主旨の言説。これはナショナリストの言説ではなくステイティストの言説である。ナショナリストの立場から再検討すれば、南京大虐殺は、大陸への帝国主義的侵略を狙う資本と癒合したステイトの恫喝のもとでネイションがそれへの服従を否応なしに強いられた事件だったということになるだろう。つまり、虐殺された人々とはまた別の資格で、ネイションもステイトによる暴力の被害者であり、ネイションの名においてこの虐殺事件を否認する理由などひとつもないということになるだろう。同じことは太平洋戦争そのものについても言われるべきだ。右翼の多くはこれまで、アジア諸民族を欧米列強の植民支配から解放するための戦争だったとしてこれを肯定しようと努めてきたが、この努力はステイティストのそれでしかない。ナショナリズムの視座から見直せば、ネイションは昭和天皇その人も含めて、あくまでも「資本＋ステイト」によって強制的に動員されたのであり、戦地や内地で死んだ多くの者たちは、文字通り、この複合体制によって虐殺されたということになるだろう。靖国神社へのA級戦犯の合祀といった問題も根底から再考が求められることになるだろう。靖国に真に合祀されるべき者がいるとすれば、それは南京で虐殺された者たち、慰安婦として従軍させられた挙げ句に野垂れ死にさせられた者たちをはじめとした、しかしもちろん彼らだけには到底とどまらない「資本＋

ステイト」による殺戮の無数の犠牲者たちであって、断じてステイトの指導者たちなどではないだろう。真のナショナリストが従来通りステイトに靖国参拝を求めるとしても、それはあくまでも謝罪を要求する限りにおいてのこととなるだろう。ステイトが今年は参拝するだとかしないだとかと言ってまるで自分で決め得る事柄であるかのように語るのを真の右翼はもはや許さないだろう。

しかし、私の知る限り、いまのところ右翼は彼らのこの宿題に取り組もうとはしていない。原発事故についてはステイトに抗してナショナリズムを掲げながら、太平洋戦争についてはこれまで通りステイティズムとの混同を維持するというダブル・スタンダードが散見される。たとえば、坂本が序文を寄せてもいる針谷大輔の著作『右からの脱原発』（K&Kプレス）に再録された「右デモ」の呼びかけ文には「国家は国の宝である子供達の命も未来も考えない存在ということが露見されました。戦中の大日本帝国は、戦時下の大変な最中でも、国の宝である子供達は疎開させています」とある。前半はナショナリスト、後半はステイティストの言説だ。ナショナリストなら、ネイションの宝である子どもの命を危険に曝す局面に至ってもなお戦争を続けたステイト（大日本帝国）を断罪すべきだろう。小林よしのりがその著書『脱原発論』（小学館）で「英霊にこたえ、死守すべきもの」として「故郷」を語る場合にもこれと同じダブル・スタンダードが看取できる。「資本＋ステイト」によって引き起こされた原発事故によって汚染され奪われた土地を小林は「靖国の英霊たちが命を懸けて守ろうとした、そして、死の間際まで帰りたがっていた、故郷」だと論じている。しかし、太平洋戦争はネイションの成員がそれぞれの「おらがクニ」を死守するために始めた戦争だったのか。ナショナリストならば、靖国の英霊たちは資本と結託したステイトによって戦場に駆り出され帰郷を許されぬまま野垂れ死にさせられた人々だと言わなければならないだろう。

ステイトの汚れた手からネイションのもとに日の丸を奪還しこれを高らかに掲げて「資本＋ステイト」に闘いを挑む右翼は、左翼の視座からは、たいへん希望に溢れたものであるように見える。右翼とはネイションという統一的闘争主体がつねにすでに存在しているという幻想《ファンタスム》からその闘いを開始する人々のことだからだ。これに対して左翼はいかなる統一的闘争主体もつねにいまだ到来していないという現実を創出することからその闘いを開始する。鈴木との対談で「左の」坂本が語るべきだったのはこのことだったのだ。

右翼であること、左翼になること——中島岳志／吉本隆明／チェ・ゲバラ

「週刊金曜日」編集委員・中島岳志は保守派（右翼）が反原発であるのはその本性に鑑みれば当然であり、原発推進を唱える自称「保守」は真の保守ではないと繰り返し主張している。たとえば同誌二〇一一年五月二七日号掲載「保守派こそ反原発を」で中島は次のように指摘している。「保守派は〝進歩〟を疑う。どんなことがあっても理想社会の実現は不可能だという諦念を保守派は共有している」、したがって「保守派の世界観では〝絶対に安全な原発〟など成立しようがない」のだと。これは反原発右翼の多くの論客に見られる考え方である。中島本人は明言を避けているが、たとえば小林よしのりはこの考え方のいわば必然的な拡張として、保守派／進歩派の

対立を右翼／左翼のそれとして捉え直し、進歩派である左翼の原理からは実のところ（彼らがこれまで専売特許のように掲げてきた）反原発の論理が導出され得ないということ、実際、吉本隆明は一貫して原発推進を唱えてきたし（福島第一原発事故後もその主張を変えなかった）、また、事故後の反原発運動に積極的に参加している大江健三郎ですらかつては原発推進派だったということを指摘している（『脱原発論』）。中島が「保守派こそ反原発を」と呼びかけるときこの挑発的な「こそ」によって暗示されているのもまた、事実上、「左翼＝進歩派」の反原発には論理的整合性がない（したがって「左翼」を自称する者が反原発を掲げるとき彼はすでに右翼である）という見解だろう。しかしここでひとつ大きな疑念が生じる。そもそも左翼とは反原発右翼がいうような意味での「進歩派」のことなのか。

左翼とは絶望を創出する者のことだ。右翼が希望を見出しているその同じ場所に絶望を作り出す者、それが左翼であり、そのように絶望を見出す限りで人々は「左翼になる」というプロセスに入る。右翼は「進歩」を疑うにしてもネイションの存在は疑わない。たとえば先に引いた記事で中島は次のように書いている。「伝統、慣習、良識、美徳……。無名の先祖が歴史の中で積み重ねてきた社会的経験知の集合こそ、人間が依拠すべきものとして守り、次世代に継承していくことが保守の本領であろう」。「資本＋ステイト」複合体制に対する彼らの闘いにあって右翼は、そうした知や価値の共有に基づく統一的主体としてのネイションが存在するということを疑わない。右翼は政治家やその施策に絶望したとしても、ネイションが存在するという希望を失いはしない。

右翼がネイションの存在を信じて疑わないその同じ場所に、これに重ね書きするかのように、ネイションの分裂や断片化、ネイションの欠如を創出するとき、ひとは左翼になる。ひとが右翼であることをやめ左翼になり始めるのは「距離」を測定し創出するときのことなのだ。たとえば、福島第一原発事故で土地や家といった財を奪われた者たちとそうではない者たちとのあいだの距離を測定し創出するとき、しかしまた、そのようにして無産階級になってしまった者たちと有産階級にとどまっている者たちのそれぞれの内部にも様々な距離を測定し創出するとき。右翼の賭け金が、「資本＋ステイト」（今日では「アベノミクス」）によって簒奪された「がんばろう日本」という呼びかけをネイションのもとに奪還し、それをそっくりそのまま「資本＋ステイト」に対する宣戦布告の叫びに反転させるということに存するのだとすれば、左翼の賭け金はこの言葉を奪還すべき統一的主体の欠如そのものを創出すること、無数のマイノリティにばらばらに断片化されてしまったネイションをそれとして知覚し、その統一の絶対的不可能性を作り出すことにこそ存している。

左翼がネイションの欠如を作り出すのは、ネイションをたんなる想像上の産物（「想像の共同体」）だとして告発するためでも、迷妄に囚われているとして右翼を批判するためでもない。告発や批判ではなく創造、未知なるもののゼロからの創造のためなのだ。左翼にどこか「進歩派」的に見えるところがあるとすれば、それは左翼が創造の別名にほかならないからであろうが、しかしなお、左翼にとって創造は進歩ではない。「理想社会の実現」に向けて連続的、段階的に進んでいくことではないのだ。左翼は「問題」を作り出すのであり、前提となる「解」をいっさいもたない。むしろ右翼こそ「保守」の名において逆説的にも進歩を信じているのではないか。たとえば中島において「社会的経験知」は「無名の先祖が歴史の中で積み重ねてきた」ものだとされる。

左翼はにっちもさっちもいかない状況を自ら創り出す。「資本＋ステイト」を打倒しなければならない、しかし、その闘いのための統一的主体が欠けている……。左翼はそのようにしておのれの眼前にダブルバインドの壁を解決不能な「問題」として屹立させ、石牟礼道子の言葉を借りれば、その壁を前にして「悶える」。そして、力の過飽和として生じるこの悶えこそが人々を創造へと導くのである。問題に強いられてその問題に対する抵抗を開始する。創造は進歩ではなく抵抗なのだ。

チェ・ゲバラが「二つ、三つ、たくさんのヴェトナムを作り出せ」と呼びかけたときに問われていたのもこの「創造＝抵抗」にほかならなかった。空爆を実際に受けているわけではない我々はヴェトナム人ではない。我々は「ヴェトナムから遠くはなれて」いる。我々はばらばらであり、ヴェトナム人「である」ことはできない。ヤンキー帝国主義を打倒しなければならないが、そのための統一的主体が欠けている。ゲバラの呼びかけは、おのれ自身にこうして立てられた解決し得ない問題を前にしたものなのだ。ヴェトナム人「である」ことの不可能性をおのれの現前に屹立させ、それに強いられて、それへの抵抗として我々一人ひとりが自分のうちにそれぞれのヴェトナムを創り出す、我々一人ひとりがそれぞれのやり方でヴェトナム人「になる」。ゲバラが呼びかけたのは、想像的な「〜である」に基づいて人々が連帯するといったことではなく、むしろ正反対に、「〜である」ことの不可能性を積極的に作り出し、これに強いられて一人ひとりがそれぞれのおかれた環境のなかで「〜になる」ということだったのだ。左翼は連帯しない。

右翼が右翼「である」人々のことだとすれば、左翼とは右翼「である」ことの不可能性を作り出しそれに強いられて左翼「になる」人々のことだと言えるだろう。左翼「である」者はひとりもいないが、誰もが左翼「になる」チャンスにつねにすでに開かれている。左翼とは創造の意志のことなのだ。

デリバティヴとしての「ネイション」──柄谷行人／ベネディクト・アンダーソン

福島第一原発事故を契機に右翼は、資本とステイト（国家）との複合体制によって蹂躙されるネイション（国民、民族）という構図を明確に意識するに至った。逆に言えば、原発を推進しTPP締結を急ぐ「資本＋ステイト」に敵対する主体としてネイションを見出したということだ。しかし、ステイトとネイションの長きにわたる混同から覚醒し真正のナショナリストとなった彼らの信じるような力がネイションにはほんとうにあるのか。近代資本主義段階における社会の構成を「資本＋ネイション＋ステイト」の三位一体として把握する柄谷行人なら、この問いにどう答えるだろうか。

非ステイティスト的ナショナリストとして目覚めた人々による所謂「右からの脱原発」について柄谷本人は私の知る限り一度も公に発言していない（二〇一一年一〇月刊行の『世界史の構造』を読む』ではそうした人々が「ほとんどいなかった」と事実誤認されている）。しかし二〇〇一年の

『トランスクリティーク』（批評空間、のちに岩波現代文庫）刊行前後から彼が繰り返し説いてきた議論に照らせば、「右からの脱原発」がその名において展開される「ネイション」は、最も簡潔に言って、「想像の共同体」としてのネイションのその想像的な回復、つまり、伝統的な農業共同体の想像的回復としてあるネイションのそのさらなる想像的回復だということになるはずだ。そして、想像の想像、夢の夢として生起するこの「ネイション」はその資格で二重にその無力を宣告されることになるはずだ。

ネイションについて柄谷はそれを「想像の共同体」（想像された共同体）だとするベネディクト・アンダーソンの定義にこれまで一貫して従ってきた（ただし、アンダーソンがネイションを宗教の代補だとみなしたのに対し、柄谷はそれを伝統的共同体の代補だとみなす）。『世界史の構造』を読む』で柄谷は日本におけるネイションの誕生とその変遷とをおよそ次のように描き出している。日本においてネイションが初めて作り出されたのは明治期の絶対主義体制においてのこと、すべての住民を等しく「皇民」（天皇の臣下）として位置づける操作を通じてのことだった。しかし、その時点ではまだネイションは形式的なものにとどまった。人々の自覚を通じてそれが実質化されるのは大正デモクラシー（絶対主義体制の否定）から一九三〇年代ファシズムにかけての時期だった。経済恐慌を引き起こし労働者や農民を貧窮に陥れた「資本＋ステイト」への対抗としてネイションが人々によって自発的に要請されたのだ（柄谷は天皇がステイトの権力から切り離されネイションの「象徴」として位置づけ直される転換を大正期にみる。また、同時代のドイツ・ナチズムが「ナショナルな社会主義」の謂いであることを喚起する）。「資本＋ステイト」の推し進めた近代資本主義の浸透によって衰退した農業共同体とその互酬的・相互扶助的・平等主義的な「交換様式」とが、「資本＋ステイト」によって産み出される不平等や支配関係といった「あらゆる矛盾を〝今ここ〟で乗り越える」ためのものとして、ネイションという新たなかたちで回復されたということだ。ここで柄谷が強調するのは、その回復があくまでも「想像的な」ものだったという点である。つまり、現実には「矛盾」もその原因である「資本＋ステイト」もいっさい乗り越えられることのないまま、しかしそれだからこそ必然的に、その「今ここで」の埋め合わせとして「想像的な」平等性や互酬性がネイションとして創出されたということだ。ネイションはたしかに「資本＋ステイト」への対抗として出現したが、その対抗はあくまでも「想像」あるいは「夢」の次元のもの（かつ、そうであることが忘却されたもの）であり、この意味で、ネイションの出現は「ロシア革命とその余震」の脅威にさらされていた「資本＋ステイト」にとっても好都合だった。こうして、戦後の福祉国家体制（「現実的な」自民党と「想像的な」社会党との相互依存）にまで続く「資本＋ネイション＋ステイト」の三位一体（新自由主義イデオローグたちが「一九四〇年体制」と呼び批判する体制）が形成されたというわけだ。

しかし、一九八〇年代から始まったソ連圏の崩壊とともにこの三位一体構造が揺らぎ解体されることになると柄谷は言う。「資本＋ステイト」を代表する自民党に対してネイションを代表していた社会党（とその中間団体）の消滅はこれを象徴する出来事だ。三位一体構造解体の理由は、第一に、「歴史の終焉」に求められる。革命の脅威が去ったと判断した「資本＋ステイト」にとってはもはや、おのれが引き起こす現実的「矛盾」を人々に想像的に乗り越え（忘却）させてやる必然性がない。第二に、柄谷は資本がその「限界」に追い込まれたという理由を挙げる。つまり、資本は、ネイションからの平等主義的要求に応じて、ステイトを通じおのれの利益を再配分し、想像上の平等性を作り出すだけの余力を現実的に失ったということだ。「資本＋ステイト」が「ネイションの軛《くびき》からの解放をはかった」――柄谷は新自由主義的グローバル化段階における新たな社会構成をそう把握する。

『「世界史の構造」を読む』は二〇一〇年刊行の自著を柄谷自身が「震災後に」再読するということを旨とした著作なのだが、その「震災後」の日本において最も際立った現象のひとつだと言える「右からの脱原発」（脱原発・反原発を主張する言説は形式上「左からの」それとして発せられたものも含め、内容的にはその多くが「右からの」ものだと言える）が論じられることはいっさいなく、「資本＋ステイト」によってネイションが「完全に抑えこまれた」という「震災前」の構図との連続として「震災後」が語られている。『「世界史の構造」を読む』刊行当時にはすでに竹田恒泰、小林よしのり、鈴木邦男、針谷大輔、西尾幹二、中島岳志といった右翼論客が声高に「保守こそ脱原発を」と唱えていたにもかかわらず、柄谷は「大半のナショナリストは脱原発によって日本が国際競争において不利となることを恐れている。つまり、彼らはナショナリストではなく、資本＝国家に同調し同一化する国家主義者なのです」と状況を誤って診断してしまっている。

しかしもちろんそうした誤診は柄谷の議論本体の強度を前にすれば些細なことに過ぎない。我々は柄谷の描いた近代日本史のその延長において次のように問うべきだろう。新自由主義が「資本＋ステイト」をネイションの軛から解いたのだとすれば、今日、そのただなかで回復される「ネイション」とは何なのか。資本制市場経済の浸透が農業共同体を衰退させたのと同様、新自由主義的グローバル化がそうした伝統的共同体のその想像的回復としてあったネイションを衰退させたのだとすれば、その衰退後の今日、再び回復されつつあるこの「ネイション」とはいったい何か。想像の想像、夢の夢として無力の累乗、「資本＋ステイト」をあくまでも延命させる際限なきデリバティヴ以外のいったい何であり得るのか。

暴力階級とは何か

大島渚／マルグリット・デュラス

2013. 6

今年（二〇一三年）一月、大島渚が逝去した。大島はつねに「封閉」とでも呼ぶべき状態を描いた。大島にとって映画はフレイミングの芸術であり、フレイミングは封閉空間を作り出し人々を囲い込む技術にほかならなかった。

一九七二年の『夏の妹』と七六年の『愛のコリーダ』とのあいだに大島映画の転換点を指摘する論者は多い。『夏の妹』を最後に大島は創造社を解散、大島渚プロダクションを新設し、その第一作『愛のコリーダ』からフランスをはじめとした国外の資本で作品を撮るようになる。制作体制のこの変化に応じるように作品の主題も変化した。松竹時代から創造社時代にかけて一貫して問われてきた「戦後の日本」は『愛のコリーダ』以後、中心的主題ではなくなる。重要なのはこれらの変化に伴って「封閉＝フレイム」のあり方も一変したという点だ。長編デビュー作『愛と希望の街』（一九五九年）から『夏の妹』に至る前期の諸作では封閉空間は人々が閉じ込められる場としてあったが、『愛のコリーダ』から遺作『御法度』（一九九九年）に至る後期の諸作では人々が閉じこもる場となる。人々を捕獲し包摂する装置としてあったフレイムは、一転、人々が籠城し自由を確保するための装置になったのだ。

　包摂装置としての前期のフレイムを大島は「国家」と同一視していた。ただしこの語で彼が理解していたのはステイトというよりはネイション、ネイションとしての「日本」だった。たとえば、死刑場という封閉空間で物語のすべてが展開する『絞死刑』（一九六八年）において死刑囚が在日朝鮮人とされたのは死刑という問題をステイトではなくネイションのそれとして描き出すためだった。大江健三郎の小説を原作にした『飼育』（一九六一年）でも山村集落という封閉空間に闖入するのが黒人米兵だったのはそこで問われていたのがネイションとしての「日本」だったからにほかならない。大島は『飼育』の撮影を次のように振り返っている。「信州の山あいの村でロケをしてると、一木一草まで共同体の構造みたいなものがある。それを焼き払わないとどうにもならないと」（『大島渚１９６８』青土社）。ただし『飼育』も含む前期諸作が描いたのはそれが焼き払われるさままでは微塵もなかった。反対に、焼き払うことの不可能性こそが追求されたのだ。

　焼き払い得ぬ「日本」——重要なのは大島にあってこの問題が「戦後の日本」のそれとして問われたという点、同時にまた、一九三二年生まれの大島にとって終戦が次のようなものだったという点である。「いちおうは、世の中が要求する人生を送るつもりではいたわけです。八月一五日というのは、それをも失ってもいいんだという、たいへんな解放感を与えてくれた」（『大島渚

1960』青土社)。要するに、終戦は大島本人のみならず多くの日本住民に「たいへんな解放感」をもたらした、しかし、彼らはこの解放感を抱えたまますっくりそのまま「日本」のなかに再び閉じ込められたということだ。この齟齬こそが大島にとっての「戦後の日本」だったのだ。

封閉される解放感というこの齟齬を生きる人々を大島は「疑似主体意識」と呼んでいる。「いちばんおもしろいところは、疑似主体意識なのであって、自分がなにかになろうと思いながら、なれないで、闘い、あるいは挫折していく、というような人間に興味があって、そういうものを描こうということだった」(『大島渚1960』)。たとえば、当たり屋を続けながら列島を縦断する家族を描くことで「日本」の地理上の輪郭とフレイムとの物理的な合致を試みた『少年』(一九六九年)のその主人公たる少年は作品中、幾度となく「宇宙人になろう」という強い意志を表明しつつ同時にその不可能性への自覚を高めていく。意志とその不可能性との解消不能な齟齬をそれとして生きる疑似主体意識は少年の場合のように見かけはおとなしくてもその内部にポテンシャルの過飽和を抱えている。そして前期諸作におけるすべての暴力はこのポテンシャルの発出、その過飽和を示す徴候として描かれる。『白昼の通り魔』(一九六六年)について大島は次のように言う。「ぼくたちの世代の戦後体験、戦後民主主義というものが、あれだけ理想に燃えながら、結果的には白昼の通り魔という鬼っ子を生むしかなかった」(『大島渚1968』)。しかし大島はその「鬼っ子」にこそ、彼らの発動させる暴力にこそ「戦後の日本」の唯一の希望を看取してもいたのである。「鬼っ子」が現れ続ける限り希望はある……。

返還直後の沖縄という文字通りの「日本の端っこ」で大島がその前期作品群を完結させる『夏

上：『白昼の通り魔』©1966 松竹株式会社
下：『ナタリー・グランジェ』提供：アダンソニア

の妹』を撮ったのと同じ年、マルグリット・デュラスは『ナタリー・グランジェ』を撮る。主人公の少女の名をタイトルに冠したこの作品をめぐってデュラスが語る「暴力階級」とはまさに「鬼っ子」のことにほかならない。「暴力階級は階級問題ではまったくありません。暴力が階級をなすということです。〔…〕現代社会との対峙のなかで子どもや若者のまさにその本性が何を以てしても抑制不能なそうした暴力を作り出す。暴力はそれ自体でひとつの階級なのです。ブルジョワ階級、貴族階級、資本家階級、プロレタリア階級といったものが存在するように暴力階級も存在する。〔…〕暴力階級は暴力という唯一の要素を元にして独自にひとつの階級をなす。階級形成の元となるその暴力はある種の拒否だとも言えますが、この拒否は私たちの誰もが知っているもの、みな多少なりともそれに触れたことがあり、多少なりとも経験したことのあるものです。暴力とは誰もが身に覚えのあるものであって、教わらなければ身につかないようなものではなく、それを目にすれば誰もが自分のうちにもあると気づくはずのものなのです。要するに暴力とは、我々の誰しもがその内奥においてつねに、生涯を通じて、潜在的にもち続けているものなのです」（『デュラス、映画を語る』みすず書房）。

社会的諸階級を横断してそのすべてにくまなく浸透するような仕方で暴力階級は存在し、人間は誰しもが潜在的にはこの階級に属しており、子どもや若者の発動させるどんな暴力（暴動や略奪だけでなく、万引きや殺人などの犯罪、破壊行為、いじめやリンチなども含む）もこの階級の存在を示す徴候にほかならない――デュラスが言っているのはそういうことだ。先日来日したアントニオ・ネグリらが論じているように今日、大衆知力のその総体が主たる生産手段となり「資本のもとに社会全体が実質的に包摂された」のだとすれば、すなわち、地球上のすべての人が一様に「資本＝フレイム」によってその内部に囲い込まれたのだとすれば、希望はもはやプロレタリアートやプレカリアートといった特定の社会階級に求められるべきではなく、暴力階級のこの潜勢的な存在にこそ見出されるべきかもしれない。暴力階級は今日ではもはや非マルクス主義的主体概念ではなく「マルクスを超えるマルクス」のそれとなったのであり、子どものいじめ、青年の無差別殺人、主婦の常習的万引きといった、日常を構成する暴力のそのすべてが「資本＝フレイム」に対しその内部から抗うこの新たな階級の到来を告げているのである。

怒りか、恥辱か。参院選を前にして

『絶望論』『コモンウェルス』

2013.7

今年（二〇一三年）四月末、私は『絶望論——革命的になることについて』（月曜社）を発表した。その二ヶ月前に「週刊金曜日」で担当した責任編集ページ「絶望の潜勢力を回復せよ」の主題を哲学（ジル・ドゥルーズ）と映画（ジャン＝リュック・ゴダール）とに沿って変奏する著作だ。

責任編集ページの主題を「絶望」としたのは、昨年六月の出来事、大飯原発再稼働決定を受けてのことだった。一年以上のあいだあれほどまでに多くの人々が「脱原発」の意志をこの上なくはっきりと表明し続けたにもかかわらず、政府は資本の望むままに再稼働を決定した。外からのどんな介入も受けつけない国家／資本のこの結合、逆に言えば、どんなに大規模かつ持続的な運動を展開しようともこの結合を些かも揺るがし得ない民衆の無力（デモの無力）。この無力をそれとして認識し徹底的に「絶望する」ことから始め直そう、「絶望」の相のもとで出来事と出会い直すときにこそ我々はおのれの力を最大限に高めることができるのではないか――責任編集ページは読者にそう問いかけることを目的としたものだった。

再稼働決定直後に行われた「さようなら原発10万人集会」（二〇一二年七月）で大江健三郎が中野重治を引き「私らは侮辱のなかに生きている」と述べたことはよく知られているが、拙著『絶望論』では大江が「侮辱」を見出すその同じ事態にむしろ「恥辱」を見出すことの重要性を論じた。国家がその決定によって「私ら」を侮辱したとするではなく、この決定を眼前にしてそれを阻止し得なかった「私ら」自身に、また、阻止し得なかったという事実と妥協して生きている「私ら」自身に恥辱を感じるということ。二〇一一年五月にマドリードの広場プエルタ・デル・ソルに集まった者たちは indignados すなわち「怒れる者たち」と名乗ったが、「侮辱のなかに生きる」とはそうした「怒り」と同義であり、大江の呼びかけはひとつの同じ「怒り」のもとでの「私ら」の結束の確認であり自覚だった。他方、「恥辱」とは「無力」あるいは「絶望」と同義であり、「怒り」のもとでの「私ら」の結束が世界を変え得なかったことの認識であり、今後とも世界を変え得ないであろうことの直観である。

怒りか、恥辱か。参院選を前にしてこの問いはいかなる意味をもち得るのか。

アントニオ・ネグリが「怒り」に立脚しその政治理論を構築してきた（マイケル・ハートとの共著『コモンウェルス』〈NHK出版〉にも「怒り」を詳しく論じた箇所がある）のとは対照的に、ドゥルーズは「恥辱」におのれの政治哲学の核を見出していた。ドゥルーズにこの「恥辱」を教えたのは、第二次大戦中にアウシュヴィッツに連行されながら生還したプリモ・レヴィである。

このユダヤ系イタリア人文学者は生き残るためにナチスに協力するほかなかったという自身の体験を「人間であることとの恥辱」として語った。これについてドゥルーズはフェリックス・グァタリとの最後の共著『哲学とは何か』（河出文庫）のなかで次のように書いている。

人間であることとの恥辱を私たちが感じるのはプリモ・レヴィが描くような極限状況のなかだけでのことではない。取るに足りないような状況においても、たとえば、民主主義に絶えずつきまとう下劣で愚劣な存在様態を眼前にして、そうした存在様態や市場主義的思考が拡散していくのを眼前にして、現代の様々な価値・理想・オピニオンを眼前にして、私たちは人間であることとの恥辱を感じるのだ。

注意すべきことは二点ある。第一に、恥辱は与えられるものではなく、我々一人ひとりが個々に自分で創り出さなければならないものであるということ。ここに挙げられているような愚劣さは誰しもが日常的に目にしそれとの妥協を強いられているものであるが、だからといってすべての人が必然的にそれを恥辱の相のもとで知覚するわけではない。多くの人は恥辱どころか怒りすら感じない（怒りは恥辱の必要条件だろう）。第二に、何らかの愚行を眼前にして恥辱を感じるとは、その愚行自体を「恥」とみなすことではないということ。たとえば、排外主義者の下劣極まる行進を前にしてそれを「同じ日本人として恥ずかしい」などとして批判するといったことが問題になっているわけではない。愚かさを「眼前にして」各人が個々に自ら創り出さねばならない

プエルタ・デル・ソル広場（2011年５月15日）
photo: takethesquare.net

恥辱とは、その愚かさをこの世界から消し去ることのできない自分自身に対する恥辱であり、その愚かさを前にしてどうすることもできず妥協を重ねるおのれの無力、その絶望のことなのだ。

すでに引いたことのある次のようなドゥルーズの一節はまさに以上のような意味での「恥辱」を語るものにほかならない。「我々にはひとつの倫理《エチカ》、ひとつの信が必要なのだ。それは愚か者たちを笑わせるものだろう。我々に必要なのは、何か別のものを信じることではなく、この世界を信じることであり、この世界とは愚か者たちもその一部として含まれている世界のことなのだ」(『シネマ2 時間イメージ』)。「この世界を信じる」とは、ひとつの同じ「怒り」のもとで団結すれば世界を変革できると信じること、そうした可能性をこの世界において信じることではない。むしろ正反対に、どんな「怒り」を以てしてもこの世界から愚か者たちを一掃することは不可能であるということ、しかしその不可能性こそがまさに我々一人ひとりの力を最大限に高めるものであるということ、テニス・プレイヤーのジョン・マッケンローについて同じ哲学者が言うように「頭を壁にぶつけることで初めて人は何かを見出す」ということ、そうしたことをこの世界において信じることが「必要」だと言われているのだ。

来るべき参院選について「愚か者」とは具体的に誰のことか。自民党を結節点として形成された国家+資本に棲息する連中だけが「愚か者」なのではない。「愚か者」とは、おのれの利害に反して自民党やその類似物(民主党、みんなの党、維新の会など)に投票してしまう者たちのことでもある。周知の通り、アベノミクスは「量的緩和」「消費税増税」「社会保障を聖域としない改革」などによって貧者から吸い上げたカネを富者に再分配するプログラムであり、負債については逆に富者から引き受けたそれを貧者に再分配するプログラムである。要するに、貧者から富者へと富を移転させるプログラムである。「愚か者」とは、貧者から富を簒奪することで私腹をいっそう肥やそうとする富者だけでなく、そうした富者の利益を代表する自民党や同類政党におのれの利害に反して投票してしまうであろうあの多くの貧者のことでもあるのだ。ドゥルーズが言っているのは、そうした「愚か者」を眼前にして「怒り」ではなく、あるいはそれだけではなく、「恥辱」を感じなければならないということであり、そのときにこそ我々は何か絶対的に新たな可能性を見出せるはずだ、この世界における「可能性」とはそうしたもののことであってそれ以外ではないということなのである。

今回の参院選では貧者の利益を代表する政党が得票をのばすだろうと言われている。そこに「希望」を見出すことはたやすい。しかし問題は自民党の圧勝に「絶望」できるかどうかなのだ。

亀裂はつねにすでに生じている

F・スコット・フィッツジェラルド／鈴木了二

2013. 8

レオナルド・ディカプリオ主演『ギャツビー』が公開されている。その原作者F・スコット・フィッツジェラルドが一九三六年、大恐慌とそれに続く世界的動乱の最中に発表した有名なエッセー「崩壊」（*The Crack-Up*）は次の一節で始まる——

もちろん人生はすべて崩壊の過程である。ただし、その過程に劇的な様相を与えるほうの打撃、外部からやってくるかあるいはそう思われるほうの打撃、誰しもが覚えていて嘆いたり弱気になって友人に打ち明けたりすることのできるほうの打撃は、その効果をいっきにすべて示してしまうようなものではない。打撃にはもうひとつ、内部からやってくるものもあり、こちらのほうは、我々が気がついたときにはすでに遅過ぎてどんな可能な対処も残されておらず、もう二度とまっとうな人間には戻れないと我々に決定的に悟らせてしまう類いのものである。第一のタイプの崩壊は打撃と同時にすぐに現れるが、第二のタイプの場合、ほとんど我々の知らぬかたちで発生し、まさしく唐突としか言えないかたちでそれに気づかされることになる。

「亀裂」(crack)には相異なる二つの種類のものがあり、双方はすべての点で相反した特徴をもつ。第一の亀裂は誰の目にもはっきりと見える劇的な様相を伴い、誰の耳にも聴こえる騒音を発しながら進行していく。これに対し、第二の亀裂は誰の目にもとまることなくまったき静寂のなかで生起する。前者の亀裂は外部からの打撃を受けて発生し徐々に大きく開いていくものであって、打撃とともに直ちに致命傷となるものではない。それゆえに、たとえそこでの崩壊過程が不可逆的であったとしても、我々はその進行を遅らせたり何らかの自己防衛策を講じるといったかたちでこの亀裂に対処することができる、あるいは、対処可能だと信じることができる。反対に、エッセーでは後に「古い皿」のそれに喩えられもする第二の亀裂のほうは「内部からやってくる」打撃によって不可視かつ沈黙のうちに発生し、何ごとかが契機となって突如として我々がそれに気づかされるときにはつねにすでに手遅れであり、もはやなし得ることのひとつもない我々はそれが致命傷であることをただ一方的に悟らされる。

この二つの亀裂は前稿で取り上げた「怒り」と「恥辱」の問題でもあるだろう。誰もが知る第一の亀裂に加えて第二の亀裂の存在を指摘することでフィッツジェラルドが問題にしたのは、我々の「怒り」を以てしてもどうにも対処し得ない類いの崩壊過程があるということであり、また、そうした崩壊過程を前にして我々はおのれの不可能性との妥協を余儀なくされるということであり、あるいはさらに、これらをはっきりと自覚しそこに「恥辱」を感じるときにこそ我々はおのれの力を最大限に高めることができるということだったと言えるかもしれない。実際、フィッツジェラルドのこのエッセーを念頭におきながら書かれたゾラ論をジル・ドゥルーズは次のような言葉で結んでいた——「ゾラにおいては亀裂を通じてすでにプロレタリアがその姿をみせている」。怒りが人々を団結させるのではなく、恥辱こそが来るべきプロレタリアに呼びかけるということだ。いずれにせよ重要なのは第二の亀裂をそれとして認識するその契機をいかにして創り出すかということである。

二〇一二年に刊行された『建築映画 マテリアル・サスペンス』(LIXIL出版)において建築家・鈴木了二が映画と建築との出会いをめぐって問題にしているのはまさに、この第二の亀裂、第二の崩壊過程を可視化するアクロバティックな能力のそこでの発生であり、第二の亀裂についてそれが「ほとんど我々の知らぬかたちで発生する」とされるときのこの「ほとんど」に「建築映画」の賭け金をみるということである。

鈴木の議論では二つの「二重化」が前提とされる。ひとつは建築の側のものであり、すべての建築物はそれ自身の「廃墟性」あるいは「瓦礫性」によってつねにすでに二重化されているという前提だ。建築は人間にとっての「有用性」(「住み心地」といったことだけでなく、多くの建築家がいまでも得意げに唱え続けている「社会性」や「共同性」といったことも含まれる)の観点から捉えられ語られることが多い。実際、有用性をいっさい考慮せずに作られる建築物はほとんどないだろう。しかし鈴木は、そのようにして有用性に基づいて築かれた建物であっても、そうした有用性とは異質な側面、純粋に物質的な側面を必ずあわせもっており、この側面において建物はつねにすでに廃墟化あるいは瓦礫化の運動を生きていると論じる。「建築映画」論が前提とするもうひとつの二重化は映画の側のものである。鈴木においては、すべての映画作品が「機械特有の平等性と酷薄性」（情け容赦なくすべてを平等にフィルムに焼きつけてしまうキャメラの機械性）によって二重化されているとされる。つまり、どんなに饒舌に「物語」を語る映画作品であっても、物語だけを生きているわけではけっしてなく、物語とは異質な純然たる機械性を必ず同時に生きているということだ。

鈴木の議論において重要なのは、建築の廃墟性、映画の機械性がそれとして露呈するためには建築と映画とが「建築映画」として出会わなければならないとされる点、すなわち「映画と建築がなんの準備もなしにいきなりぶつかる」という事件が起こらなければならないとされる点である。「建築と映画の差し違い」のなかで建築の廃墟性と映画の機械性とがひとつの同じ「物質性」として結晶し一挙に露呈するということの事件、建築の有用性と映画の物語とをもろとも「台無し」にするということの事件、まさに第二の亀裂がそれとして見出されることになるこの事件——鈴木が「マテリアル・サスペンス」と呼ぶのはこれである。「被写体の質感とそれを撮る映像の質感とがスクリーンのなかで触れ、擦れ、そして軋みをたてている状態がマテリアル・サスペンスである。したがってマテリアル・サスペンスは、二重化の条件さえ整えば物語とは無関係に現れる。いや無関係であるどころか映画を物語へと統合させようとする力に対抗しさえする。同期させようとする運動への抵抗値、その摩擦係数がマテリアル・サスペンスであると言えるかもしれない」。建築をその廃墟化の運動において捉えるには映画が必要であり、映画をその機械的な生において捉えるには建築が必要であり、建築も映画もそれ単体では有用性や物語から逃れ得ないということである。

「Esquire」誌に掲載されたフィッツジェラルドのエッセーを読んで彼の友人で作家のジョン・ドス・パソスは彼に次のように書き送った。「大火がとどまりなく拡大し続けているっていうのにいったいお前はどうやってこんなことについて思い悩む時間など作り出せたんだ?」「俺たちが生きているのは歴史上でもとりわけクソいまいましい悲劇の時代なんだぜ」……。資本と国家とが世界中で破廉恥極まりない蛮行を続けている今日にあって、鈴木もまた、同様の誹《そし》りを受けなければならないのだろうか。

地球は「企業」なのか

ミシェル・フーコー／ジャン＝ポール・フィトゥシ

2013. 9

「新自由主義か、持続可能な開発か、どちらかを選択しなければならない」――オルターグローバライゼイション運動の主導的団体ＡＴＴＡＣの理論的指導者のひとりでもあったフランスのある有名な開発経済学者は二〇〇三年のテクストでそう主張した。ヨハネスブルグ・サミットから一年が過ぎてもなお「持続可能な開発」に向けた具体的な歩みがいっさい見られないという状況を眼前にしてのことだった。金融危機が常態化した今日、新自由主義への批判が高まるなか、そのオルタナティヴとして左右の区別なく誰もが持続可能性を口にするようなった。新自由主義は市場原理主義であり、経済成長を唯一の尺度とするのに対し、持続可能性は一国の豊かさや人々の幸福を複数の観点から多角的に把握する、云々。しかし持続可能性はほんとうに新自由主義に相対するものなのか。

一九七〇年代後半にコレージュ・ド・フランスにおいて行われた有名な講義（『生政治の誕生』）のなかでミシェル・フーコーが新自由主義に与えた定義はいまもなお有効であるように思われる。フーコーは新自由主義について、それが「企業という形式を一般化させる」ものであり、社会全体を「その最も細かい粒に至るまで企業モデルで再編する」ものであると定義した。つまり、新自由主義においてはすべてが「企業」とみなされるということであり、個々の労働者ですらも「彼自身にとって一種の企業としてその姿を現すことになる」ということだ。すべてが「企業」の相のもとに把握されるとは具体的にはいかなることか。それは、すべてが「所得」（インカム）を生む「資本」（キャピタル）として捉えられるということであり、労働者について言えば、かつて「労働力」と呼ばれたものが新たに「人的資本」とされ、「賃金」もまたこの「資本」から生じる「所得」として捉え直されるということである。したがってフーコーにとって人的資本論は新自由主義と別物ではない。

しかし、持続可能性もまた優れて、地球上のすべてのものを「企業」とみなす思想なのではないか。それどころか、地球そのものをひとつの巨大な「企業」とみなす思想なのではないか。その意味で、新自由主義に相対するどころか、むしろ反対に、その究極の形態をなしているとすら言えるのではないか。

一例を挙げよう。八月中旬、フランス政府は、二〇一三年度のフランスの国内総生産がゼロ成長になるという推計を発表した。フランス各紙がこれを一面で報じるなか、左派日刊紙「リベラシオン」（八月一三日付）はこの推計について経済学者ジャン゠ポール・フィトゥシ（Jean-Paul Fitoussi）

へのインタヴューを掲載した。「経済成長なしでも我々は暮らしていけるのか」との同紙の問いに対し、フィトゥシは次のように答えている。「経済成長がゼロに近づけば近づくほど、それが構造的にもたらす効果は強大なものとなります。経済成長の停滞は、第一に、失業とその長期化とを招き人的資本を破壊することになります。第二に、労働者階層への攻撃を正当化する口実となり、社会関係資本が不安定な状態におかれることにもなります。第三に、十分な投資が行われずに企業破綻が起こり、経済資本を縮小させることにもなります。第四に、環境政策の推進が妨げられ自然資本が破壊されることにもなります。要するに、景気停滞が続けば続くほど、我々の経済そして社会の基盤により大きな攻撃が加えられるようになるということです。景気停滞は、以上のことに加えてさらに、政治不信を拡大させ、民主主義資本の崩壊を引き起こすことにもなります。実際、この五年間、ヨーロッパにおいて選挙が行われるたびに極右勢力がつねに票を伸ばしてきました」。

フィトゥシは新自由主義のイデオローグではない。少なくとも世間からはそうみなされていないし、本人もそう思っていないのは明らかだ。彼はむしろ、ネオケインジアンとして新自由主義に批判的な立場からリベラシオン紙やル・モンド紙といった左派日刊紙などにおいて頻繁に発言してきた人物として知られている。その彼が自明であるかのような自然な口調で労働力を「人的資本」(capital humain)と呼び、しかもそれだけにはとどまらず、人々のあいだのネットワークや信頼関係などを「社会関係資本」(capital social)、自然環境を「自然資本」(capital naturel)、さらには民主主義(代議制)までをも「民主主義資本」(capital démocratique)と呼んでいるのである。

「経済資本」だけでなく労働力や社会関係、自然環境などをも「資本」とみなすフィトゥシのこの考え方は、持続可能性論において今日、主流をなしている「資本アプローチ」と呼ばれる理論に基づくものであり、フィトゥシ自身、その代表的な論客のひとりである。フィトゥシは、二〇〇八年にニコラ・サルコジ大統領(当時)から諮問を受け、持続可能性のための新たな経済指標の考案にジョウゼフ・スティグリッツやアマルティア・センらとともに主導的に携わったのだが、そこでGDP(国内総生産)の代替として彼らによって提案されたのがこの資本アプローチに基づく指標だった。その報告書(『暮らしの質を測る——経済成長率を超える幸福度指標の提案』金融財政事情研究会)をサルコジに提出した際に*Alternatives économiques*誌(ネオリベラリズム批判を展開する月刊経済誌)のインタヴューに応じフィトゥシは次のように語っている。「ある状況についてそれが持続可能だと言えるのは、自分たちが有していたのと少なくとも同じだけの量の資本を次世代に残すことのできる場合のことです。考え方は単純ですが、厄介なのはここでいう〝資本〟に複数の種類があるという点です。経済資本(企業・家計・行政の財産)だけでなく、人的資本もあるし、もちろん自然資本というものもあるわけです。多岐にわたるそうした資本のすべてを総じて取り扱えるようになる必要があるのです。そのために我々は、総資本のすべての変動を計測できるように調整した新たな蓄積指標を提案します。その前提となるのは市場の外での原価計算システムの確立です。この原価計算システムにおいては、何らかの資源の量がゼロに向かう場合、その原価は無限大に向かうということになります。たとえばある天然資源が枯渇しつつある場合、経済資本や人的資本がどんなに大きな規模であろうとも、それによって自然資本の減耗分が補完されるということにはならないということです」。

「総資本」（capital global）から総「所得」を生む総「企業」として地球全体を「経営する」ことが持続可能な開発を保障するというわけだ。すべてが資本だとされるその世界にはもはやいかなる敵対関係もない。資本と結託した国家に対する人民の怒りは「民主主義資本」の減耗分として、資本家と労働者の敵対関係ですら「社会関係資本」の減耗分としてそれぞれ減価償却の流儀で会計処理されるに過ぎないものとなる。資本主義は複式簿記の発明とともに始まったと言われるが、もしそうであるならば、持続可能性とはその記帳対象を地球全体にまで拡大する試みであり、その「総」会計の誕生とともに地球全体はひとつの巨大な資本制企業となるのである。

闘争はその継続を爆音でささやく

樋口泰人／マイケル・チミノ『天国の門』

2013. 10

マイケル・チミノ監督の『天国の門』がデジタル修復完全版でリヴァイヴァル公開されている。一九八〇年の公開当時、予算を大幅に超える巨額な資金が費やされ制作されたにもかかわらず興行的に大失敗し、ハリウッドの老舗スタジオ、ユナイティッド・アーティスツを倒産に追い込んだことで「映画史上もっとも呪われた問題作」と言われてきた作品だ。

今回のリヴァイヴァルで日本配給を担当しているのは、吉祥寺バウスシアターをはじめ、日本各地の映画館で「爆音映画祭」を行っていることで知られる制作会社 boid である。同社の代表は映画批評家の樋口泰人であるが、その樋口がチミノ作品の配給にあたっているという事実は、やはり、たんなる偶然とは言い難い。というのも、樋口の批評スタイルはチミノ映画と見紛うばかりに似ているからだ。

『天国の門』

樋口の書く批評文の大半は、複数の作品を同時に論じ、そこからそれらすべての作品に共通するひとつの問題を立ち上げるというものだが、驚くべきはその際に樋口が行使する暴力のその度合いにある。樋口の文章にはほとんど例外なく一度は「どうだったか忘れた」「よく覚えていない」といった一言が当たり前のように挿入される。VHSやDVDの誕生によってたやすく何度でも作品を見直すことができるようになって久しい今日、批評家が「忘れた」の一語を口にすることをおのれに許すとすれば、それは怠惰の表れか、さもなければ積極的忘却、すなわち、記号の意図的抹殺かのいずれかだろう。

樋口の暴力は、しかしながら、他の人々であれば覚えているかもしれない映像や音声をあっさり「忘れた」と切り捨てていくことだけに存しているわけではない。樋口は、逆にまた、他の人々がけっして覚えていないであろう映像や音声についても同様の強引さで、自分にはそれらが「見えた」「聞こえた」と主張する。要するに、作品のなかに必ずや存在していたであろう記号についてはそれを「覚えていない」として一蹴し、逆に、作品のなかにほんとうに存在していたのかまったく定かではない記号については「見えた」「聞こえた」として無理やり存在させようとするのであり、そうした記号操作の暴力が、他の人々には無関係にしか思えないような作品どうしの強引な接続を樋口に許しているのである。

蓮實重彥による批評の定義は「作品のなかで眠りこけている微細な記号を無理やり叩き起こす」といったものだったが、作品のなかで眠りこけていたかどうかすら不確かな記号を無理やり「あった」ことにする樋口批評は、蓮實の定義する批評のいわば発狂ヴァージョンだと言える(樋口が企画し毎回多くの若者を集める爆音映画祭は、作品を爆音で上映することで樋口が「聞こえる」と言い張る記号を無理やり聞こえるものにしようとする発狂した試みだ)。蓮實が「微かな」記号をその眠りから覚ますのだとすれば、樋口は「幽かな」記号のその不確かな存在をその不確かな不在から解放せんとするのである。つまるところ、樋口は、映画体験というものを人々による同じ映像群と同じ音声群の共有だとは微塵も考えていないのだ。

映画は同一の映像・音声を共有する体験ではない——ここでこそまさに樋口とチミノは出会う。チミノ映画の最大の特徴は、自分と一緒に同じ画面を見つめ、同じスピーカーに囲まれている隣席の観客が、それでもなお、いまこの瞬間に自分と同じ映像をけっして知覚しておらず、同じ音

『天国の門』

声をけっして聴取していないはずだと我々観客一人ひとりに迷いなく確信させるという点にある。

米国ペンシルヴァニアのロシア移民の町と戦時下ヴェトナムとを主たる舞台とした『ディア・ハンター』（一九七八年）での結婚式パーティやサイゴン赤線地区（とりわけ賭博場）、ニューヨーク・チャイナタウンを舞台とした『イヤー・オブ・ザ・ドラゴン』（一九八五年）での街頭や巨大レストランなど、チミノ映画では、無数の人々や事物で溢れ返る映像と無数の話し声や物音で溢れ返る音声とからなるシークエンスがどの作品にも必ず一度は挿入されており、多くの場合、そうしたシークエンスは作品冒頭付近におかれ誰がそこでの中心人物なのかがいっさい特定されぬまま（「中心」を欠いたまま）長時間にわたって続く。重要なのは、映像／音声の双方におけるそうした無数の「微かな」記号たちの脱中心化された横溢が、チミノ映画ではつねに、その圧倒的過剰さゆえに、幾ばくかのけっして特定し得ぬ「幽かな」記号の到来ならぬ到来を必然的に導くことになるという点だ。隣の観客が自分とは異なる映像を知覚し、異なる音声を聴取しているはずだという確信は、無数の微かな記号のうちで自分とその相手とが別々の記号を知覚し聴取しているはずだというそれである以上に、チミノ映画にあっては、そうした微かな記号の過剰な横溢のただなかに自分が知覚し聴取してしまっている幽かな記号を相手は想像だにしていないはずだという確信なのだ。

映画史上のすべての作品を以上に述べたようなチミノ映画のそれとして体験するという特殊能力を備えた批評家、樋口による初の配給作品となる『天国の門』は、しかし逆説的にも、チミノ監督の作品群にあって唯一の例外をなすものだ。他の作品とは正反対に『天国の門』は、自分と隣の観客とがいまこの瞬間に同一の記号を知覚し聴取しているはずだと迷うことなく確信させる作品なのである。『天国の門』にも、中心を欠いた無数の微かな記号で溢れ返る様子を長時間にわたって示すシークエンスがないわけではない。それどころか他のチミノ作品以上にそうしたシークエンスは念入りに準備され繰り返し作品内に挿入されている（だからこそ製作費が膨れ上がってしまったわけだ）。冒頭にはハーヴァード大学での卒業式パーティ、中盤には多様な中欧言語が飛び交う貧しい移民たちの大集会、そしてラストには貧者たちとブルジョワたちとの壮絶な戦いがそれぞれおかれている。しかしそれらのシークエンスは映像面でも音声面でも幽かな記号をいっさい到来させない。あるいはむしろ、幽かな記号をいっさい到来させない微かな記号の横溢が『天国の門』では積極的に構築されているのである。

『ディア・ハンター』で遠くの木陰に見えたのか見えなかったのか誰にも判断のつかないような仕方で出現するシカ、『シシリアン』（一九八七年）でやはりほんとうにそれが見えたのかどうか決定的に疑わしい仕方で遠くの山頂に出現する騎乗の闘士。それらは幽かな記号の不可能な可視化であると同時に、チミノにとっては闘争の継続可能性、希望そのものとしてある。微かな記号の喧騒のただなかに幽かな記号の囁きが聞かれる限り、闘争は続き、希望が絶えることはない。六〇年代・七〇年代の闘いの時代に決定的な終止符を打ち、新保守主義と新自由主義との全面展開を始動させることになったレーガンの大統領就任、その直前に撮られた『天国の門』でチミノはまさにその絶望を描いたのである。

歴史の展開につねに遅れる者たち

青山真治『共喰い』『Helpless』

2013. 11

田中慎弥の同題小説を原作とした青山真治監督の新作『共喰い』が公開され話題となっている。脚本は荒井晴彦である。映画史上のすべての偉大な映画作家がそうであったように青山もまた、原作のあるものか否か、本人の筆による脚本か否かにかかわらず、どんな条件においても「青山映画」としか呼びようのない作品を創出することのできる作家だ。

『共喰い』は青山の劇場デビュー作品『Helpless』（一九九六年）といわば「線対称」をなす作品である。青山の出身地である北九州を舞台とした『Helpless』と原作者・田中の出身地である下関（ただし実際の撮影は北九州で行われたそうだ）を舞台とした『共喰い』とがまず関門海峡を軸として地理的に線対称をなしている。同様の対称関係は時代設定にもみられる。『Helpless』と『共喰い』とは昭和天皇の死を軸として前者はその直後、後者はその直前（ただし作品終盤で「崩御」が伝えられることになる）にそれぞれの物語の時代設定がなされている。

興味深いのは、以上のような地理的そして時代的な二重の対称関係に重なり合うかのように『Helpless』と『共喰い』とのあいだにはもうひとつ別の対称関係があるという点だ。最も簡潔に言えば、両作品は「共同体」という観念を軸にして『Helpless』はその不在あるいはその構築不可能性を、『共喰い』はその現前あるいはその解体不可能性をそれぞれ描くものとなっているのである。

『Helpless』は「現実の社会主義」の崩壊（国内的には国鉄分割民営化や「連合」創設などを通じた労組運動の最終的な武装解除）と同時に昭和天皇の死が到来したという日本特有の偶然を問題にした作品であり、左右のこの二つの歴史現象に対応する二人の主人公、浅野忠信の演じる高校生・健次と光石研の演じる若いやくざ・安男とが登場する。作品冒頭、刑期を終えて北九州に戻ってくる安男は門司駅に出迎えにきた者たちから唐突に、「おやじ」が死んでしまったこと、それゆえに「組」もまたすでに解散しもはや存在しないことを告げられる。「おやじ」そして「組」の消滅をこの世の事実として受け入れることのできない安男は「おやじはどこだ！」と繰り返しながら「組」の仲間たちを訪ねてまわり彼らを次々に殺害していく。

「おやじ」を探し求める安男の叫びに呼応するかのように、健次は作品中、幾度となく鼻歌で「インターナショナル」を静かに奏でる。製鉄所が閉鎖され高炉も廃墟となって久しいなか、そこでかつて働いていた健次の父はいまや廃人と化し人気《ひとけ》のない病院に入ってるが、その病床で彼がやはり鼻歌で繰り返す革命歌を健次は「何の歌だかわからない」ままに覚えてしまっているのだ。安男の叫ぶ「おやじはどこだ！」も健次の「インターナショナル」も、それぞれの呼びかけの先に本来あるべき「共同体」に届くことはけっしてなく、ただひたすら空虚のなかでリフレインし続けるばかりとなる。

これに対して『共喰い』は、かつて大島渚が大江健三郎の同題小説を原作とした自作『飼育』について述べた「一木一草まで共同体の構造みたいなものがある」という言葉がぴたりと当てはまるような作品である。菅田将暉の演じる主人公の高校生・遠馬にとっての問題は、『Helpless』の主人公たちにとってのそれとは正反対に、強固な共同体のその閉じた円環のうちにおのれが完全に囚われてしまっているということに存し、作品はこの円環を、舞台となっている河口の住宅地における薄汚れた水の循環として描き出す。風呂場で自慰する遠馬の精液が排水管を通って川へと吐き出され、その水が雨雲となって空に蓄積され、雨粒がうなぎと一緒に大地に再び降り注ぐ、あるいはまた、川岸に魚屋を構える遠馬の母親の仁子（田中裕子）が川に流した魚屑をうなぎが食べ、そのうなぎを遠馬の父親の円（光石研）が食べ、川の底へと沈んでいく円の死体がまたうなぎの餌になる……。

一方は共同体の絶対的消失、他方はその圧倒的現前を描くこれら二作品がそれでもなお同じ映画作家によって署名され、どちらも確かに「青山映画」であると言い得るとすれば、それは、青山の代表作のひとつである『EUREKA』（二〇〇〇年）などについてこれまでとりわけよく語られてきた「生き残ってしまった者たち」という問題、別様に言えば、決定的な出来事に間に合わなかった者たちという問題がどちらの作品においても反復されているからだ。

『共喰い』
アミューズソフトエンタテインメント

『Helpless』にあって安男は何よりもまず、刑務所に入っていたがために「おやじ」の死、「組」の解散という出来事に間に合わなかった人物としてあり、健次もまた、遅く生まれてきたがゆえに製鉄所の閉鎖、そこでの労働運動（労働者たちの団結）の解体に間に合わなかった人物としてある。左右それぞれの側で共同体が取り返しのつかないやり方で失われることになったその決定的な出来事に彼らは間に合わなかった、さらに言えば、そうした共同体とともに自らも消滅するということに間に合わなかったのであり、その意味で、彼らは共同体がその再構築の可能性もろとも決定的に消え去った「救済なき」世界のなかに「生き残ってしまった」者たちなのだ。

『共喰い』の遠馬もまた優れて、決定的な出来事に間に合わないがゆえに「生き残ってしまう」ことを余儀なくされる人物である。共同体の運動すなわち「歴史」は遠馬の歩みよりもつねに先んじて展開し、彼がその運動に追いつくことはけっしてない。彼の父である円が彼の恋人である千種（木下美咲）を強姦するその出来事に遠馬は間に合わないし、川岸で仁子が円を殺害する場面でも遠馬（そしてキャメラ）はすでに決着がつきつつあるその出来事を対岸から米粒のように小さく捉えることしかできない。遠馬は「歴史」（あるいは物語）の主人公になることを禁じられた逆説的な「主人公」なのであり、歴史がおのれの背後に残すその廃墟のなかにただひたすら「生き残ってしまう」ことを余儀なくされる人物なのだ。

『Helpless』と『共喰い』とが確かに同一の作家によるものだと我々に確信させるのは、したがって、歴史の展開につねにすでに遅れ、歴史の原因になることがけっしてできず、歴史の自律的運動によってもたらされるその結果だけを生きるよう強いられた者たちがどちらの作品におい

『Helpless』WOWOW／タキ・コーポレーション

ても問題になっているという点だと言えるかもしれない。青山映画は「運命」を描く映画なのである。しかし、どちらの作品にあっても登場人物たちはただ「運命」を生きているだけではない。自分たちの生を運命に不可避的に書き込まれたものとして知覚した上で、しかしなお運命としてのその生をいかにして「自分の生」として取り戻し得るかという困難な問いを彼らは生きることにもなる。『Helpless』において暴力という身体的振る舞いの過剰が、『共喰い』において「血」というフィクションの過剰がそれぞれ極めて重要な問題を構成するのは、まさに、運命として到来する生をなおも同時におのれの名において生き直すという「運命愛」をめぐるこの問いに応じてのことにほかならない。

「肉の壁」から「別の生」へ

丹生谷貴志／フーコー／箱田徹

2014. 1

キリスト教においてその中核をなす「言葉が肉になる」という問題は「現代思想」においても同様に中心的な問題をなしてきた――二〇一一年刊行の丹生谷貴志『〈真理〉への勇気』（青土社）はこのことに改めてはっきり気づかせてくれる。市田良彦が『革命論』で論じていたように「現代思想」というものが「革命論」としてあり続けてきたのだとすれば、それは当然のことなのかもしれない。革命とは、端的に言って、まさに「言葉が肉になる」こと（真理の受肉）にほかならないのだから。

丹生谷の議論に従いつつキリスト教の「物語」を辿り直しておこう。まず、「神が創造したままの世界」としてのエデンがある。神の真理を透明に体現する「完全体としての世界」だ。そこにアダムとイヴが「罪としての肉」を導入してしまう（原罪）。人間の罪によって「世界が肉を持ってしまった」。完全体としてあった被造物を人間は肉で汚し劣化させてしまった。この「第二の創世」を契機として「人間には〈真理〉の取り戻しという使命が贖罪として課されることになる」。「世界から〝肉〟という愚鈍な不透明を剝ぎ落とし、或いはそれを透明化し、清浄にして行く」という「〈真理〉への意志」が贖罪として人間に課されるということだ。この贖罪の「約束」をなすのがイエス＝キリスト（イエス即キリスト）である。キリスト（神）という真理（言葉）がイエス（人間）という「肉の纏い」のうちに降臨する。そしてイエスは受難（磔刑）への決意と実行、その帰結としての「肉からの完全な脱出」（復活）とを以て、「世界は言わば自身の肉を、その悪を、文字通り自身の肉を厭《いと》い呵《さい》み削《な》りとるようにして、その苦痛の代償として浄化を手にすることが出来るだろう」ことをまさに体現してみせる。贖罪の約束とその「手本」とがこうしてイエス＝キリストによって示されたことにより、人間は「肉への戦い」（贖罪）から離脱し得なくなった。しかしこれは、逆に言えば、「肉の消滅の不可能性」が人間にとって永遠に逃れ得ない問題としてセットされたということでもある。「肉への戦い」のなかで繰り返し明らかにされるのは、イエス＝キリスト（あるいはその中核にあってその本体をなすアクロバティックな等号）が「地上的〈真理〉と神の〈真理〉との間に最後の最後まで残った障害物としての、薄い抵抗の被膜にまで還元されて、それ以上の還元を拒む、〝肉〟の被膜」にほかならないということ、すなわち、「肉の終わりのなさ」のなす不可能性の壁、人間の眼前に屹立し浄化をつねに延期させる「肉の壁」にほかならないということだろう。

しかしこの「肉の壁」がそれとして認識され「人間の唯一の所与」として引き受けられるには、

丹生谷によれば（あるいは、彼の読むフーコーによれば）、哲学ではニーチェ、美術ではマネ、文学ではレーモン・ルーセルを待たなければならなかった。彼らの出現以前、しかしまた彼らの出現以後においても、人間は「〝無限定の自由と無限定の不確定〟という〝肉〟の、その乾き切った唯物論的残酷さに耐え得ない」がゆえに「その〝弱さ〟を味方につけて」これを「囲い込み排除することにその全てを賭けてきた」。耐え難いものとしての肉をおのれの所与として引き受けることのできない者たち――丹生谷はその様々な具体例を挙げているのだが、とりわけ我々の興味を引くのは、そのリストに「プロレタリアの可視性の実質のようなもの」を「遂に名指そうとしなかった」者としてのマルクスも含まれているという点だ。つまりマルクスは、プロレタリア自身のうちにプロレタリアによる真理回復（革命）をつねに延期させる「肉の壁」を見出しながらも、革命（プロレタリアの可視的な統一）の可能性を担保するためにこの壁の存在をそれとして認めようとけっしてしなかったということだ。これに対して丹生谷は書く――「〝肉と世界〟への憎悪と抹殺……つまりは要するに、数千年にも渡った世界の消滅への呪わしい欲望を崩落させねばならない……これがニーチェの狂気となるだろう……。これがわたしたちの場所だ……」。「わたしたち自身の本体を成す〝肉〟という砂浜の表面」として「誰もが知っているはずの〝既知の場所〟」こそがニーチェやマネあるいはルーセルによって回復された「わたしたちの場所」、すなわち、現代思想（ここではとりわけフーコーの仕事）が展開される場所だということである。

現代思想の革命論としての新奇性は、肉の壁をそれとして認めること、革命の不可能性をおのれの眼前に屹立させることからそのすべてが始まるという点にある。二〇一三年秋に刊行された

『フーコーの闘争』で箱田徹が論じるように、フーコーの革命論は肉の壁をおのれの眼前に自ら打ち立てた上で「しかしそれでも、と言う」ことから開始される。革命をすることの不可能性と革命をしないでいることの不可能性という二つの異質な不可能性が組み合わされ、真理への意志が自らを袋小路に追い込むことでそこに力能の過飽和が産出される。力能のこの過剰はどこに突き抜けるのか。箱田は書く——「パレーシア〔真理表出〕の公的な場からの撤退、私的な場での実践への変質〔…〕とは、その脱政治化、個人主義化を意味するのだろうか。そうではない。哲学的パレーシア〔真理の私的表出〕と政治とは、倫理的政治とも言うべき関係に入るのだ」。肉とは集団的パレーシアとして革命のその不可能性の謂いにほかならない。この壁を眼前にして力能は我々一人ひとりの自己をパレーシアの場として見出すのだ。イエスその人がすでにそうであったように、我々もまたあくまでも個々におのれの自己を舞台にキリストになる。ボードレールの「ダンディズム」を論じたフーコー自身の表現に倣えば、我々一人ひとりが「自分の生を芸術作品にする」。

政治とは集団を構成することにほかならない。そうだとしたら、箱田の読むフーコーはどうして真理の私的実現〈倫理〉が「政治」であると主張できるのか。結論から言えば、そこで私的に実現される真理それ自体が集団的なものだからだ。真理は現在に内属するものとして見出される——「現在とはどのような時代であり、どのような別の導きがすでに存在し、また可能であるのかと問うこと、すなわち別の生としての対抗導きを探ること」（箱田）。すべての人々によって集団的に生きられている現在のただなかにその存在がこうして診断される「別の生」の可能性は、その限りにおいてあくまでも集団的なものだ。肉が我々に突きつけるのはこの集団的真理を集団的に実現することの不可能性であり、その壁に強いられて我々は抵抗し、集団的真理の私的な実現へと、すなわち、「別の生」を個々の自己において生きてみせることへと向かう。「私が真理の主体になる」こととしての「倫理的政治」（倫理＝政治）とは、したがって、私が直ちに集団になること、私が直ちに人民になることにほかならないのだ。

「左からの反原発」とは何か

平井玄／ブランキ／ベンヤミン

2014. 2

二〇一三年末、拙著『アントニオ・ネグリ――革命の哲学』（青土社）を上梓した。マイケル・ハートとの共著『〈帝国〉』などで知られるイタリア人哲学者についての日本語では初のモノグラフとなる本だ。同書には *Antonio Negri, l'ontologia e la soggettività*（アントニオ・ネグリ、存在論と主体性）というイタリア語タイトルも付した。ネグリの「革命の哲学」は存在論と主体論との連結として構成されているという意を込めてのことだ。

拙著に一ヶ月ほど先立って、批評家・平井玄の新著『彗星的思考――アンダーグラウンド群衆史』（平凡社）が刊行された。同書の「後書」にも著者自身の筆で「彗星と群衆、なんだか奇妙な取り合わせだなと思う」とあるように、書名に含まれる「彗星」と「群衆」とは同じものではない。「群衆」とはあくまでも、平井が「惑星」と呼ぶこの地球に蠢く諸力の群れのことであって、その頭上に飛来する「彗星」に見出されるものではない。全五章構成の同書には実際、それぞれ「群衆の惑星」「彗星的思考」と題された二つの章が含まれている。ネグリの革命論に対する違和感を隠さない平井の蜂起論は、しかしそれでもなお、ある意味でネグリの場合と同様、存在論（群衆の惑星）と主体論（彗星的思考）との連結からなっているのだ。
惑星と彗星との「奇妙な取り合わせ」へと平井を向かわせたのは、近年その新訳が刊行されたオーギュスト・ブランキの『天体による永遠』である。この古典的名著から平井は次のような一節を引く。

あの長髪をなびかせた虚無たちの話に戻ろう。もしも彼らが土星の魔手を逃れたとしても、まもなく彼らは、太陽系の警察である木星の手中に落ちる運命にあるのだ。〔…〕惑星の引力圏で罠に落ちなかったものだけが、生き延びるのだ。このようにして死の隘路を逃れた一八一一年の彗星は、遠くの黄道帯で、蜘蛛の巣の縁を大きな蜘蛛たちが歩き回っているのを横目で見ながら、極天の高みから一気に黄道に殺到してあふれ出し、またたくうちに太陽を一周して、敵の砲火によって散逸した巨大な縦隊に再結集を命じ、隊伍を整える。

惑星上には「敵の砲火によって散逸した巨大な縦隊」が力の群れとして存在している（存在論）。散逸状態にあるこの群衆に天から再結集を命じるのが彗星だ（主体性）。彗星は惑星上の群衆が「隊伍を整える」ために必要不可欠な「言葉」を発すべく飛来するのである。問題は群衆に投げかけられる彗星のこの言葉がいったい何に由来するのかという点にある。宇宙の彼方、文字通り「どこからともなく」唐突にやってくるのか。

そうではないと論じるために平井は曲芸的操作をひとつ施す。ブランキにおける「彗星」はパウル・クレーの絵に触発されてヴァルター・ベンヤミンの語った「歴史の天使」と同じものではないかと平井は問うのだ。絶え間なくカタストロフへと転じていく過去を大きく見開かれたその目で見据えながら、背中向きに未来へと吹き飛ばされていく天使。彗星の推力は、したがって、自律的なものではない。彗星は惑星を見据えた姿勢で吹き飛ばされる。惑星とそこでのカタストロフこそが彗星を未来へと押しやる力の源なのであり、その意味で、惑星上の群衆に向けて彗星の放つ言葉は群衆自身のそれにほかならないのだ。彗星はあくまでも群衆から目を離さず、そこに群衆の発する言葉を聞き取り、その言葉を群衆自

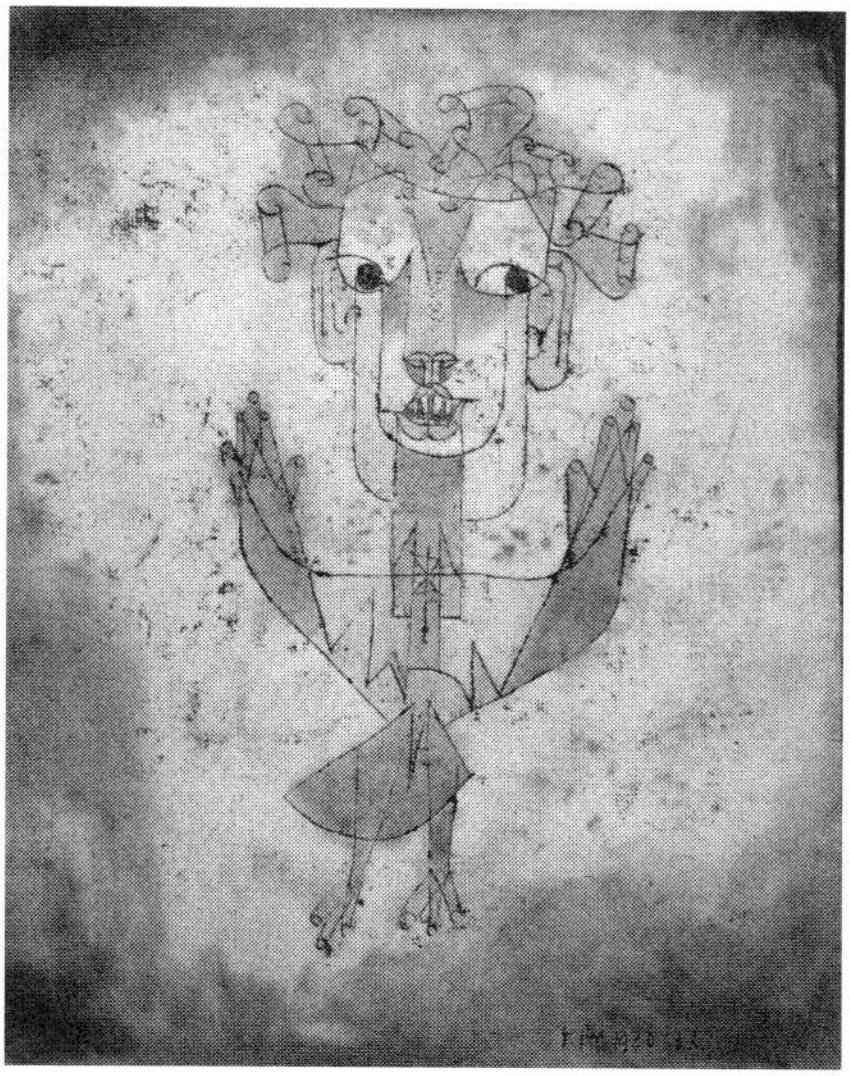

パウル・クレー『新しい天使』1920年
（墨、カラーチョーク、褐色淡彩、紙／318×242mm／イスラエル美術館所蔵）

身に返すことで群衆の自己組織化（主体性の産出）を促す。群衆が身をおく惑星は確かにカタストロフだ。しかし、その惑星上で群衆がそっくりそのまま「彗星になる」ことこそがここで賭けられている。

『彗星的思考』は二〇一一年からの平井の思索のクロニクルでもある。この三年間、平井に思考を強い続けてきたものが何であるかは疑う余地もない。左からの反原発。平井は書く——

「右も左も」あるいは「右でも左でもなく」というのではない。国家と資本主義を超える方向に、明らかな「左」へ柔らかな体を取り戻したい。プレカリアートの時代に、見たこともない「左」の新しい形が創り出される混沌を体験したい。

「右も左も」のそれも「右でも左でもなく」のそれも実際にはたんに「右からの」反原発、ナショナリズムの新たな台頭でしかないことは明らかだ。資本と国家との結託のその結晶を原発に看取し、資本＝国家のこの結託のもとで抑圧される対象として国民（ネイション）を見出した上で、この国民を天皇とともに資本＝国家への抵抗の主体として位置づける——「左」を自称するものも含めて大半の反原発運動がこのナショナリスト図式の枠内で展開されている今日にあって、排外主義へイトスピーチが同時代的な現象をなしているのは、平井からすれば、いわば当然のことなのだ。左からの反原発はこの「国民」幻想と決別することから始まる。

「放射能は平等に降り注がない」——二〇一一年六月・新宿でのデモで配られたフリーター全般

6.11 脱原発100万人アクション（2011年 6 月11日）
写真：金浦蜜鷹

労組のフライヤーのこの一文が稲妻のようにして平井に左からの反原発の可能性を直観させる。「ランキン・タクシーが〝♪放射能エライ放射能エライ、差別しない差別しない!!〟と歯切れよくライムした。〔…〕だがやはり〝放射能は差別する〟と言おう。福島でも東京でも、外気にさらされる屋外での肉体労働を担う者は例外なく低所得者層である。その賃金では、線量がどれほど蓄積されようと危険性の高い安価な食物しか口に入れられない」。放射能の雨の下で起こるのは「国民」の統一などではまるでなく、むしろ正反対に分裂、階級分裂であり、そのいっそうの強化にほかならないのだ。この分裂こそ彗星が惑星上に見出すカタストロフ、あるいはむしろディストピアである。

惑星上のディストピアはしかし彗星を失望させも失速させもしない。反対にディストピアこそが彗星をよりいっそう加速させるのだ。マルクスの彗星的思考がその未来に見出したのは「プロレタリア」という形象であったが、平井のそれが我々の未来にその到来を見出すのは「被曝フリーター」であり、その運動である。惑星上の諸力は「被曝フリーター」をそのパラダイムとして再結集し隊伍を整えなければならないが、しかし、原発全面廃炉と廃炉労働中の被曝線量軽減とを同時追求するという「ダブルバインド」をそれとして生きることになるはずのその運動は「まだ顕在化していない」——現状をそう診断しつつ平井は来るべき階級に、来るべき運動に呼びかけるのだ。

平井が「惑星」という語にこだわる理由はもうひとつある。惑星上の諸力の運動を惑星それ自体（高祖岩三郎が「地球」と呼ぶもの）の運動との連動関係において捉えること。平井曰く「〝大地の動乱期〟と〝社会の動乱期〟とが重なり合う。もちろん社会変動のほうがやや遅れてアフタービートを打つ」。ただし、大地のグルーヴに群衆のグルーヴが共振するのは、大地のグルーヴのもとで群衆がネイションとして統一される（one nation under a groove）からなどでは微塵もなく、反対に、大地のグルーヴが地割れや亀裂を、階級分裂を創り出すからなのだ。

情勢の下で思考すること

宇野邦一／リゾーム／ドゥルーズ

2014. 3

日本では昨年（二〇一三年）、若手によるドゥルーズ研究書がまとまって刊行され書店の人文書棚を賑わせた。しかし、文字通りの「ベテラン」、宇野邦一によってその前年に発表された『ドゥルーズ　群れと結晶』（河出書房新社）が現在もなお、日本語で読める最良のドゥルーズ論であることに変わりはない。

同書冒頭の「序」が「世界史とリゾーム」と題されている事実自体に、ドゥルーズ論としての同書のその圧倒的な「正しさ」を看取しなければならない。このタイトルが告げるのは次のことだ。すなわち、リゾームはあくまでも歴史との関わりにおいて思考されなければならないということ。より具体的には、個々の特定の歴史情勢のもとで、その情勢に強いられて、その情勢に対する抵抗として創出されるものである限りでリゾームは意味をもつのであり、逆に、個別具体的な情勢との緊張関係の埒外であれやこれやの物事についてそれがリゾームであるか否かと論じるのは無意味であるどころか、有害ですらあるということである。

「リゾーム」とはジル・ドゥルーズがフェリックス・グァタリとともに一九七〇年代後半に提唱した概念であり（彼らは七六年に『リゾーム』と題された小冊子を出版し、それが八〇年刊行の『千のプラトー』に序文として再録された）、今日では一般に「ネットワーク」と呼び慣わされているような集団形成のありようを含意するものである。ドゥルーズ＝グァタリ（以下DGと略記）は、中心から周縁へ、根源から末端へといった具合に一定の階層的秩序に従って諸要素が組織されるような形態での集団形成を「ツリー」（樹木）と名づけた上で、これにあらゆる点で対立する集団形成形態を「リゾーム」（根茎）としたのだ。

しかし、と宇野は付言する。DG自身のそうしたテクストには「それを前提として語りながら、決して十分には語っていない何かがある」と。そして、おそらくはまさにその「何か」が「見過ごされて」きたがゆえに、たとえば、フランス本国とほぼ同時に彼らの議論が紹介された七〇年代後半から八〇年代にかけての日本でも「天皇制」あるいは「日本的な政治体制や心性」にリゾームを見出し得るか否かといった議論がなされることになったのではないかと宇野は指摘するのだ。

日本的なもの、たとえば丸山眞男が「つぎつぎになりゆくいきほひ」として論じたその「古層」はリゾームなのか。宇野はこの問いをあえて引き受け、次のように書く。

確かにそのような自然、自発、自生としての「リゾーム」なら、この国の「風土」に蔓延している。しかし自律であり、自由であり、決して自己生成ではなく、対話と抗争のなかにあり、自発であるような〔…〕リゾームを考えなければ〔…〕リゾームの可能性などない。

DGが彼らの議論の前提としながら十分に語り得なかった「何か」とはまさにこれだ。すなわち、リゾームは対話や抗争から生じるものである限りで思考するに値するということ。何との対話、何との抗争か。歴史において生じる具体的な情勢との対話であり、その情勢が課してくる様々な制約や限定との抗争である。反対に、情勢とのそうした抗争なしに何ごとかをリゾームだと指摘してみても何も言ったことにならない。今日であれば、たとえば、インターネットやSNSがそれとしてリゾームだと言ってみても戯言にしかならない。リゾームとは抗争それ自体、抵抗それ自体の別称であり、抗争や抵抗はつねに歴史に対するものなのだ。

ドゥルーズ思想をスピノザ＝ベルクソンの系譜とライプニッツ＝ヒュームのそれとに腑分けし、これまでのドゥルーズ研究ではどちらかと言えば「傍流」に位置づけられてきた後者の重要性を説くといった議論が近年、多く見られるようになった。昨年日本で刊行されたドゥルーズ論のなかでは千葉雅也の『動きすぎてはいけない』（河出書房新社）もそのひとつだが、千葉自身が同書で繰り返し仄めかしてもいる通り、彼のこのポジションは多かれ少なかれ宇野に触発されたものだ。ただし、宇野がライプニッツ＝ヒュームをドゥルーズ思想の「本流」に位置づけるのは、千葉がそうするのと同じ理由からのことではない。千葉においてはリゾームあるいは「生成変化」

を歴史情勢との抗争において捉えることは問題にされないが（書題が示す通り、千葉の本は生成変化のために必要なテクニックを詳述したものであり、たとえば著者自身が具体的にいかなる歴史情勢と闘っているのか、読者は最後まで知らされることがない）、反対に宇野はまさしくその観点からライプニッツ＝ヒュームの系譜を重視するのだ。たとえば宇野は次のように書く。

ベルクソンは人間の社会的に（また歴史的に）制限された知覚の外には、広大な無制限の混沌が広がっていて、場合によってはそこに人は一足飛びに、知覚を投じることができるかのように語った。しかしこの点に関しては「神のみぞ知る」と述べたライプニッツの慎重さのほうを、私は評価する。私たちはあくまでもその社会的歴史的制限の中にあり〔…〕、その制限そのものを反省し、加工し、差異に対する別の知覚を生み出し、あるいは見出すことができるだけだ。

宇野はまた、このベルクソン批判がドゥルーズ自身のものでもあったことを次のように強調してもいる。「ベルクソンに対してさえもドゥルーズは慎重な立場を保った〔…〕。主観も客観も、意識も社会も超えて、知覚以前の広大な〝持続〟を考え続けたベルクソン主義〔…〕には葛藤も闘争も政治もない」。

リゾームあるいは生成変化はあくまでも個々の具体的な情勢との葛藤や闘争を通じてそのつど、新たに産出されるものであって、「一足飛びに」知覚を投じればそこにいつでも自然に「在る」

ようなものではない。この同じ批判を宇野はメルロ＝ポンティの「肉」論にもハイデガーの「存在」論にも向け、ドゥルーズと彼らの違いを次のように浮き彫りにしてみせる。

知覚し知覚されるという知覚の双方向性を〔…〕考察したメルロ＝ポンティは、そのような双方向〔…〕が、たえまない力関係の葛藤の場でもあることにはそれほど注意をむけようとしなかった。〔…〕間主観的な知覚の組織網として広がる「肉」を存在の根底におきながら〔…〕すでに「器官」に還元されない無形の「身体」にかかわる作用として知覚を問題にしていたのだ。〔しかし実際には〕知覚の場は、歴史的な抗争の場の中にあって、それによって形成されては変形される。〔…〕
ハイデガーこそが〔…〕「存在」という問いをたてることによって、哲学に何か新しい次元を開いたのだ。ドゥルーズの哲学も、そういう次元を共有していたかもしれない。しかしこの哲学は、決して一足飛びに「存在への没入」を説いたりすることはない。むしろ人間という主体を構成する諸要素〔…〕を分解し、それらの連結〔…〕をとらえなおすという果てしない課題を彼は引き受けた。

マキャヴェッリを論じてアルチュセールが言ったように、ドゥルーズもまた「情勢の下で思考すること」を知る哲学者だったのであり、何よりもまずこれこそを我々は彼から学ばなければならないのである。

アントニオ・ネグリと現代思想

2014. 4-7

1

二〇一三年末刊行の拙著『アントニオ・ネグリ――革命の哲学』（青土社）では、ネグリの革命論を存在論と主体論との連結として浮かび上がらせることを試みた。存在論とは、ひとことで言えば、「革命をなす力能」をこの世界のただなかに見出すということ、主体論とは、そのように見出された力能を我々のものにし我々自身が革命主体になるということだ。この稿では拙著のこの議論を別の仕方で辿り直してみたい。焦点となるのは「情勢の下で思考する」という問題である。

ジジェクとバディウの呼びかけで「コミュニズムの理念」をめぐるシンポジウムがこれまでに

四回（第一回は二〇〇九年にロンドン、第二回は翌年にベルリンで、第三回は二〇一一年にニューヨーク、第四回は二〇一三年にソウルで）開催され、ネグリは初めの二回に参加している（第一回の論集は邦訳がある〔水声社〕）。ネグリの二度の発表のうちとりわけ面白いのは「マルクスなしにコミュニストであることは可能か」と題されたベルリンでの発表だ。

タイトルに掲げられたこの問いに対するネグリの答えはしかし最初から決まっている。否、マルクスなしにコミュニストであることはできない。答えが最初から決まっているのになぜ問うのか。言うまでもない、それは、今日の思想家たちのうちに、マルクスなしにコミュニストであろうとする者たちがいるからだ。

いったい誰のことか。ネグリは発表のなかで次のように述べている。「一九六八年以後、フランスにはマルクス主義に結びついたコミュニズムなど一度も出現したためしがない」。確かに六八年以後のフランスにもスターリン主義やトロツキー主義はあった。しかし、それらはいまや遠い過去の遺物でしかなく、今日の思想状況に関わるものではない。反対に、今日の思想状況の中心をなしている所謂「六八年の思想」はまさにその徹底的な「マルクス主義の拒否」を特徴としている。そのように論じた上でネグリは「六八年の思想」としてとりわけバディウの名を、しかしまたランシエールの名を挙げるのである。要するに、バディウとランシエールこそが、マルクスなしにコミュニストであろうとする者たちだということだ。

彼らがいかに批判されるのかを検討するのに先立って一点、確認しておきたい。それは、一般に「六八年の思想」とされることも多いドゥルーズやグァタリ、フーコーなどは、少なくともネグリにとっては「六八年の思想」ではないという点だ。バディウやランシエールに対して向ける批判をネグリがドゥルーズやグァタリ、フーコー、しかしまたアルチュセール、デリダに向けることはない。別様に言えば、バディウやランシエールよりも少しばかり年長の彼らは、ネグリからすれば、ネグリ自身と同様、マルクスとともにコミュニストであろうとする人々だったということだ。

要するに、我々が「現代思想」と呼び慣わしているものは二つのグループに分かれる。第一に「六八年の」思想家たち、そして第二にそれよりも一世代前の思想家たち。この稿では、ネグリを論じるのと同時に、これら二つのグループがいかなる点で異なり対立するのかということも示したい。

コミュニストであるためにはマルクスとともにあれ！――ネグリはそう主張しているわけだが、そもそも「マルクスとともにある」とはいかなることなのか。ベルリンでの発表でネグリは、「マルクスとともにある」とは「存在論に立脚すること」だと論じている。「存在論に立脚する」とはいかなることなのか。これについてネグリは、「歴史」に立脚すること、歴史的枠組みのなかで把握された今日の「社会」の具体的状況に立脚すること、歴史のなかで産み出され今日の社会を形成している諸々の「制度」の実在に立脚することだと説明する。バディウやランシエールにマルクスが欠けているとは、したがって、彼らのコミュニズム論が歴史に立脚していないということだ。

「六八年の思想」に対するネグリのこの批判を、まずはランシエールについて検討したい。ランシエールが「民主主義」「政治」あるいは「コミュニズム」だとするのは、最も簡潔に言えば、人々の「知力解放」である。ランシエールにとって、「政治」は「すべての人が話す」だけでは成立せず、それに加えて、各自が「すべてについて話す」ことも必要だとされる。要するに「すべての人がすべてについて話す」――これがランシエールにとっての「政治」であり、彼が一九七三年のデビュー作『アルチュセールの教え』（航思社）以来ずっと、どの著作でも金太郎飴のように繰り返している議論だ。

四〇年ものあいだ同じ議論がひたすら反復されているというこの単純な事実からもすでに垣間見られるように、ランシエールの議論は実際、「歴史」とまるで関わりがない。ランシエールにおいて、知力解放による政治は彼が「ポリス」と呼ぶ体制に対置される。ポリスとは人々にそれぞれ一つずつ特定の役割や立場を固定的に配分する体制のことだが、ランシエールがこの「ポリス」を見出すのはプラトンの「共和国」においてのことだ。つまり、ランシエールの立論は紀元前の事象に対して行われるものであり、この意味において、彼の設定する「ポリス対ポリティックス」という敵対関係は文字通り「時空を超えた闘い」でしかない。

ランシエールの議論をランシエールに逆らって「歴史」のなかに投げ込むならばいったい何が見えてくるか。結論から言えば、そこで見えてくるのは、ランシエールの唱えるような知力解放が今日の政治的課題などではあり得ないという事実だ。すべての人がすべての問題に介入する――これは今日、政治であるどころか正反対に、資本が労働者たちに対して発している指令そのものである。ネグリやヴィルノといったイタリア人たちが「ポストフォーディズム」として問題にしているのは、まさしく、資本の下に包摂された知力解放のことだ。フォーディズムあるいはテイラー主義時代の労働者たちは生産ラインに沿って一人ひとり特定の場所、特定の役割を固定的に配分され、仕事中は他の労働者たちといっさいお喋りができない状態におかれていたが、ポストフォーディズム時代にあって資本は、それまで工場の外でなされていた労働者どうしのお喋りをそっくりそのまま工場の内部に包摂した。ネグリが「資本の下への社会の実質的包摂」あるいは「資本のコミュニズム」と呼び、今日の資本主義を特徴づける主たる「傾向」だとみなしているのはまさにこれである。要するに、ランシエールが「政治」だとしている労働者たちの知力解放は、今日、資本にとって痛くも痒くもないどころか、喜ばしいものでしかないということだ。

ランシエールは「歴史」を蔑《ないがし》ろにするがゆえに、具体性を欠いた抽象的な敵対関係しか設定することができず、そうした抽象的な敵対関係のなかでしか「政治」を思考することができない。ネグリはランシエールについて次のような厳しい結論を下している。「解放論は、それが存在論に立脚するものでない限り、たんなるユートピア、個人の夢でしかなく、つまるところ、事物をそのままの状態に放っておくことにしかならない」。

2

ランシエールのデビュー作『アルチュセールの教え』は、自分の教師だったアルチュセールのそのまさしく「教師」としての態度を批判する著作だった。「すべての人がすべてについて話す」ことを「政治」だとし、その前提として「誰しもがすべてについて話す能力を有する」ことを肯定するという、その後、今日に至るまでずっとランシエールが繰り返し続けている主張は一九七三年刊のこの著作においてすでに確立されている。アルチュセールの議論と振る舞いは、教える人／教わる人、話す能力のある前衛知識人／話す能力のない労働者大衆といった「知」の垂直分割を前提にしているという点で批判されたのだ。

ネグリもまたとりわけ九〇年代に入ってから幾度かアルチュセールを論じている。そこでアルチュセール思想の中核として見出されるのは「情勢の下で思考する」ということだ。「情勢の下で思考する」(penser *sous* la conjoncture) とはいかなることか。何らかの理念や問題を予め想定した上でその高みから「情勢について思考する」(penser *sur* la conjoncture) ことではない。『君主論』を書くにあたり「事物について想像力をあれこれ働かせるよりも、事物の実際の真理 (verità effettuale della cosa) へとまっすぐに向かうほうが有意義であるように私には思えた」と述べたマキャヴェッリに、情勢の下で思考するという営みの先駆的な実践を見出した上で、アルチュセールは、マキャヴェッリにとって「事物の実際の真理へとまっすぐ向かう」とは「情勢それ自体によって産み出され課される問題の下に文字通り身をおきそれに従う」ということだったと論じる。

アルチュセールは四〇年以上にわたって執筆活動を続けたが、その間に幾度もの「自己批判」を強いられ、おのれの議論をずらし続けたことで知られる(キリスト教ヒューマニズムからヒューマニズム批判を経て唯物論的弁証法すなわち「主体なきプロセス」へ。次いで、唯物論的弁証法批判を経て「出会いの唯物論」すなわち主体論へ)。アルチュセールはなぜ絶えず議論をずらし続けなければばならなかったのか。言うまでもない、それは彼自身が「情勢の下で思考する」ことを知る思想家にほかならなかったからだ。これに対し、同様に四〇年以上の執筆歴のあるランシエールがその間ずっと同じ議論を繰り返しているのはまさに「情勢の下で思考する」ことを知らないからだということになろう。

しかしこの最後の点についてランシエールは反論を準備している。彼からすれば、「情勢の下で思考する」とは、情勢に「教師」の地位を与えておのれはまさしくその下に「生徒」として身をおくことにほかならず、したがって、ここにもまた教師／生徒の垂直分割がみてとれるというわけだ。

我々にとってとりわけ興味深いのは、ランシエールがこの同じ批判をネグリにも向けているという事実である。バディウとジジェクの発案で四度行われた「コミュニズムの理念」をめぐるシンポジウムのうち第一回会合（ロンドン開催）にはランシエールも参加しているのだが、そこで彼は「資本の下への社会の実質的包摂」「資本のコミュニズム」というネグリの「情勢」把握を次のように批判している――ネグリにおいては資本主義に「無知な労働者たちを教育する教師、無知な労働者たちをコミュニズムへと教導する教師」の地位が割り振られている。すなわち、おのれの墓掘り人を産む資本主義は、まさにその資格において無知な労働者たちに資本主義の墓の掘り方を教える教師だとされている……。ネグリにおいてもまた教師／生徒の構造が温存されており、労働者たちは無知な生徒の地位に貶められているというわけだ。

ランシエールのこの批判にネグリは直接応じていないが、たとえば次のような反論が可能だろう——それでは訊くが、「資本主義はおのれの墓掘り人を産む」ということは誰が「知っている」のか。資本主義その人が知っているとでも言うのか。情勢の下で思考する人だけが知り得ることではないか。

要するに、ランシエールは情勢それ自体と情勢の下で思考する人とを混同してしまっているのだ。確かに「情勢の下で思考する」とは「情勢それ自体によって産み出され課される問題の下に身をおきそれに従うこと」だ。しかし、情勢の下で思考する人のその実践がない限り、「情勢それ自体によって産み出され課される問題」は情勢のなかに埋もれたままにとどまり、けっしてその実在が認識されることはない。「情勢の下で思考する」とは情勢をたんにコピーすることではない。情勢を二重化すること、「一を二に割る」こと、情勢をその分岐において捉えそこから「問題」を引き出すことなのである。

この意味で、ネグリにとってもアルチュセールにとっても、情勢はたとえ「教師」であるにしても、それはまさにランシエールその人がおのれの政治論の核に据えてきた「無知な教師」にほかならないと言えるだろう（「無知な教師」はランシエールの「政治」においてレーニンの役割を演じる形象であり、いわば「無知なレーニン」とでも呼び得るものだ）。

アルチュセール、ネグリと同様に、ドゥルーズ＝グァタリやフーコーも「情勢の下で思考する」ことを知る思想家だったという点をここで確認しておかねばなるまい。ドゥルーズ＝グァタリとフーコーとの共通点は、情勢を「歴史」（histoire）と「生成」（devenir）という二つの側面へのその分岐において捉えるという手法にある。彼らにおいても「情勢の下で思考する」という営みが情勢の分岐を産み出す。情勢を「分析」しその歴史の部分を把握した上で、そのただなかに生成を「診断」する。彼らが「生成」としているもの（フーコーはこれを「差異」とも呼んだ）はアルチュセールが「情勢それ自体によって産み出され課される問題」としているのと同じものだ。要するに、「マルクスとともにあること」とネグリの呼ぶこの実践、「情勢の下で思考すること」に存するこの存在論こそ、ネグリ、アルチュセール、ドゥルーズ＝グァタリ、フーコーを分かち難く同盟させるものであって、ランシエールをはじめとした「六八年の思想」において決定的に失われたものなのである。

ロンドンでのランシエールの発表は「コミュニズムなしのコミュニストたち？」と題されているが、これは、端的に言って、ネグリのいう「資本のコミュニズム」を揶揄するもの、すなわち、「コミュニズムなしのコミュニストたち」（資本家）が無知な労働者たちにコミュニズムを教えるといったことを含意するものだ。その一年後にベルリンで行われた第二回シンポジウムでのネグリの発表が「マルクスなしにコミュニストであることは可能か」と題されているのは、ランシエールのこの発表タイトルを踏まえてのことにほかならない。しかし、ネグリがベルリンでの発表でとりわけ徹底的に批判の対象とするのは、実のところ、ランシエールではなく、むしろ、シンポジウムのテーマ「コミュニズムの理念」の提唱者、バディウその人だ。ネグリからすれば、バディウに比べればランシエールのほうがまだマシなのである。なぜか。

各人への役割や立場の固定的な配分に立脚したプラトン的「共和国」との超時空的な対立関係のなかで「すべての人がすべてについて話す」ことを「政治」だと定義するランシエールの議論に「情勢の下で思考する」という契機はいっさいみられないが、それでもなお、労働者たちのうちに革命的力能(ランシエールにおいては「誰しもがすべてについて話す能力を有する」という仮説が前提として肯定される)を認めようとする点はネグリにも同意できるものである。ネグリにとって問題なのは、ランシエールのそうした議論が歴史外の仮説でしかなく、それゆえにまさに、労働者たちのうちにある力能の発動が個々人の私的な「自覚」によってしか説明され得ないという点だ。

ランシエールにおいて、話す知識人/話さない労働者(教師/生徒)という「知」の垂直分割が解体され「政治」が始まるためには、すなわち、「誰しもがすべてについて話す能力を有する」という仮説の実証それ自体としての革命が起こるためには、「無知な教師」(いわば「無知なレーニン」)の出現が必要不可欠だとされる。しかしランシエールは「情勢それ自体によって産み出され課される問題の下に身をおきそれに従う」という契機をおのれの議論から排除してしまうがために、「無知な教師」のこの出現を歴史的に根拠づけることができず、何らかの個人の偶発的で私的な「自覚」を引き合いに出さざるを得ない。

要するに、ランシエールにあっては集団的な真理としての「情勢」が個人的な「自覚」にそっくりそのまま置き換わってしまうのだ。それゆえに、主体性の産出（おのれのうちにある力能をおのれのものとすること）は集団的なものになり得ない。ランシエールの構想する労働者の自己主体化は非歴史的、超歴史的であるがゆえに個人の私的な問題でしかあり得ないのである。

そうしたランシエールと比較してもバディウの立論がネグリにとっていっそう受け入れ難いのは、バディウにおいては「情勢の下で思考する」という契機はおろか、政治をなす力能が労働者たちのうちに認められることすらないからだ。「コミュニズムの理念」をめぐるシンポジウムのその第二回会合（ベルリン開催）における発表でネグリは次のように述べている。バディウにあっては「ただ〝出来事〟だけが我々を救済し得るとされる。その出来事はあらゆる主体存在の外、あらゆる戦略実践論の外にとどまるものだとされる。しかし、出来事を産出する内的ロジックのこの不在にあって、出来事はいったいいかにしてたんなる信仰対象と区別され得るのか。バディウは実際、この点について〝私が信じるのはそれが不条理だからである〟という、一般にテルトゥリアヌスのものとされてきた神秘主義的断言をひたすら繰り返すばかりだ」。

バディウは「情勢」も「自覚」も排除する。そのため、政治をなす力能（「出来事を産出するロジック」）は文字通りの「あの世」に飛ばされてしまう。バディウにとって「コミュニズム」とはまさしく天空に輝く「理念」にほかならず、地上に暮らす我々はその理念が「天から降ってくる」のを待つしかない。

「コミュニズムの理念」をめぐるシンポジウムのその第一回会合でバディウが行った基調講演には、聞きようによってはたいへん素晴らしい一節がある。「近所の商店街でビラ配りをすることはそれ自体、歴史の舞台にあがることにほかならない」。感動的な一文だが、注意すべきは、バディウにおいては我々のビラ配りが革命的出来事を到来させるわけではないという点だ。ビラ配りが始まるのは、理念が天から降ってくるという革命的出来事が到来した後のことなのである。阪神タイガースの優勝がまさしく「不条理」として天から降ってきた後に梅田駅前で「号外」を配る。駅前での我々のビラ配りがタイガースを優勝させるのでは微塵もない。優勝が起きるまでのあいだ、阪神ファンはテルトゥリアヌスの呪文を唱え続けるしかないのだ。

ベルリンでの発表でネグリはドゥルーズ＝ガタリの『哲学とは何か』から次のような一節を引いている。「しかし〔バディウが主張するのとは〕反対に、賽の一擲のようなやり方での現場への介入というものがあり、それこそが出来事を特徴付け、出来事を状況のただなかに導き入れるのではないか。つまり、〝出来事をなす〟力能というものがあるのではないか」。ただしもちろん、この「賽の一擲」はあくまでも「情勢それ自体によって産み出され課される問題の下に身をおく」ことでなされるものでなければならない。

ベルリンでのシンポジウムにおいて聴衆の面前で以上のようにネグリから激しく批判されたバディウはその後、「今日の資本主義」と題された反論を書いている（『歴史の覚醒』*Le Réveil de l'Histoire* という著作に収められているが邦訳は未刊）。そのテクストでバディウがまず強調するのは、自分もまたマルクス主義者であるということ、そして、自分もまたきちんと「今日の資本主義」を分析しているということである。要するに、バディウ本人からすれば、「コミュニズムの理念」という彼のプラトン主義もまたあくまでも「情勢の下で思考し」たその帰結にほかならないということだ。

　バディウは現代資本主義を「悪党たち」による寡頭体制下での「野蛮」の全面展開だと規定する。ここで言われる「野蛮の全面展開」はその最も強い意味で理解されなければならない。すなわち、労働者の完全敗北、真の意味での「歴史の終焉」。要するにバディウにとって今日、「情勢それ自体によって産み出され課される問題」とはまさしく「問題」それ自体の消滅、歴史存在論的に規定され得る力能の消尽、すべてが失われた純然たるディストピアのことなのだ。

　情勢を以上のように把握した上でバディウは、それでもなお「歴史の覚醒」があるとすればそれはいかにして可能なのかと問い、すでに見た通り、それはもはや、出来事を「信じる」ほかない、信じて「待つ」ほかないと結論することになるわけだ。別様に言えば、バディウはここでネグリに対し、今日では「マルクスなしにコミュニストである」以外に「マルクスとともにコミュニストである」ことはできないと言って反論しているのである。

　バディウの以上のような議論は、しかし、ドゥルーズのそれとどこか似通ってはいないだろうか。

4

　たとえばドゥルーズは『シネマ2 時間イメージ』で次のように書いている。「我々にはひとつの倫理《エチカ》、ひとつの信仰が必要なのだ。そう聞いたら愚か者たちは笑うだろう。しかし、我々に必要なのは何か別のものを信じることではなく、この世界を信じること、つまり、愚か者たちもその一部をなしているこの世界を信じることなのである」。

ここで言われる「愚か者たちもその一部をなしているこの世界」とはまさにバディウのいう「悪党たちによる寡頭体制下での野蛮の全面展開」のことではないか。ドゥルーズのいう「愚か者たち」とはバディウのいう「悪党たち」のことにほかならず、たとえばダヴォス会議に毎年群れ集う連中、あるいは、安倍晋三のことだろう。安倍晋三もその一部をなしているこの世界……。バディウにおけるのと同様、ドゥルーズにおいても今日の世界はディストピアそのものであり、だからこそ我々には「信じること」が必要だとされるわけだ。

ディストピアから信仰へ……。そのように話をまとめる限り、ドゥルーズとバディウとは確かに同じ物語を語っているように思える。しかし、「もちろん」と言うべきかもしれないが、ドゥルーズの議論とバディウのそれとはやはりまるきり異なるものである。

両者の決定的な相違は「信じる」ということの内実にある。バディウにおいて「信じること」は「待つこと」と同義だが、ドゥルーズにおいて「信じること」は「待つこと」では些かもない。ドゥルーズのいう「信じる」とはそれ自体で直ちに「出来事を到来させること」「出来事をなすこと」なのだ。たとえば次のような緒方正人の経験はまさしく「出来事を到来させること」それ自体としての「信じること」の最たる例だと言えるだろう。水俣病認定闘争を離脱した後の自身の経験を振り返って緒方は言う――「運動をやっている最中は、現象的な〝敵〟を倒すことだけに力を注いで、海や鳥や草木のことなんて考えたこともなかった。それが、木の葉が揺れるさまを見るだけでメッセージを感じたり、鳥の声に言葉が通じるような感覚になる。自分を応援してくれているような、自分を包む世界を発見した」。「敵」もその一部をなしているこの世界を信じること、そのことが直ちに、海や鳥や草木に自分が包まれるという出来事をこの世界に到来させることとなる。緒方同様、ドゥルーズにとっても、この世界を信じるとは木の葉の揺れや鳥の声にそれら自身の言葉を返すこと（身体の言語性と言葉の身体性との一致）なのである。

バディウにおいては出来事の到来を信じて待つことが問題になるのに対して、ドゥルーズにおいては信じることで出来事をなすということが語られる——この観点からドゥルーズとバディウの双方における「ディストピア」の扱いについても再検討しておく必要がある。

バディウにとってディストピアは我々のもち得る力のいっさいの無効を含意するが、ドゥルーズはディストピアに我々の新たな力の「源泉」を見出す。ドゥルーズにとってもバディウにとっても、ディストピアは「情勢」であり「事物の状態」であるという資格において歴史的な実在であることに変わりはない。ふたりの哲学者を分かつのは、歴史的実在としてのこのディストピアが、ドゥルーズにおいては、我々のうちに「出来事をなす力能」を産み出すものとして位置づけられるという点、すなわち、「賽の一擲」をなすことへと我々を強いるものとして位置づけられるという点（我々はディストピアをおのれのものとすることで逃走線を引く）、また、そのことによって政治をあくまでも存在論そして歴史に繋ぎ留めてみせるという点である。ドゥルーズはあくまでも「マルクスとともにある」ことをやめないのだ。これに対してバディウにおいては「存在」と「出来事」、歴史と政治とは、少なくとも「今日」、完全に切り離されたものとしてあるとされる。

ドゥルーズにあってバディウにないものは何か。それはディストピアをその分岐において捉えるという契機だ。ドゥルーズにおいては、ディストピアは「情勢」であると同時に「情勢それ自体によって産み出され課される問題」でもある。我々の力にとって「袋小路」をなすものであると同時にその「源泉」でもある。しかし、これこそまさにネグリが『構成的権力』最終章で「構成的ディストピア」（disutopia costitutiva）として語っていたものでもないか。ネグリは「ディストピア」を「危機」と呼びかえた上で次のように論じていた。「危機は限界（limite）だが、しかしとりわけ障壁（ostacolo）でもある。つまり、危機はマルチチュードのもつ際限なき〝力能への意志〟のその眼前に限界として立ちはだかるが、まさにこの関係において危機は障壁となるのだ。限界は実践を閉ざすのではなく、むしろ実践を解き放つ」。

ここでは「危機」が限界／障壁へのその分岐において捉えられている。「危機」は「障壁」の相において捉えられる限りで「実践を解き放つ」。「障壁」とはしたがって我々のうちに「出来事をなす力能」を産み出すその源泉にほかならない。先に例として挙げた緒方の場合も、認定闘争の陥った危機を限界／障壁へのその分岐において捉え、そのうちの障壁の部分をおのれのものにすることによってこそ、海や山の無数の生き物たちと群れをなすという逃走線の創出が可能となったのだ。限界と障壁、歴史と生成、分析と診断。「一が二に割れる」。要するに、「情勢の下で思考する」とは「危機」を二重化しそこから「力能」を引き出してみせるということであり、ネグリに従えば、この「力能」をおのれのものとすることによってこそマルチチュードは革命的になるのである。

「構成的ディストピア」の創出、歴史的に規定されるという資格で集団的でもある力能の創出、そうした契機としての「情勢の下で思考すること」——これこそがネグリ、アルチュセール、ドゥルーズ＝グァタリ、フーコー（しかしまた今回は論じなかったが、ユートピアの「脱構築」に専念した文字通りの「ディストピアの哲学者」であるデリダの名もここに含め得るだろう）に共通して見出されるものであって、ランシエールやバディウにないもの、「六八年の思想」にないもの、六八年以後のフランス現代思想が失ってしまったものなのだ。

ドゥルーズはフーコーについて次のように言っていた。「フーコーが偉大な哲学者なのは、彼が歴史を他の別のことに役立てたからだ」と。歴史を使って他の別のことをする、歴史を使うことなしに他の別のことはできない、他の別のことは歴史に立脚することで初めて可能となる——「マルクスとともにコミュニストであること」とネグリが呼ぶのはそうしたことなのである。

「国家のイデオロギー装置」から「国家の記号装備」へ

フェリックス・ガタリ
『人はなぜ記号に従属するのか』

2014. 7

おのれに属さぬものをおのれのものとすることに資本の本性はあるが、この脱領土化／再領土化の運動を実現し維持するために資本は「制度」を必要とする。

六〇年代末のルイ・アルチュセールはそうした「制度」を「国家のイデオロギー装置」として論じたが、原典となるテクストが七〇年代末に執筆された『人はなぜ記号に従属するのか』でガタリが展開するのはアルチュセールのこの議論に対する批判でありその刷新である。たとえば学校について本書では次のように言われる。「学校は言葉や態度を操るだけであって、イデオロギー的な上部構造に属し、〈最終的に〉経済的下部構造に依存する国家のイデオロギー装置に過ぎない、とみなすことができるだろうか。そうではなくて、学校が行う労働力の記号的加工は、資本主義社会のなかにおいて、生産諸関係のみならず生産諸力そのものに関しても根源的な機構を構成するものではないだろうか」。

「イデオロギー」の限定経済を「記号」の一般経済に書き込み直すことでグァタリが試みる制度論の刷新を理解するのに、アルチュセール自身がこれと同時期に展開した議論を概観してもよいだろう。七八年のある講演で「マルクス主義の危機」を論じたアルチュセールはさらなる説明を求められ、「有限であるからこそ終わらない理論としてのマルクス主義」と題された一文を発表するが、そこで彼は「危機」の要因のひとつとして、国家がその拡大の「形態」を一変させたという点を挙げる。アルチュセールのこの指摘をアントニオ・ネグリは後に次のように解釈している。「そこで起きたのはイデオロギーがその支配を現実全体に広げたということだ。国家のイデオロギー装置はこれまで、様々な制度を通じて特異化させるというかたちで権力を産み出してきたが、今日、この権力は社会過程全体に溶け込んでいる。世界が資本の下に包摂されたのだ」。

六八年の叛乱に対する「反革命」としてニクソン・ショックを契機に始まった国家の形式的拡大から実質的拡大へのこの移行は、国家からのイデオロギー的自律性を党や知識人に許してきた社会内部の余白を消滅させるのと同時に、生産諸関係に対する本源的敵対性を生産諸力に保証してきた両者の〝形式／質料〟的関係を解体した。これまで家族、学校、軍隊、工場、監獄といったかたちでモル状かつ線分的に構成されてきた制度がマスメディアや通信技術の発展によって分子状かつ直線的に再構成される一方、パラダイムをなす労働が物質的労働から非物質的労働へと移行し、搾取の中心が大工場から社会全体へと拡散する。そうしたなか、知識人／労働者、党／労組、前衛／大衆といった区別に基づく運動の組織化は実質的効力を失い、生産諸力もそれ自体で絶えざる形式化の過程におかれることになる。要するに、七〇年代後半にアルチュセールが直面することになったのは、党が直接的に生産諸力に呼びかけることで資本主義的生産諸関係を転覆するという革命プログラムの破綻だった。

以上のように実際にはアルチュセール自身もその分子状の拡散において捉え直していた「国家のイデオロギー装置」をグァタリはあくまでもモル状制度として位置づけ（グァタリはおそらくアルチュセールの議論を知らなかった）、分子状制度としての「集合的記号装備」をこれに対置するが（「集合的装備」という行政用語のこの流用は、本書がもともとジスカール＝デスタン政権下、設備省に提出された報告書であることに由来する）、しかし、グァタリはモル状制度と分子状制度との関係を一方から他方への線形的な移行としては論じない。反対に本書で強調されるのは分子状制度の出現後もモル状制度が残存するという点、モル状制度との連動が分子状制度の有効性を担保するという点だ。モル状制度は権力の「シミュラークル」「表象」「見かけ」という新たな資格を付与され、「真の」権力の作動が分子レヴェルに移った事実から人々の意識を逸らすルアーの役割を担う。「たとえば、モル状国家権力は教育省の通達によって子どもに家でやる宿題を出さないように命じるが、他方、一般に父親と母親のあいだの一筋縄ではいかない共謀から生まれる家族内部の分子状国家権力は教師に対して宿題を出すように要求する」。

新旧権力形態のこうした連動は、やはりほぼ同時期にミシェル・フーコーが「規律メカニズムの上に〝法＝権利〟システムを重ね置く」近代的権力編成について論じていたものでもある（『社会は防衛しなければならない』）。規律権力は力関係に内在して作動し必然的に抵抗を生じさせることになるが、この抵抗をそっくりそのまま〝法＝権利〟の超越的次元に誘導することで真の戦場から撤退させる。フーコーにとってもグァタリにとっても、マクロ政治の光学効果を粉砕しミクロ政治の内在平面にとどまることが闘争の絶対条件なのだ。「〔政治の〝表象〟とは区別される真の〕政治は欲望の集合的な動的編成と権力の装備〔との力関係〕の次元で生きられる」。本書はこの「生」へと読者を強く誘う。

アベノミクスと叛乱

2014. 8-10

1

水野和夫の『資本主義の終焉と歴史の危機』(集英社新書)が話題だ。アベノミクスを「一%」の富者のための政策に過ぎないと断罪する同書が多くの人々に読まれているという事実は端的に言って喜ばしい。しかし、多売を目指す新書の宿命か、肝心な点で言いよどみの多い同書に不満を感じた読者も少なからずいるだろう。そうした人々に推薦したいのが市田良彦ほか著『債務共和国の終焉』(河出書房新社)だ。

「終焉」を語るこの二冊をここでは取り上げるが、両者の違いを問題にする前にまず、それらを併読するとひとつの非常に具体的な現状認識が得られることを指摘しておきたい。アベノミクスの真の目的はデフレ脱却にはない、「デフレ脱却」はその真の目的を隠蔽し貧者の叛乱を抑え込んでおくための言説戦略にほかならないという認識だ。

アベノミクスの「第一の矢」は、周知の通り、インフレを起こすために量的金融緩和を行うというものだが、これについては量的緩和が必ずインフレを導くわけではないとする反論が以前からある。つまり、中央銀行が通貨を増発して民間金融機関から国債などを買いマネタリーベース（現金通貨＋民間金融機関の保有する中央銀行預け金）を増大させたとしても、それに応じてマネーストックあるいはマネーサプライ（金融機関・中央政府以外の経済主体が保有する通貨量）が増大するわけでは必ずしもないという反論だ。この反論は資本主義の現状に鑑みればたいへん理に適っている。利潤率が低下し金利がゼロ水準にとどまり続けている一方で資産市場での投機にずっと高いリターンを見込めるような状況にあって、民間金融機関はいったいいかなる合理的判断を以て貸出を優先させ得るというのか。通貨増発はマネーストックの増大すなわちインフレを導くどころか、むしろ、その増発分がそっくりそのまま資産経済に流れ込み、資産バブルを導くことにしかならないのは自明ではないか。

重要なのは、リフレ理論とその実践としてのアベノミクスとに対するこうした異論が、水野と市田たちとに従う限り、実のところ、リフレ論それ自体に対する批判にはなり得ても安倍政権批判にはまるでならないという点である。安倍政権とそのもとで雇われているリフレ論者たちとのあいだには根源的な乖離があると言っていい。安倍政権も経団連も彼ら自身はリフレ派を装った非リフレ派なのだ。彼らは、反リフレ派からの批判を待つまでもなく初めから、マネタリーベース増大がマネーストック増大を導かないことなど重々承知だ。アベノミクスの「第一の矢」の真の「ターゲット」は「二％程度のインフレ」などでは微塵もなく、日銀に増発させた通貨を資産市場に注入し、そこでの資本の自己増殖を加速させることにほかならないのだ。この意味で、株高や円安をアベノミクスの「効果」だとして喜ぶことそれ自体は正直な振る舞いであり、また、「インフレ期待」についても資産市場でのこの「期待」をめぐる心理ゲームがそれらを助長したとなら言えるだろう。問題は株高や円安が「デフレ脱却への流れを作る」とあくまでも付言される点にある。

安倍晋三は小泉純一郎が一〇年前に「郵政民営化」を祈った同じテオティワカン遺跡で「デフレ脱却と地方再生を祈った」そうだ。小泉は本当にそう願って祈ったに違いないが、安倍は望んでもいないことを祈った。あるいはむしろ、実際には別のことを祈ったがそれを正直に言えなかった、言ってはならなかった。なぜか。水野と市田たちに従えば、何を祈ったのかを正直に言ってしまったら国内で叛乱が起きてしまうからだ。より厳密には、数年前から日本でも目に見えるかたちですでに起こっている叛乱のその解消不能な実在をそれとして認めることになってしまうからだ。

安倍政権は量的緩和政策についてそれがデフレ脱却のためのものだと言わなければならない。あくまでもそう信じてやっている、そうなることを神々に祈る気持ちでやっていると言わなければならない。さもなければ叛乱を抑えられない。なぜか。量的緩和が実際には貧者から富者への所得移転を目指す政策以外の何ものでもないからだ（この政策が目指す資産バブルの形成とそこでの富者の富の増大は、バブル崩壊時の公的資金注入とその際の貧者からの富の収奪を予め織り込んでいる)。反対に、目的がデフレ脱却にあると主張することは、量的緩和があくまでも富者/貧者の双方に利益をもたらすと主張するのに等しい。要するに、量的緩和が必然的に導く貧富差拡大(階級分裂)の「現実」から貧者の意識を逸らし続けるためには、富者と同じ利害を共有しているという「想像」のなかに貧者を何としてでも引き止めておく必要があるということだ。

国民的統一(利害一致)を維持し階級対立を防ぐこと、徴税し再分配(所得移転)を行うこと——これら二つの機能を併せもつのがそもそも「国家」だ。産業資本主義時代、再分配は直ちに国民的統一を意味していた。産業資本にとっての富の源泉は貧者の労働力/購買力だ。産業資本は貧者を協業させることで彼らに剰余価値を産み出させ、集団的生産物(商品)を貧者自身に買い戻させることでその剰余価値をおのれのものとする。産業資本主義時代の再分配が富者から貧者への所得移転として編成されていたのは、「分配」(賃金)が労働力の再生産を担い「再分配」が購買力の再生産を担うというかたちで貧者の労働力/購買力を維持することが、資本の自己増殖のための必須条件だったからだが、この再分配においてはまた、貧者が富者と利害を共有する(富者が富めば貧者に移転される富も増える)がゆえに、貧者は富者と同じ共同体への帰属を信じることもできた(ナショナリズム)。

しかし、人間の思いつく限りの多様な品々が開発され、技術革新によってそれらが安価ですべての貧者に多かれ少なかれ行き渡るような飽和状態が形成されてしまうと、購買力が維持されていてもそれを実現する意欲が失われてしまう。そのように貧者の購買意欲が失われた状況においては、富者から貧者への所得移転による貧者の購買力の再生産に資本はおのれの増殖に資する点をもはや何も見出せない。そこで新たに求められるのが貧者から富者への所得移転としての再分配の再編成だ。貧者が購買意欲を失うとは資本にとって「搾取」の対象を失うことに等しいが、資本はそれでも自己増殖し続けねばならない。そのために資本は貧者を直接的「収奪」の対象として位置づけ直すのであり、国家はこの収奪を新たな再分配形態として制度化するのだ。貧者のもち得る購買力自体が資本の自己増殖のための新たな富の源泉とされ、これが徴税によってとことん吸い上げられることになる（逆累進課税の全面化）。重要なのはここでの再分配が国民的統一（貧者／富者の利害一致）をもはやいっさい保証しないという点だ。それでも国家は貧者の叛乱をどうにか抑え込まねばならない。そのため国家は再分配（現実）とはまるきり別の手段で国民的統一（想像）を維持する必要に迫られる。アベノミクスにおける量的緩和／デフレ脱却はまさに現実／想像のこの新たな連動を体現するものなのだ。

2

アベノミクスの他の二本の矢について水野と市田らの「終焉」論は我々に何を教えるのか。公共投資を主とする「第二の矢」（財政政策）は、安倍政権がその「ターゲット」だと主張している需要誘発を確かに実現するだろう。市中（実体経済）への直接的な支出としての「第二の矢」はまた、その資格で、「第一の矢」とは比較し得ない確実さを以てマネーストックを増加させるとも言わねばなるまい。しかし、「第二の矢」の全体像はそれが「第一の矢」と完全に一体

さよなら安倍政権、さよなら自民党デモ（2014年２月１日）
写真：金浦蜜鷹

化したものとして構想されている点を考慮しない限り把握できない。アベノミクスにおける財政政策の特徴は、その財源確保のために国債（建設債）を発行した上で、それを公開市場操作（買いオペ）によって日銀に買い取らせるという点にある。すなわち、公共投資を呼び水とした国民経済の再生を掲げる「第二の矢」には、実のところ、資産バブル形成を通じた貧者から富者への所得移転をその真の目的とする「第一の矢」がそっくりそのまま埋め込まれているのであり、「第二の矢」は「第一の矢」継続の条件をなしてすらいるのだ（野田政権時代、安倍晋三が講演で「日銀による建設国債の直接引き受け」を主張したと朝日や毎日が誤報し、財界に問い質された安倍が「引き受け」ではなくあくまでも「買いオペ」だと誤報を即座に正すという一幕があったが、当時の安倍のこの反応はその後のアベノミクスが何を目指しているのかを垣間見せる。もし本当にデフレ脱却を目指しているのだとすれば、利潤率と金利とが極度に低下し民間金融機関に信用創造への合理的動機がない今日、これを介さずに直接的にマネーストックを増大させ得る唯一の手段としての「引き受け」とそのための財政法改正とが真面目な検討に値するのは自明だからである。「日銀の輪転機をぐるぐる回す」ことは安倍政権にとってあくまでも資産バブル形成のためになされるべきことなのだ）。

財政政策／金融政策の両面を併せもつ「第二の矢」にも、したがって、貧者から富者への所得移転（金融政策）とそれを隠蔽するためのナショナリズム（財政政策）との連動を見出すことができるが、「第一の矢」と異なるのは「第二の矢」におけるナショナリズム（貧者／富者間の利害一致）が具体的な財政出動に裏打ちされており、その意味で実体性を帯びているという点である。安倍政権と経団連とがこの実体性を必要とする理由はひとつしかない。彼らは消費税率の段階的引き上げを目指しており、そのためにＧＤＰ成長率の一時的な増大を数字（貧者の叛乱を防止するための数値戦略）として必要としているからだ。要するに、「第二の矢」は「第一の矢」継続の条件としてだけでなく、消費税増税のための「地ならし」としても構想されているということだが、以下に改めて確認しておきたいのは消費税増税が量的緩和と「ターゲット」を同じくしているという点だ。

岩本沙弓『アメリカは日本の消費税を許さない』（文春新書）を筆頭に多くの新書が刊行されるなどしてすでに広く知られている通り、消費税についてもまた、その還付金制度に着目するならば、それが「社会保障財源安定確保のための公正な税負担」（貧者／富者の利害一致）の名のもとでそれとは裏腹に進められる貧者から富者への所得移転（貧者からの収奪）以外の何ものでもないということが直ちに判明する。トヨタなどの大企業は国内下請け企業からの仕入れの際には消費税を支払うが、輸出の際には国外販売先から消費税を回収できない。この未回収分を国家が還付するわけだが、問題は、下請け企業からの仕入れ価格をその企業との非対称的な力関係のなかで事実上トヨタが自分で決めるという点にある。これは、つまるところ、還付金として国家から受け取りたい額をトヨタ自身が自分で決めているということだ。強いて言えば、これこそが今日の国家にとって「消費税を〝社会保障〟の安定的財源にする」ということの謂いだろう。再分配権力としての国家が今日「社会保障」「再分配」として行っているのは富者から貧者への所得移転などではもはや微塵もなく、徴税によって貧者から富を吸い上げそれをそのまま富者に再分配するという新たな形態の所得移転なのだから。生活保護の縮小と消費税増税による還付金の拡大とが「社会保障・税一体改革」として同時に進められてきたのは当然だ。還付金は、利潤率が低下し労働者の「搾取」を通じてはもはやほとんど自己増殖できない資本をそれでも延命させるための新たな「生活保護」(の一部)にほかならないのである。

アベノミクスの「第三の矢」は「成長戦略」と銘打たれているが、周知の通り、その主たる内実は雇用規制緩和にある。「第一の矢」の量的緩和と「第二の矢」の消費税増税で目指されているのと同じ「成長」(資本の自己増殖)が雇用規制緩和で目指されることになるのだが、「第一の矢」と「第二の矢」ではそれが生産過程の外での貧者からの富の「収奪」として構想されていたのに対し、「第三の矢」では生産過程のただなかにもこの「収奪」を導入することが問題となる。要するに、「搾取」では「成長」がもはやほとんど見込めない、あるいはより精確には、「搾取」それ自体がもはやほとんど立ちいかない、だからそれを「収奪」に置き換える、すなわち、「収奪」と「搾取」とのあいだの差額を「成長」の新たな源泉として創出するということだ。搾取から収奪へのこの移行は、具体的には、「再分配」において国家が貧者の購買力の再生産を放棄するのに歩調を合わせるかたちで、「分配」(賃金)において資本が貧者の労働力の再生産を放棄すること、この後者の放棄を国家が制度化することでなされる。要するに、「第三の矢」の「ターゲット」は貧者の生それ自体なのだ。雇用規制緩和とは、あたかも貧者/富者に共通の利益の謂いであるかのように「成長」を語りつつ、現実には貧者の死を資本の自己増殖の条件として制度化する試みなのである。

これまで見た通り、アベノミクスは貧者から富者への富の移転以外の何ものでもないが、重要なのは、その際に必然的に生じる貧者／富者の分裂を隠蔽し貧者の叛乱を避けるために全国民的な利害一致という想像力の維持が同時に図られるという点だ。第一の矢（量的金融緩和）は資産バブル形成を、第二の矢（財政出動）は消費税増税を、第三の矢（成長戦略＝雇用規制緩和）は生産過程内への「収奪」の導入をそれぞれ真の目的とするが、安倍政権はそのいずれもが国民経済全体の浮揚を目指すものだとあくまでも主張する。

市田らは「債務共和国」を語るが、彼らが今日の「共和国」とするのはまさに、全国民的利害一致という「想像」によって階級分裂の「現実」を抑え込もうとする政体、また、今日の日本のように分裂がすでに貧者の叛乱として現象している場合には、この「想像」のもとでそれをあくまでも一過性の「事故」として処理しようとする政体のことだ。共和国は一般には、富の源泉を外部に求めることを条件に、国民的統一を多少とも「現実」的に維持し内部紛争（内戦）を回避する政体として成立するが、今日ではこれとは逆に、内部での貧富差拡大（貧者からの収奪）を富の源泉とするためにこそ共和国が要請される。アベノミクスが進められるなかで執拗に繰り返される「富者が富めば貧者にもその雫が落ちる」というトリクルダウンの呪文もまた、デモなどにおいて可視化されるか否かにかかわらず日本中の貧者によって生きられている叛乱をまるごと偶発的で一時的な「事故」として処理する優れて共和国的な言説戦略にほかならない。

ではなぜ「債務」共和国なのか。それは「世界がこの二五年間で〝生産する〟より多く〝借りる〟ようになった」から、つまり、建設債などの公的債務もクレジットカードやローンなどの民間債務も、「〝借りる〟より多く〝生産する〟」状態を導く「呼び水」としてのその効力をいまや完全に失い、逆に債務はその市場（債券市場）を以て「生産の果実を奪う脱法的な回路」を形成するに至ったからだ。

生産とは資本にとって貧者を搾取することだが、搾取は貧者の労働力／購買力を維持することなしにはあり得ない。貧者を協働させて剰余価値を創出させ、その剰余価値をおのれのうちに体化した集団的生産物（商品）を貧者自身に買い戻させることで資本は搾取を実現する。「〝生産する〟より多く〝借りる〟ようになる」とは資本の自己増殖運動がこの「搾取」から逸脱するということであり、市田らがこれを「未来の富を食いつぶす」と表現するのは、「未来の富」の条件をなす貧者の労働力／購買力（要するに「生」そのもの）の再生産がここでは放棄されるからだ。国家による再分配が貧者から富者へという方向に逆転されることで購買力再生産が放棄されるのと同時に労働力再生産のための賃金が吸い上げられる一方で、国家が雇用規制緩和などを行うことで労働分配率が引き下げられ資本の側でも労働力再生産が放棄される。

貧者から労働力／購買力を「借り」その価値を貧者に「返し」ながら剰余価値を実現するのが「搾取」であり、この意味で搾取による資本の自己増殖は「等価交換」に則っていると言えるなら、今日の資本主義に見出されるのは「等価交換原則がいちおう支配する生産過程のまったくのそとから」なされる「富の横取り」、この「そと」の創出、「借りた〝価値〟を返さなくても罰せられない仕組み」の形成だ。資本の成長点が「搾取」から「横取り」へ、「生産する」から「借りる」(=「返さない」)へと移行し交換の等価性がもはやいっさい担保されないなか、階級対立は必然となる。だからこそ「債務」資本主義は「横取り」(貧者からの収奪)を以て「投資」(貧者による投資)だとする破廉恥な想像力としての「共和国」を必要とするのだ。市田らに倣って換言すれば、今日の「共和国」は、全国民的利害一致なる旗印のもとで富者同様に貧者も「債務保険」(債券市場のリスク回避)に加入させ、その保険料の一律拠出なる名目で資本による貧者収奪を正当化しようとする暴力装置なのである(共和国は「保険契約」として振る舞うゆえにこそ「事故」しか知らないと嘯《うそぶ》く)。

搾取から収奪への移行はなぜ起こったのか。水野が「利子率革命」として説明するのはその理由だ。彼のいう「利子率革命」とは人類史上極めて稀な(「四〇〇年ぶり」!)今日の超低金利状態(日本では一〇年国債利回りが九七年からずっと二・〇%以下にとどまっている)のこと、また、この金利低下において表現される利潤率の同規模での低下のことだ。

利潤率が極限まで低下するとは、搾取では資本がもはや自己増殖できない、貧者の生産/消費を通じてはもはや剰余価値を実現できないということだ。搾取による「成長」のこの行き詰まりはなぜ生じたのか。水野に従えば、資本の包摂し得る「地理的・物的空間」がその拡大の限界に達し飽和状態に至ったから、つまり、商品として構想し得るモノが多かれ少なかれ開発され尽くし(「物的」飽和)、それらのモノが世界中のすべての貧者に多かれ少なかれ行き渡り(「地理的」飽和)、購買力を発揮する動機、意欲を貧者が失ってしまったからだ。資本にとって、購買意欲を失った貧者の購買力をそれでも国家に維持させる道理はなく、また、商品が買われなくなりそこに体化された剰余価値が実現されなくなってしまった以上、それを生産するのに必要な労働力を維持する道理ももはやない。それゆえにこそ、なおも成長し続けなければならない資本は「搾取」から「収奪」へと突き抜けるのであり、また、水野が「電子・金融空間」と呼ぶ新たな市場を「地理的・物的空間」の「そと」に創出すること（フロー市場を食い物にしたストック市場の独立）でおのれの「延命」を図るのだ。

資本は貧者を宿主にしこれに寄生することで成長してきた。この方法での成長が限界に達した今日、資本は宿主そのものを食いつぶしながら生き存《ながら》えるほかない。資本主義は放っておいてもひとりでにその「終焉」を迎えるという点で水野と市田らは見解を等しくするが、彼らはまたそれが宿主の死滅を理由とするという点でも同意するだろう。資本によるこの殺戮に対する抵抗として水野が暫定的に処方するのはおのれの死を前にした資本に「ゼロ成長」を勧めるというものだが、水野自身も認める通り資本の本性がそもそも「成長」に存する以上、資本の発意に期待するこのソフト路線にはやはり現実性がないと言わねばなるまい。次々に資本に殺されていく仲間を眼前にして叛乱を起こす貧者のその発意のもとで「債務共和国」（債券市場＋保険契約）を粉砕し、収奪された価値（我々の生）をこのデフォルトの一撃でまるごと奪還するとする市田らのハード路線こそが現実的だ。資本との闘いは今日、比喩ではなく文字通り、生きるか死ぬかの闘いなのだから。

イスラーム国と「真理への勇気」

ミシェル・フーコー／キュニコス派

2014. 11

「真理への勇気」はその勇気を捕獲する装置から峻別されなければならない。捕獲装置がどんなに下劣なものであったとしても、それを理由に「真理への勇気」それ自体が否定されてはならない。今日もなお「政治」が可能だとすればその萌芽は、世界中で様々な仕方で発動し続ける「真理への勇気」にこそ見出されるように思われるからだ。

ここで念頭においているのはとりわけイスラーム国の現象だ。日本での事例もそうだと報じられたが、イスラーム国建設に参加しようと各国から集まる若者の多くはもともとイスラーム教徒ではまるでなかった者たちであり、イスラーム国に参加することだけを目的にイスラーム教に改宗した者たちだと言われている。本稿で主張したいのは、若者たちのそうした振る舞いに「真理への勇気」があるということ、イスラーム国がイラクやシリアの住民に対して行っているとされ

シリアでのISILの軍事パレード（2014年1月3日）
photo by Yaser Al-Khodor (Reuters)

る様々な蛮行を以てこの「真理への勇気」それ自体を否定してはならないということ、若者たちの「真理への勇気」とその捕獲装置としてのイスラーム国とは峻別されなければならないということ、彼らの「真理への勇気」を否定することは権力に与《くみ》することにしかならないということである。

真理をいまここでおのれの身体によって目に見えるかたちで実現してみせる勇気——イスラーム国に参加する若者たちについてそうした勇気を語る際、注意すべきはそこでの「真理」がイスラーム国のそれでもイスラーム原理主義のそれでもまるでないという点だ。彼らは何か別のものをおのれの生において実現するためにイスラーム国に参加するのであって、この「何か別のもの」とイスラーム国やイスラーム原理主義とはおそらく彼ら自身においてもまったく混同されていない。所謂「自己実現」が問題なのか。そう答える者も彼らのうちにはいるかもしれないが、仮にそうした「自己」が実現対象としての「真理」だと言えるにしても、それはこの「自己」をすでに集団的である何かとして理解する限りにおいてのことだ。「真理」とは端的に言って「自由」のことである。

その実現のために「勇気」が要請される「自由」とはいかなるものか。「真理への勇気」はミシェル・フーコーがその最晩年に取り組んだテーマだ。フーコーは「権力」概念を刷新したことで知られる。政治哲学の伝統において長らく「権力」は主権者によって法を通じて行使されるものとみなされてきたが、フーコーはこれに異を唱え、「権力」を新たに「関係」として、すなわち、「他者との関係」「他人への働きかけ」あるいは「他のアクションに働きかけるアクション」として再定義した。これはしかし「主権＝法」システムが実際に存在しているという現実を否認するものでは些かもない。ただ、そこに権力があるのではなく、むしろ、関係として作動する権力のその存在を隠蔽するために権力との連動が積極的に要請される装置として新たに位置づけ直されたのだ。しかし、権力概念のこの刷新はフーコー自身の思考のそれ以上の展開を妨げる壁のようなものともなった。権力が人々のあいだの関係として作動するものだとしたら、そうした関係のなかにつねにすでに身をおいている我々はいったいいかにして権力から逃れることができるというのか。この壁を眼前にして、それに強いられてフーコーが発見したもの――それがまさに「自由」であり、「自由が存在する」という「真理」だったのだ。

権力の行使は「自由な主体」に対してしかなされない。すなわち、彼らが「自由である」限りにおいてしかなされない。自由な主体とは可能性の領野を眼前にしている個人あるいは集団のことであり、そこには様々な導き、様々な反応、様々な振る舞い方が実現可能なものとして広がっている。

これはいかなることか。パノプティコン（一望監視装置）を例にとろう（監視カメラを考えてもよい）。パノプティコンは得体の知れない眼差しに人々を曝すことで彼らを行儀よく振る舞わせようとする装置だが、眼差しと人々とのあいだに距離がある以上、人々には行儀よく振る舞わないという選択肢がつねに実現可能なものとして残される。ここには二つの異なる「導き」あるいは「関係」が含まれている。眼差しが人々に対して行使する権力は、精確には、人々が彼ら自身を行儀のよい振る舞いへと導くように彼らを導くということに存している。つまり、眼差しが人々に対して行う「他者への働きかけ」のただなかに人々の「自己への働きかけ」がそれ自体で自律的に存在しており、この意味でこそ、権力関係のただなかに自由が存在し、自由のその存在なしにそもそも権力関係はないと言われるのだ。

権力関係の中核にその恒常的な成立条件として「不服従」と、御し難いことをその本性とする自由とが存在するのだとすれば、権力関係は抵抗なしには、逃げ道あるいは漏れなしには存在し得ない、場合によっては反転させられることすらあるという可能性なしには存在し得ないということになる。どんな権力関係も、したがって、少なくとも潜在的には何らかの闘争戦略をおのれのうちに含んでいる。

シリア・ラッカ地方での軍事パレード（2014年 6 月30日）
photo by Stringer (Reuters)

「他者への関係」としての権力のただなかに「自己への関係」としての自由がつねにすでに存在しているという真理――この真理をおのれの身体を通じて物理的に文字通り実現してみせること。たとえば、監視カメラの張り巡らされたロンドンの街でそれでもなお自爆攻撃を実行してみせることは、「主権＝法」システムの次元で「犯罪」あるいはそれ以上のもの（「テロ」）として表象される以前にまず、権力関係の次元における自由の存在を物理的に表出する行為としてある。自由の存在をそれとして生きてみせ可視化することはそのようにつねに「スキャンダラスな」行為であり、だからこそフーコーは「勇気」を語るのだ。イスラーム国に日本から参加しようとした若者の事例もまた、何よりもまず、彼が実際に生きてみせようとしたその「スキャンダラスな生」において人々の関心を引く。

それを実際におのれの身体によって生きてみせることでスキャンダラスな「他なる生」をそのまったき可視性において人々に突きつける――フーコーはそのモデルをキュニコス派（公衆の面前で「犬として」生きた哲学者たち）に見出しているが、「真理への勇気」はこの点においてこそすでに「政治」なのだ。人々の眼前で「他なる生」を生きてみせることとは「他人への働きかけ」（権力）だが、それは人々を一人ひとり「自己への働きかけ」（自由）へと導こうとする働きかけなのだから。権力関係から我々は誰ひとりとして逃れ得ないという条件それ自体がここでは自由の実現に転用される。そして、この転用を可能にするのは「自己への関係」としての自由のその存在が特定の人に限った真理ではなく、すべての人にとって真理であるという事実、イスラーム国に参加しにいく若者たちにとってのみの真理ではなく、我々みなにとっての真理であるという事実、勇気さえあれば我々はだれでも自由を実現できるという事実だ。「集団的な」真理を「個人的な」勇気によって実現することで権力／自由を反転させる。「政治」はすでに始まっているのであり、イスラーム国現象はそのひとつの現れなのだ。

マルチチュードのレーニン

ネグリ／レーニン

2014. 12

ネグリはマルクス主義者であるのみならずレーニン主義者でもある。このことが所謂「現代思想」における彼の立場を異例なものにしている。デリダ、フーコー、ドゥルーズ＝ヴァタリ、バディウ、ランシエール、バリバールといった「フランス現代思想」を考えてみても、そこでは確かに誰においてもコミュニズムの可能性が問われているが、しかし彼らのうちにレーニン主義者は皆無であり、マルクス主義者ですら少数派だ。

右に名を挙げたうちでマルクス主義者だとみなし得る者がいるとすれば、それはドゥルーズ＝ヴァタリとフーコーそしてバリバールだろう。彼らの政治哲学は資本主義およびその歴史的展開の分析に立脚したものであり、これは実際、バリバール以外の「六八年世代」（バディウとランシエール）が「資本主義」という単語すらほとんど用いないのと対照的だ。しかしネグリからすると（八〇年代のフーコーを別にすれば）彼らですらマルクス主義者ではないということになる。「労働」あるいは「労働力」の概念が欠けているからだ。たとえばドゥルーズの有名な政治的テーゼに「人民が欠けている」というものがあるが、このテーゼはまさに彼の哲学それ自体に「労働力」（集団としての労働者）という概念的登場人物が欠けていることを自ら語るものだと言える。ネグリからすれば、政治哲学が真に「マルクス主義」のそれとなるには資本主義の分析だけでは不十分であり、「プロレタリア」を語ったマルクス自身においてすでにそうだった通り、労働力こそを議論の中心に位置づけなければならない。労働力こそをコミュニズム論の主人公に据えなければならない。

ネグリにとって労働力は欠けていないどころか「存在」そのものであり、しかもこの存在は歴史のなかで不断に増大するものですらある。あるいはむしろ、労働力＝存在のこの増大こそが歴史に切断をもたらし、その切断によって歴史を発展させる当のものなのだ。歴史にあって連続をなしているのは労働力であり、歴史それ自体の発展は不連続によって特徴づけられ、労働力はその連続においてまさに「存在」する。この点についてもドゥルーズの議論との比較が有益だ。一九九〇年にネグリ自身が行ったインタヴュー（「管理と生成変化」『記号と事件』）でドゥルーズは近代史を「規律社会」から「制御社会」への移行として語っているが、興味深いのはドゥルーズがこの移行について「〔二〇世紀に入ってから〕ゆっくりと進んでいき、第二次大戦後にいっきに加速した」と述べるにとどまり、その原因をいっさい問おうとしないという点だ。あたかも歴史における切断が我々にはまるで与《あずか》り知れぬ原因（運命）によって実現されたかのようにドゥルーズは語るのだ。まさに「人民が欠けている」。このインタヴューが行われた当時、ドゥルーズが指摘したのとほぼ同様の移行をネグリもまた「フォーディズム」から「ポストフォーディズム」へのそれとして論じていたが、その語り方はドゥルーズとはまるで異なる。ネグリにとってこの移行は、生産性のつねなる増大を求める資本からの要請の下で、しかしその本性においてこの要請からは独立したかたちで、労働力が協業の度合いを高めていった末に「工場」の壁が突き崩され、これを契機に社会全体が工場化された（あるいは、工場が社会化された）という出来事なのだ。すなわち、協業規模の連続的拡大によって自己増大していく労働力＝存在が文字通り「原因」となって歴史のただなかに切断が生産されたということだ。

ドゥルーズにおいても実のところ労働力への言及がないわけではないが、それはあくまでも移行の説明のために挙げられる具体例のひとつとしてのことに過ぎない。彼によれば、規律社会においては、労働が「工場」という閉じた空間（「線分」）でのそれに限定されたものとしてあり、賃金も基本給を主軸としたものであったがゆえに、労働力は個々の工場での賃上げ闘争といったかたちで団結できたが、制御社会においては、「企業」という開かれた装置（「直線」）によって老若男女すべての人の活動が労働として捕獲され、賃金の主軸もまた（支払われる人については）能力給へと移され労働者間に競争が導入されるため、労働力は分散し団結不能のものとなる（この意味でも「人民が欠けている」）。ドゥルーズのこうした議論にネグリは「悲観的な色調」を見ずにはいられない。ネグリからすれば、線分社会から直線社会への移行は、線分状の労働力（プロレタリア）の直線状のそれ（マルチチュード）への自己成長が原因となって生じた切断以外の何ものでもなく、だからこそまた、直線化した労働力は団結不能であるどころかむしろ正反対に、社会全体をおのれの価値増殖過程に包摂し個体間に競争を強いる資本という共通の敵を前に、少なくとも潜在的にはつねにすでに団結したものとしてあるのだ。

社会変容の「主体」に労働力を据えるこのマルクス主義は必然的にレーニン主義を導く。より精確には、連続的に成長する労働力を断続的に発展する歴史の主体に位置づけるという振る舞いそれ自体がすでにレーニンのマルクス読解を反復するものであり、ネグリにおいてはマルクス主義のただなかですでにレーニン主義が始まっている。労働力はたんなる「搾取の対象」などではなく何よりまず「力の主体」である——ネグリにそう告げるマルクスはすでにレーニンにほかならないのだ。労働力が「力の主体」であるとは、生産の主体である労働力が経済闘争の主体へと、次いで政治闘争の主体へと連続的かつ累乗的に自己成長するということだ。ただし、ネグリの読むレーニンにとって、生産主体から経済闘争主体への成長はいっさいの媒介なしに労働力の自発性のみによって実現されるが、経済闘争主体から政治闘争主体への成長はこの同じ自発性の「組織化」なしには実現され得ない（『戦略の工場』作品社）。ここでもまたネグリとドゥルーズとの奇妙な交差を指摘し得る。歴史展開の原因を我々には与り知れぬもの（運命）とみなすドゥルーズは、まさにそれゆえに、それでもなお歴史を自分のものとする（歴史の「準原因」になる）ために歴史をそっくりそのままおのれの名において再演するという操作に「政治」を見出す。ネグリにおける「組織化」もドゥルーズが「マイム」「対抗実現」などと呼ぶこの二重化操作に似たものだ。労働力の自発性を組織化するとは、経済闘争において確認される労働力の自発性を労働力自身に再演させるということ、歴史のなかでつねにすでにその過剰として実現されている労働力の主体性を歴史に反して労働力自身に実現し直させるということであり、また、まさにこの意味でこそ、今日の革命は帝国の存在論的土台としてのマルチチュードが帝国に反しておのれ自身を対抗実現することにあるとされるのだ。ドゥルーズにとっての「倒錯」の技法はレーニン主義者ネグリにあってはそっくりそのまま「転覆」の技法なのである。

現代スペインのボリシェヴィキ

怒れる者たち／Podemos

2015. 1

二〇一五年一月二五日に予定されているギリシャ議会総選挙では二〇〇四年に結成され現在第二党の左派政党ΣΥΡΙΖΑ/SYRIZA（急進左派連合）が勝利し第一党になると言われている。また、一四年一月の創設以来ΣΥΡΙΖΑと比較されることが多く、実際同党と密接な交流のあるスペインの左派政党Podemosも昨年一一月に日刊紙*El País*が行った世論調査では二大政党（社会労働党と国民党）を上回る支持率を記録した。

ネオリベラル的グローバル化に対して世界中で多くの人が抗議の声をあげ始め、サミットやWTO会議のたびに大規模なデモが行われ、また、社会フォーラムなども頻繁に開催されるようになった九〇年代末から今日までのこの約一五年間、ヨーロッパでは新たな左派政党の創設と躍進が続いている。右に挙げた二党以外にも、九九年にはポルトガルで左翼ブロック（Bloco de Esquerda）

が、〇七年にはドイツで左翼党（Die Linke）が、〇九年にはフランスで反資本主義新党（NPA）や左翼党（Parti de Gauche）がそれぞれ結成され、いずれも国や地方、欧州で議席を得てきた。

これらの政党のうちでもやはり最も興味深いのはPodemosだろう。他の政党が既存の左派政党の連合や再編成を通じて創設されたものであるのに対しPodemosは運動の隆盛を前にしていわばゼロから立ち上げられたものだからだ。

スペインでは二〇一一年から今日に至るまで四年以上ものあいだ「15M」あるいは「怒れる者たち（indignados）の運動」と総称される運動（デモ、ストライキ、空間占拠、住民評議会など）がずっと継続されている。二大政党と金融機関とに対する抗議（「我々は政治家と銀行家の手中におかれた商品ではない」）を軸に展開されるこの運動は一一年五月に始まった。五月一五日（15 de Mayo）、「真の民主主義をいま！」（¡Democracia real ya!）というスローガンのもとスペイン全土で大規模なデモが行われたのだが、この抗議行動がその日以降もマドリッドのプエルタ・デル・ソルをはじめとした各都市での広場占拠、無数の住民評議会の誕生、さらなるデモやストライキといったかたちで継続されたのだ。

Podemosは彼ら「怒れる者たち」の党として創設された。昨年一月、「駒を進めよ、怒りを政治変革に変えよう」（Mover ficha : convertir la indignación en cambio político）と題されたマニフェストがオンライン新聞Públicoに掲載される。知識人や文化人、ジャーナリストなど三〇余名によって署名されたこの文書はそのタイトルにある通り、15Mにおいて表現されてきた「怒り」を代表制政治での変革の力に変えようと呼びかけるものであり、具体的には、同年五月に予定されていた

プエルタ・デル・ソル広場（2011年５月15日）
photo: Ziarul National (www.enational.ro/)

欧州議会選挙のための立候補者名簿作成を呼びかけるものだった。この文書に基づいて創設された Podemos は、三五歳の政治学者パブロ・イグレシアス・トゥリオン（Pablo Iglesias Turrión）を党首に指名し、三〇〇ある「サークル」（círculos）での議論によって政策と立候補者名簿とを決定した上で欧州議会選挙に臨み五議席を獲得、スペインで第四の勢力となった。

Podemos のこの短期間での成功の理由として誰もが第一に挙げるのは党首イグレシアスのマスメディアとりわけテレビへの積極的な露出であり、また、そこでの彼の抜群のパフォーマンス、そしてそれゆえに彼が勝ち得た極めて高い人気である。イグレシアスは文字通りの「お茶の間のスター」となり、テレビでの彼の好感度の高さがそっくりそのまま Podemos の支持率に転じたのだ。

Podemos 創設についてはしかし 15M 側からの批判が絶えない。また、イグレシアスひとりを「党の顔」として前面に押し出す戦略については党内部からも批判がある。これら二つの批判は同種のものだと言っていい。表象＝代表に対する（六八年以来お馴染みの）批判だ。そもそも 15 Mは、世界中で展開される同時代の他のすべての民衆運動と同様に、表象＝代表の拒否をその主たるモチーフのひとつとする運動であり、実際、15 M のよく知られたスローガンには「奴らは我々を代表していない」（No nos representan）というものもあった。もちろんこのスローガンは「あれらの人々は我々を代表していないが、別の人々であれば我々を代表できるかもしれない」といった意味でも理解可能だが、15 Mを現代の運動にしていたのはやはりこのスローガンを「奴らが我々を代表していないのは、誰かが別の誰かを代表することそれ自体がそもそも不可能だからだ」という意味で唱えていたからにほかならない。この観点からすれば、15 M から Podemos の存在それ自体に対する批判が出るのも、イグレシアス一極集中型のスペクタクル戦略に対してPodemos内部から批判が出るのも至極当然だと言える。そこに構築されているのは、Podemosが15Mを代表しイグレシアスがPodemosを代表するというシステム、より突き詰めて言えば、イグレシアスがひとりで「怒れる者たち」全員を代表するというシステムなのだから。

イグレシアスをはじめとした党の中核メンバーが表象＝代表をめぐる以上のような議論を理解していないとは考えられない。彼らの多くは九〇年代末からの反ネオリベラリズム運動に参加しそれと同時に政治哲学や政治思想を学び、そうした実践と理論の蓄積を携えて15Mで活動してきた者たちだ。彼らは表象＝代表の本来的な不可能性を踏まえた上で「党」というものを表象＝代表とは別次元で構想しているのである。一方で、誰も別の誰かを代表したり代弁したりすることなどできないということを認めつつ、他方で、代表制政治（国家）が現に存在する以上、真の社会変革はそこでの権力奪取なしにはあり得ない（運動だけでは不十分）という立場をとる。ここから帰結するのは、代表不可能なものをそれとして代表制政治のただなかに持ち込み権力奪取にまで至らせなければならないということである。もし彼らがそのための装置としてPodemosを位置づけているのだとすれば、これはまさにレーニン主義の現代における実践であり、レーニンの考えた「党」そのものではないか。Podemosが15Mと結ぼうとしている関係はボリシェヴィキがソヴィエトと結んだそれを思わせる。

Podemos結党直後の演説でイグレシアスは、実際、自分をレーニンに準《なぞら》えている。彼は、自分たちにとって正しいことを大多数には難解なラディカルな言葉遣いで語っている限り敵を安心させることにしかならない、誰にでもわかる言葉で話し多くの人を集めるときにこそ敵は自分たちを怖れるようになるといった話をした上で、ロシア革命のときレーニンが人々にどのような言葉で語ったのかを次のように紹介する。

「兵士や農民、労働者といった人々に彼はとても単純なことを語りました。〝パンと平和〟だと言ったのです。戦争が終わりほとんどの人は食べる物がなく飢えていた。多くの人はたとえば〝左翼〟や〝右翼〟といったことが何を意味するのかはまったく知りませんでしたが、自分たちが腹を空かしていることはよく知っていました。だからこそ彼らは〝この禿げ男はなんかいいことを言っているぞ〟と思ったわけです。レーニンがロシア人たちに言ったのは〝弁証法的唯物論〟などといったことではなく〝パンと平和〟だった。これが二〇世紀のひとつの重要な教訓なのです」

「新開発主義」とは何か

ラテンアメリカ／進歩派政権／新採掘主義

2015. 3

ベネスエラのチャベス政権やブラジルのルラ政権など、ラテンアメリカで進歩派政権が登場するようになってすでに一五年が過ぎた。昨年末、ブラジル、ボリビア、ウルグアイで大統領選が行われたが、そこでもまたジルマ・ルセフ（ルラの後継者）、エボ・モラレス、タバレ・バスケス（ホセ・ムヒカの前任者）がそれぞれ再選され進歩派は新たな信任を得た。しかし彼らは何を以て「進歩派」（progresistas）なのか。

周知の通り、ラテンアメリカ諸国は九〇年代、「ワシントン・コンセンサス」と称される構造調整諸措置の厳格な適用によるネオリベラリズムの時代を経験した。ＩＭＦ（国際通貨基金）や世界銀行の処方通りに実行されたネオリベラル政策（国営企業の民営化、貿易の自由化、社会保障の縮小など）に抗する大規模な民衆闘争が九〇年代後半から各地で見られるようになり、その力に押されて二〇〇〇年代、各国で誕生することになったのが進歩派政権だった。彼らに民衆が期待し彼らが民衆に約束したのは、したがって、何よりもまずネオリベラリズムからの脱却であり、それに代わる新たな経済モデルの創出だった。

進歩派諸政権が実現に着手しつつあった経済モデルについては経済学者たちのあいだでもその理論化が同時に試みられ、ブラジル人経済学者で大臣経験もあるルイス＝カルロス・ブレッセル＝ペレイラが〇七年に論文「新たな開発主義における国家と市場」を発表したのを契機に、そうしたモデルは「新開発主義」（neodesarrollismo）と呼ばれるのが通例となった。

新開発主義とは何か。この語は「開発主義」という既存の語を踏まえたもので、開発主義とは一九四〇年代から八〇年代までラテンアメリカ諸国で採られた経済戦略のことだ。大恐慌により輸入力を半減させた各国は三〇年代から「輸入代替工業化」（中心諸国から輸入していた産品の国内生産への切り替え）を進めていくことになるが、四〇年代後半に国連内に創設されたラテンアメリカ経済委員会（CEPAL）での理論化と提案とを経て、この工業化過程は各国において国家主導で推進されるべき開発プロジェクトとして位置づけられることになる。軽工業から重工業への移行を加速させることで労働者大衆を創出し、賃金のかたちで国民への富の分配を行いつつ、国内資本の拡大再生産を進めていく。労働者大衆として均質化される過程を通じて国民がその団結を強めつつ、国内資本および国家とともに同盟を形成する。国民／国家／資本の階級間同盟に基づくフォーディズム体制の確立による脱「低開発」。ポピュリズム期（ブラジルのヴァルガス政権、アルゼンチンのペロン政権、メキシコのカルデナス政権など）から軍事独裁期にかけてラテンアメリカメリカの多くの国で試みられた開発主義とはおよそ以上のようなものだった（ただし「従属的開発」「開発独裁」などとも呼ばれポピュリズム時代のそれと区別されることの多い軍事独裁下での開発主義においては事実上、同盟は国家／資本の二者間のそれであり、労働者大衆を抑圧することで維持された。他方でまた国内資本は米国をはじめとした中心諸国を出自とする超国籍資本との同盟関係にもあり、九〇年代のネオリベラリズムの基礎となる国家／超国籍資本の同盟を準備するものでもあった）。

進歩派諸政権によって今日進められつつある経済戦略について多くの論者がそれを「新開発主義」と呼ぶことに同意するのは、当然ながら、以上に概観した従来の開発主義を想起させる点がそこに見出せるからだ。最も簡潔に言えば、ネオリベラリズム時代に解体された国民／国家／国内資本の同盟を国家の発意の下で再確立しようとする点だ。とりわけ国民／国家の再結合については実際、ポピュリズムの再来ともみなし得る現象が見られる（たとえばアルゼンチンでは夫ネストルに続いて妻クリスティナが大統領に就任したキルシネル夫妻にペロン夫妻の姿を投影する傾向がある）。しかし新開発主義と従来の開発主義との類似性はそこまでにとどまる。輸入代替工業化に立脚していた開発主義とは反対に、新開発主義は輸入代替ではなく輸出に、工業化ではなく農業や天然資源開発にその基盤を求める。要するに、新開発主義は今日の世界分業体制に対応した戦略として（とりわけ中国との関係が重要である）、農産物と天然資源の輸出を国家主導の下で計画的に加速させていくことに存したものなのだ。

もちろん従来の開発主義においても農産物や天然資源の輸出は蔑ろにされていたわけではないが、それはあくまでも工業化推進のための資金源として二次的に位置づけられるにとどまっていた。これに対して新開発主義では農業や天然資源開発、その生産物の輸出はそれ自体で開発の主軸となる。進歩派の経済政策について「新採掘主義」(neoextractivismo)が語られ、論者によってはこれと「新開発主義」とを区別しないのはここに理由がある。天然エネルギー資源や天然鉱物の巨大採掘、小麦や大豆などの超大規模単一栽培などの推進は、今日のラテンアメリカ諸国において、貧困と闘い社会的諸政策を実現していくための主たる資金源の創出と位置づけらているのだ。各国の進歩派政権が試みている炭化水素資源やその関連企業の国有化はこの文脈で理解されるべきものだ(最近の例ではアルゼンチンの石油会社YPFの再国有化)。

従来の開発主義と新開発主義との比較を通じ指摘しておきたい点が二つある。ひとつは富の分配をめぐる点だ。従来の開発主義においては国民の総労働者大衆化が目指され、国民への富の分配はあくまでも賃金というかたちで構想されていたが、新開発主義では労働を介さない富の分配、農産物や天然資源の輸出によって生じる所得を国家が吸い上げそのまま国民に再分配することが構想されている(これを「資源ナショナリズム」と呼ぶ論者もいる)。つまり、賃金からレント(不労所得)への転換が図られているのだ。産業資本から金融資本へと資本主義の主軸が移され主たる所得形態がレントとなり賃金もその派生物となりつつある中心諸国(アベノミクス下の日本も含む)における今日的変化と、周辺諸国における以上のような所得分配のレント化とのあいだにどのような関係を批判的に見出すか——我々が今日問うべきはこの問題だろう(その際に重要なのはレントが未来の労働につねに依存するという点だ)。

もうひとつは先住民をめぐる点だ。従来の開発主義においては先住民も国民総労働者大衆化の過程のなかで均質化の対象とされていたが、新開発主義においても「国民」の名の下で先住諸民族に対しあからさまな抑圧がある。ウマラ政権（ペルー）のガス田開発計画、モラレス政権（ボリビア）の鉱山開発計画とそのための道路整備、コレア政権（エクアドル）の油田開発計画などはいずれも先住民居住地区を対象としており、強制移住や環境破壊をめぐり先住民共同体の強い抵抗に直面している。〇九年の新憲法制定で「共和国」から「多民族国家」(estado plurinacional)となったボリビアが典型的だが、進歩派政権とはいえ言動の乖離は大きく、今日の新たな開発モデルもなお共和政的なものにとどまり多民族主義との両立可能性は見出されていない。

「そして沈黙は恐ろしい」

ブレッソン『やさしい女』／ドイツ旅客機墜落事故

2015. 4

フランス人映画監督ロベール・ブレッソンが一九六九年に撮った作品『やさしい女』のデジタル・リマスター版がこの四月から東京で公開されている（全国で順次公開される予定）。一八七六年発表のドストエフスキーの短編小説（「柔和な女――幻想的な物語――」『作家の日記』収録）を原作とし、舞台を一九世紀サンクトペテルスブルクから一九六〇年代パリに移して撮られた作品だ。

妻の自殺が冒頭におかれそこから回顧的に夫の語りを通じて夫婦の暮らしが辿り直されるという構成は原作と同じだが、主題上に大きな変更があるとブレッソンは言う。六九年公開当時のインタヴューでブレッソンは次のように述べている。「ドストエフスキーにおいて主題の背景をなしているのは自殺した若妻の死体を前にして自己を正当化しようとする夫が抱く責任感であり、彼を苦しめる罪悪感ですが、私の作品で主題の背景をなすのは無言のその死体を前にして夫がもつ疑い、不確かさの感覚です。彼女は私を愛したのか、彼女は私を裏切ったのか、私が彼女を愛していたことを彼女は理解したのか……」。

疑い、不確かさ。他者に対するこの感覚を説明するのにブレッソンは「闇」(Ténèbres)と題されたポール・クローデルの有名な詩(一九一五年発表)のその冒頭を飾る次のような一節を引いている――「私はこちらにおり、もうひとりはあちらにいる、そして沈黙は恐ろしい」。しかしこの一節は、現在盛んに報道されているまるきり別の出来事を我々に思い起こさせもしないか。

言うまでもない、三月二四日にフランス・アルプスで起きたドイツ旅客機墜落事故のことだ。クローデルの一節は、エアバス機に応答を求め続けた管制官のそれ、あるいは、副操縦士によって操縦室から閉め出された機長のそれであるようにも聞こえるし、また、副操縦士がひとり操縦室に閉じこもっていたことを報道によって知らされた世界中の多くの人のそれであるとも言えるかもしれない。クローデルの詩には次のようにもある。「私は苦しんでおり、もうひとりも苦しんでいる、そしていかなる道も彼女と私とのあいだにはなく、もうひとりから私へと差し延べられるいかなる言葉もいかなる手もない」。共有されて存在するのは伝達不可能なあの闇夜だけだ」。

閉ざされた操縦室、その内で墜落の瞬間に至るまで「無言のまま乱れなく呼吸していた」とされる副操縦士、彼の心あるいは内面――それらがまさしく「闇」として出現した出来事。今回の事故は何よりもまずそうしたものとして報じられた。極東の地での『やさしい女』のリバイバル公開を予告した?「やさしい男」としてのアンドレアス・ルビッツ? しかしそう断言するのを我々に大いに躊躇《ためら》わせる事態も進行した。

今回の事故について何よりも驚かされるのは、フランスとドイツ両国の司法当局によって進められた原因究明の迅速さだ。コクピットボイスレコーダーは事故当日に回収され、翌日にはその録音内容の大筋がリークされ「ニューヨーク・タイムズ」紙上で報じられる。次いで二六日には、マルセーユ検察が会見し解析結果が公表される（機長や管制官への無応答も、機体降下もすべて意図的になされた云々）。これを受けてデュッセルドルフ検察は副操縦士にいかなるテロリスト的傾向もなかったことを確認しつつ、家宅捜索を行い、その自宅に乗務不可診断書が破かれた状態(!?)で残されていたことなどを二七日に発表する。同時にまたマスコミによる元恋人などに対する取材も進められ、副操縦士が失恋に傷つき、労働条件に不満を感じ、精神不安定や視力低下に悩んでいたこと、加えてまた、墜落現場近辺を訪れたことがあり、「いつかシステムを大きく変えることをする。ぼくの名は知られることになり記憶されることになる」と述べていたことなども明らかにされる。こうして事故の一週間後にはすでに「原因」はそのすべてが詳らかになったかの様相を呈するに至った（ルビッツは「ルフトハンザ」の「長距離路線」の「機長」になることを夢見ていたがその実現を悲観して乗客乗員を巻き添えに自殺した云々）。

ブラックボックスが解析されるためにあるのと同様に「闇」もまたあくまでも解明されるべきものとして語られる。確かに「沈黙は恐ろしい」が、その恐ろしさはあくまでも直ちに解消されるべきものとして扱われる。そしてこれこそが今回の事故を『やさしい女』から無限に遠く隔てるのだ。「闇」や「沈黙」をその恐ろしさ、不確かさのままに創出し肯定するために原作に加え

『やさしい女』デジタル・リマスター版
全国順次公開中（2015年 5 月現在）
©Parc-Film Marianne Productions

たもうひとつの変更についてブレッソンは次のように語っている。「夫婦間の年齢差を削除しました〔…〕。自殺を説明しませんし、あるいはむしろ説明し過ぎるからです。いずれにせよ下手な口実でしかありません。意思疎通の不可能性は年齢差なしに存在するのです」。

二〇一三年刊行の『露出せよ、と現代文明は言う』で精神分析学者・立木康介は、一般に「心の時代」と呼ばれもする現代を、「心の闇」のすべてが露出へと導かれる時代、隈無く照らし出され解明された「心」が「闇」にとって代わる時代だと診断している。「心の闇」という表現が本来、ひとは自分の心の主人公にはなれない、自分の心は自分の思うがままに操れるものではないということを含意しているのだとすれば、その闇を白日の下に曝し消滅させるという今日的傾向は、心というもの全般を、人間が自分の思い通りに操作し支配できる次元に引き上げてしまうことにほかならないだろう。そしてそれは、立木に従えば、心を「身体」(「生物学的身体」とは区別される「エロース的身体」)から切り離すということでもある。「何をしでかすか誰にもわからない」とスピノザが述べた我々の身体こそまさに「心の闇」の源泉だからだ。身体の様々な箇所でそれぞれ個別的かつ局所的に生じる欲動(部分欲動)のなす群れはどこまでもアナーキーなものであり、何らかの特権的一点(たとえば「ルフトハンザ長距離路線機長になる」という目的)の下でひとつの包括的「全体」に統合されることなどけっしてない。あるいは、より厳密には、そうした「全体」らしきものが現に確認されるとしても、それは部分欲動たちの雑多なざわめきがその傍らにたまたま生じさせる「偶有的な効果」(一種の剰余価値)に過ぎず、それを以て部分欲動たちのざわめき自体(「原因」)を説明することはけっしてできない。「闇」を形成するのは部分欲動たちの演じる「複雑なドラマツルギー」のこの非統合性なのだ。

ドストエフスキーの原作では、妻の死体を前に無数の「細かな点」が「支離滅裂に」想起され続けるなかでなお主人公は「自分の考えを一点に集中させる」ことで妻の自殺を「自分に納得させよう」とし、最終的にはこれに成功する。反対にブレッソンは「一点」へのこの集中から「細かな点」たちを再び解き放ち、いっさいの「納得」の外で、まったき「闇」においてそれらを肯定する。身体を力溢れるその不確かな沈黙において取り戻されなければならない――これが我々現代人にブレッソンの教える「生政治」なのだ。

III

「暴力が支配するところ、
暴力だけが助けとなる。」

鼎談

ライフ・イズ・ア・スキャンダル

――レント資本主義に対する階級闘争

中山智香子
平井 玄
廣瀬 純
聞き手＝大和田清香
（ピープルズ・プラン研究所事務局）

2014. 12

失われた闘争の「現場」

平井――まずは、キャバクラユニオンの争議の様子を実際に映像で観てもらったわけですが、どんな感想を持ちました？

廣瀬――当然だな、当たり前のことが起きているなって。

平井――当然なんですけど、ここで注意してもらいたいのは、当然なはずの争議が起こらないのが日本であって。労働組合というのが今やもう、何の争議も――もちろんストライキもやらない。せいぜい会社との定期的な、ルーティン化した交渉。それ以上はたとえば、労働基準監督署に訴える、裁判を起こすというようなかたちになるんですね。

決定的に失われたのは、「現場闘争」です。労働している現場において、その経営者の責任を追及し、きちんとした対応をさせるということ。これが完全に失われてしまった。最後にそれが行わ

新橋の未払いのキャバクラへの争議通告（2015年 3 月15日）
写真提供：フリーター労組・キャバクラユニオン

れたのが、八〇年代くらいの山谷とか釜ヶ崎の寄せ場です。そこには毎日違う現場に行くっていう、ぼくらフリーターがいま体験している状況の原型みたいなものがあるから、現場でやらざるをえない。企業に行っても、「そんなの下請けがやっているんだから、知らないよ」って言われる。だからいま働いている、工事現場とか、飯場に行く。そのスタイルが、建設現場じゃなくて、この映像ではふつうに町の中で――繁華街のど真ん中で行われている。たしかに「当然」なんだけど、当然なことをやっている数少ない現場であると指摘しておきたい。

中山――キャバクラユニオンの存在自体、それまで本当に困ったときに駆け込めるところがなかった人たちのためにあって、意義深いですよね。いわゆる「労使の闘争」の重要な争点のひとつは賃上げだけれど、いまの安倍政権も日銀の黒田さんも、企業に直接賃上げを要請する。それでちょっとでも上がったら、「よかったじゃないか、シャンシャン♪」となってしまっているから。「労組」の本来の存在意義は、駆け込み寺的な部分でしょう。現場で働く人たちにとって、こういうものがあると伝わってきているのは、救いだと思います。

それから、映像を観ていて印象的だったのは、お客さん（笑）。キャバクラにいた客が店側の味方をして「営業妨害だよ」と怒鳴る。客にとっては、その場は言ってみれば、お金を払っている「市場」なわけです。そこで「市場」がちゃんと機能してくれるように、邪魔する者があったら、客が大声で怒鳴りつけて追い払おうとする。「これ、まさに『経済ジェノサイド』現場?」と思いました（笑）。

中山智香子（なかやま・ちかこ）
東京外国語大学大学院教授（現代経済思想、社会思想史）。著書に『経済ジェノサイド』（平凡社）、『経済戦争の理論』（勁草書房）など。

「経済ジェノサイド」は拙著の題名ですが、「市場」は人を幸せにするとか豊かにするとか言うけれど、よく見たら人を苦しめていたり、死にそうなほどギリギリのところまで追い込んでいったりするという話です。本で書いた事例は、チリのピノチェトのような独裁者のいた軍事政権下という特殊な状況で、民が貶められたり追い込まれたりしていった話ですが、そういう特殊ケースだけではなく、ふつうに「平和」で「民主主義」の日本（笑）でも、「経済ジェノサイド」が進行している。担い手も、とくに極悪非道な人がやっているわけではなくて、客がその一端を担っているということを、あらためて感じました。

もうひとつ印象的だったのは、「俺たち金払ってんだからよ」という言葉です。お金を払えば何をしてもいいという感じがひどい。もちろん、お金を払ったら相応するサーヴィスを受け取るのは権利ですが、払えば自分がその空間で何でもしていいという、そんな白紙委任みたいな話じゃないわけですよね。

ところが、フリーター労組へのインタビューにも「差別」が商品とあったとおり、お酒を飲みに来るとか、お姉さんたちに優しくしてもらいに来るとかじゃなく、そこで働く人たちに向かって、「お前たちは俺たちよりもっと下だぞ」と言いに来ている。人間の汚く卑しい部分が、市場の中でむき出しになってしまっていて、市場化のなれの果てというか、本当に日本は相当に壊れてるな、と感じました。

廣瀬――お客さんについて言えば、「えー、○○ちゃんの給料、ぜんぜん支払われてないの!? よくないよ〜」って、働いている人たちの側に立つっていうのもあり得たと思う。それこそ「お金払って」わざわざ会いに行ってるんだから、好きとか気に入ってるとか、そういう感情もきっとどっかにあるはずだし。なのに、どういうわけか、お店の側に立っちゃう。

しかしこれは中山さんが『経済ジェノサイド』で書かれていたことに直結する話でもあると思う。あの本で中山さんが繰り返し強調していたのは、「ネオリベラリズム」がいまこうしてあるのは、ある種のヘゲモニー闘争の結果だってこと。中山さんは、ここにもフリードマンが来たよ、あそこにも来たよって、話を展開させていく。スーザン・ジョージなんかもずっと言ってきたことだけど、ネオリベラリズムは資本主義の自然な発展の結果でもなんでもなく、ミルトン・フリードマンっていう具体的な個人がディスクール空間内で展開したヘゲモニー闘争がまず初めにあって、あくまでもその闘争の結果として、あたかも資本主義の自然な発展の結果であるかのように、あるい

平井玄（ひらい・げん）
批評家。音楽・思想・文学など幅広い領域を独自の資格で論じる。著書に『惑星的思考』（平凡社）、『愛と憎しみの新宿』（ちくま新書）など。

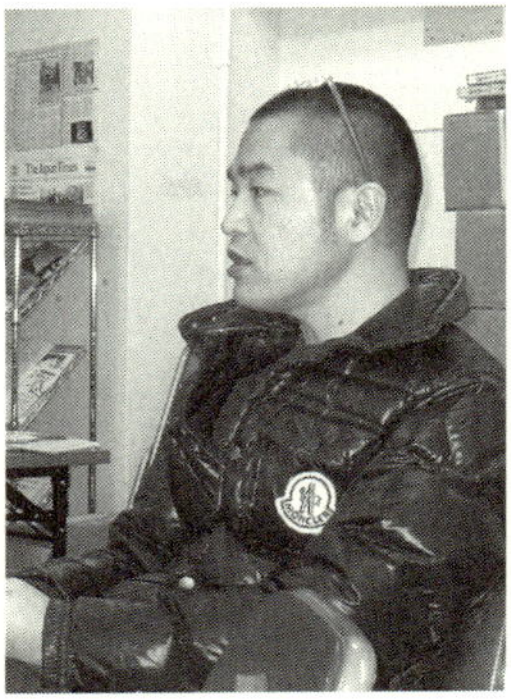

廣瀬純（ひろせ・じゅん）
巻末の著者略歴参照。

は、あたかも人類にはそれしか選択肢がないかのように（マーガレット・サッチャーの有名なＴＩＮＡ＝There is no alternative）導入されていったというのが、中山さんがあの本で強調されていたことじゃないかって思います。

ヘゲモニー闘争で重要なのは、資本側の人たちで「そうだね」ってうなずき合ってるだけじゃなくて、社会全体をまるごと囲い込む、覆い尽くすってこと。ネオリベラル派がしつこく、ありがたや～って感じで続けてる世界経済フォーラムとかっていうダボスでの毎年の会議も、全地球的な人類のコミュニケイション・ネットワークのなかでヘゲモニーを維持していくためのひとつのチャンネルっていうかね。それに反対する人たちも別のフォーラムをやっているわけだけど。そういう「イデオロギー」に、キャバクラのお客さんもまさに「自然に」捕獲されてるっていうことなのかも。

中山――ものすごいポジティヴ・イメージをふりまきますからね。世界経済フォーラムでも、気鋭の若手起業家が数多く集まるとか、グローバル化すると世界じゅうのいろいろなものがこんなに手に入るとか、「交流もできるよね！　楽しいよね！　明るいよね！」と。私などは、それだけでうんざりしちゃいますけど。そうするとみんな、自分もその言説空間を知って入っていったら、そっちのクラス（階級）に入れる！　と思うということですよね。

廣瀬――布教っていうか、福音っていうか。

中山――ディスクールのレベルで言えば、使ってみれば自分のものであるし、勝ち組と負け組のどちらにのりたいかと言えば、やはりみんな勝ち組のほうにのりたいと思うような仕組みをつくっている。これは本当にわかりやすい。

廣瀬――実際、貧者になるか富者になるかっていう分割が、今日では、「偶然の産物」のようなものになってきてる。大学教員でも、なんでぼくが専任であの人が非常勤なのか、はっきり言ってまったくわからない。大学教員の場合、ひょっとするとちょっとした「例外」としてずっと前からそういうタイプの職業だったのかもしれないけど、それがいまではすべての分野に広がりつつある。数年前に赤木智弘が「希望は戦争」って言って話題になったけど、これはもちろん本当の戦争である必要は必ずしもなくて、要は戦争級のガラガラポン、骰子の投げ直しですよね。それがあれば、今度はあの人が専任でぼくが非常勤かもしれませんと。

だから富者も、ひょっとすると自分は別のガラガラポンでは貧者だったかもしれないという考えがふと頭をよぎって不安になったりするし、逆に貧者のほうも、ひょっとすると別のガラガラポンでは富者だったかもしれない、富者だったに違いないと思えるような部分があって、人によってはそれがちょっとした心の支えになったりする場合がある。だから貧者なのにアベノミクスを支持してみたり、株価が上がって喜んじゃったり。

円安で牛丼の価格が上がって喜ぶとか、消費税率が上がって喜ぶとか、雇用規制緩和で自分の所得が下がって喜ぶとか、生活保護支給額が下がって喜ぶとか、そんな貧者が本当にいるのかどうかわかんないですけど、少なくともネオリベラル派のほうは、そのぐらいのことは、当たり前のように狙っていると思いますよ。竹中平蔵の顔を思い出してみてください。

平井――だけど新自由主義の賞味期限は、そうとう切れてきたんじゃないですか?

だってそういう期待を抱かせてもう一〇年とか二〇年とか経つけど、やっぱり駄目だ、あれは嘘だったってだいたいバレつつあるわけで。あのお客さんたちの、あの感情っていうのは、やっぱり余裕がある人間の感情じゃないですよ。自分より下のやつら痛めつけたいだけみたいな――かつての遊郭くらいから始まっている性産業の、どこかにはあった「癒し」空間的な要素さえ完全になくて、ただただセクハラといじめのために行くみたいなね。対価払ってるんだからお前らこういうふうにしろと、邪魔する奴は排除するっていう、むき出しの感情。あれはだいぶ新自由主義のネタが切れてきたな、という感じを受けるけどね。

廣瀬——お客さんについてはそう見ることもできるかもしれませんね。実際、アベノミクスでトリクルダウンがどうのこうのって話なんか、ほんとのところ、もう誰も信じていないわけですから。でも、ネタが切れてきたからこそいっそう、権力のほうはディスクール戦略を強化していかなきゃいけない。

産業資本主義が機能しなくなった世界

廣瀬——ぼくが安倍晋三について面白いなって思っているのは、経済的にはネオリベラルなのに、同時に言説レヴェルでは右翼、ナショナリストでもあるってとこです。これはどういう組み合わせなのかな、と思うんですよ。彼の右翼的側面だけを取り上げて叩く人たちがけっこういるような気がするけど、反対はしないけど、どこまで意味があんのかなって正直少し思っちゃう。政治の大部分はいまや経済になりました、でもぼくちゃんは右翼ってとこでちゃんと「政治」やってますよ、っていうのが安倍の戦略のひとつでもあるわけでしょ（ヨーロッパ諸国の極右政党なんかによく見られる戦略です）。やっぱり、組み合わせで考えないとダメなんじゃないかなって思うんです。そもそも安倍は、右翼であるかどうかすら疑わしい。原発再稼働とか、解釈改憲とか、彼の政権がやろうとしてることってどれもこれも明仁に背く感じで、相当「不敬」なわけで、鈴木邦男のみならず小林よしのりだって不信感を抱いている。そんな不敬な男でも他方で何が何でも右翼のふりをしていないといけないのはいったいなぜなのか。

まず言えるのは産業資本主義時代はよかったと

いうことです。産業資本主義は、労働者が生きていてなんぼ。労働者を工場に集めてみんなで生産させる。協業だと労働力のたんなる総和以上の力になって、剰余価値が生産される。その価値を体化した生産物を商品として売り、それを労働者たちに買い戻してもらう。そうやって剰余価値を実現することで資本は自分の取り分を確保する。これをぐるぐる回しましょう、というのが産業資本主義だった。産業資本の価値増殖には労働者が二度も必要で、彼らには生きていてもらわないと絶対に困るわけです。

だから労働者のほうも正直、あんまり文句がない。労働者が一日働いた後、あたかも今日働かなかったかのように元気、明朝も今朝と同じくらい元気っていうことが重要で、そうなるのに十分な賃金が支払われるからです。資本にとっても、個々の労働者との労働力売買が等価交換であることに意味があった。工場で費やした力をまるまるリカヴァーできる分の賃金を労働者にちゃんと払うってことが、資本にとっても重要だった。

でも、それだけじゃない。労働者が毎日元気に生きているってだけじゃなくて、生きるのに必要なもののほかにさらに新たなものを買ってもらうっていうのも、産業資本にとっては重要なことです。だから、できるだけたくさん賃金を払うってこともまた、資本それ自身にとって重要なことだった。

ところがこの産業資本主義が立ちいかなくなった。なぜか。テレビや冷蔵庫、パソコンや携帯電話、だいたいの物がみんなにいきわたってしまい、誰も何も欲しがらなくなってしまったからです。そうなると、資本の側からすると、まず、これまでのようにできるだけ多くの賃金を払い続けるなんてことにはまるで意味がなくなってしまう。購買意欲がないのに購買力だけ維持してやっても何の意味もない。でも、それだけじゃない。購買がないのなら、生産のほうも、もうこれまで通り維持していても仕方がない。生産力としての労働力、労働者たちの毎日の元気も、もうこれまで通り維持していても資本にとっては何の意味もない。購買意欲に溢れた人たちがもう国内にいないんなら、世界の別のどっかに行こうかってことになる。工場の国外移転っていうのは、たんに「安価な労働力を求めて」といったことじゃないわけです。まだ、テレビをもってない人がいる、スマホをもっていない人がいる、そんな地域に工場を建てて、みんなに給料を払って、自分たちで作ったものを自分たちで買い戻させて、そこから生じる剰余価値を吸い上げる。でも、そんなのだって一時的なことですよ。どこの外国だって三年もすれば購買は飽和状態になっちゃう、みんな欲しい物がそろっちゃう。

そんなふうにいま、産業資本主義時代は終わりつつある。資本はどうするのか。とりあえず産業資本の枠組みでは、いままで等価交換だった個々の労働者との労働力売買を積極的に不等価交換にする。要するに、今朝より明朝のほうが疲れている、そのぐらいの給料しかもう払わない。「それでいいですよね?」ってことを、国家が制度化する。それがアベノミクスの「第三の矢」で目指されてることだし、すでにある程度、実現されているることですよね。

産業資本主義時代には、富の分配そのもののなかに、みんなで豊かになるんだっていう一体感、みんなでひとつの「国民経済」を生きてるんだっていう国民的一体感が書き込まれてた。経済のプロセスのただなかに一種のナショナリズムが埋め込まれてた。でも、産業資本主義が立ちいかなくなって、富の分配も、富者から貧者へっていうよりも、貧者から富者へっていう感じに逆転すると、経済のなかではもう分裂ばかりが拡大する一方で、国民的一体感なんてまるでないって状況になる。それでもなお、国家は何が何でも国民分裂を抑えなきゃならない。貧者に叛乱を起こされちゃ絶対に困る。じゃあ国家はどうするか。ひとつは、経済的にはほんとのところいっさい根拠がないのに、無理やり、「みんなで豊かになる」っていう幻想を維持する。安倍が「デフレ脱却」だとか「トリクルダウン」だとかしつこく唱え続けているのはそのためです。もうひとつは、外に無理やり敵を設定する。敵対性は国民の内部じゃなくて、外にあるって言い張る。北朝鮮、韓国、中国……。これが安倍の「政治」ですよね（この「政治」はもちろん対象になる国家の政府と阿吽の呼吸でなされます）。「トリクルダウン」と「北朝鮮」は、だから、本質的には同じもの、どちらもナショナリズム維持のための言説戦略なわけです（解釈改憲とか「北朝鮮」には、もちろん、日本の産業資本において唯一「奇跡的に」未発展のセクターとして残されている軍需産業を本格始動させるっていう目的もあります）。ただし、このナショナリズムは、かつてのように「現実」すなわち経済にいっさい立脚してない、純粋に「想像」的なもの、無理やり言い張るってことだけに立脚したものです。ポスト産業資本主義としてのネオリベラリズムと右翼言説との連動は、そんなふうに捉えられるんじゃないかなって思います。

平井――フリードマンがチリでやったことだって、最初からそうだった。クーデター＋新自由主義で、なんら変わらない。産業資本主義以降のブルジョアジーの内戦に対する処方というのは、そもそもそういう組み合わせしかありえなかったんじゃないですか。

中山――それに関して、最近、廣瀬さんが図書新聞に書かれた原稿（本書巻頭「搾取の終焉、勇気の時代」）で印象深かったのは、国家の機能を社会主義――あるいはかつての社会党――の側が支えるということでした。要するに労働者たちがそこその賃金をもらい、消費者になって消費してくれると、底上げもできるし回ってもいく、それをみんなで支えていくと。表向きには、政党やイデオロギーの対立があるように見えるけれど、実はそうじゃない。分配とか再分配を社会主義が支えており、それが良い悪いではなく、そうやって国家が機能していた、国というのはそういうものだった、と廣瀬さんはおっしゃっているわけですよね。右肩上がりの経済成長の時代には、「みんなで豊かになろうぜ」という多少なりの煽りもあったし、それが可能だった。

この見方からすると、ネオリベラルの路線をとりつつナショナルな言説をふりまくというのは、かつてのような国家のあり方がもはや機能しないにもかかわらず、それでも国家なんだからといって、その理屈だけ、より凝縮した極端なかたちで提示して、人々を引きつけようとするということですね。実質を伴わないけれど、幻想だけをドーピングしてバンバン打っていく。国家の側によってうまく利用されていることは、騙される側も気づいているのに、一縷の望みをかけて、ついていく。もしかしたら安倍ちゃんがやってくれるかもしれないと。

世論調査などをみると、アベノミクスがたぶん無理だと思っている人は多いようです。なのに支持率は上がる。他に選ぶ政党がないからというのは、諦めの境地にも見えますが、「この道しかない」とはずいぶん切羽詰まった物言いで、多くの人々が強迫観念にとりつかれ、不安の裏返しでついていく、そういう事態なのかなと思いながら今、お話をうかがっていました。

産業資本主義がもうダメだというのは、そうだと思いますが、ちょっとだけ付け加えておくと、産業資本の側はおそらく「作らない」とはしないんですよね。それでも作るから、大量に余って大量に捨てる。したがって、産業資本主義のもっぱらの問題は、それが機能しないにもかかわらずモノが作られ、それがごみとして世界中にばらまかれることです。もちろん、あるモノが「ごみ」かどうかの線引きは微妙です。何かが捨てられていても、拾って食べればごみではなくなりますし、リサイクルしたりリユースしたり、また商品化して回すことができればまだいい。しかしそれでもどうにもならないかたちで、捨てることもできないようなごみが世界中に大量に堆積してくるのです。

平井――原発が最たるものですよ。

中山――はい。核廃棄物は日本にも世界にもたくさんありますね。それ以外でも、たとえば世界有数の観光都市のヴェネチアなどでも、ごみが大問題となったような状況があります。これは租税システムが機能しなくなって、ごみ収集という公共サーヴィスが立ちいかなくなった例ですが。ともあれ、大量生産されるものは一定期間で壊れたり捨てられたりするようにつくられていて、その結果生じたごみを、世界のどこかにもっていかなければならない。先進国でもそれ以外でも、産業資本主義の行きつく先が露呈しています。

廣瀬——「作らない」というふうにしない、資本側の理由ってどういうものですか？

中山——さしあたり、巨額の投資をしてしまったから引き返せないとか、サイクルを回していけば雇用が生まれ、雇用する側も食べていけるからということで、本当はもう稼働させず止めたほうがいいものでも、そのフィクションを止めるわけにはいかない、となってしまうようです。

平井——ぼくはニセ金という言い方をしたんだけど、つまり商品の氾濫が、フィクションを維持するための舞台装置みたいなものになってきている。もはや市場価値とか交換価値とかではない。たとえば大竹伸朗のごみアートみたいなのがもてはやされているけど、六〇年代のアートとか、デュシャンが便器を作品にしたようなアート、ああいうものに比べて、迫力がいまひとつないな、何かノスタルジックだなと思っていたのね。でも今の話を聞いて、ごみが見せ金になる時代に突入したのかなと思いますね。

廣瀬——コンピュータについていうと、バーチャルとかよく言われるけど、実際にはバーチャルでも何でもない。バーチャルという言説で隠蔽されている大量のハードの生産。どう考えても壊れるように作ってあるとしか思えない諸製品。枯渇したイノヴェイションの代わりに、同じ製品の三年に一度の買い替えがあるわけです。

マルクスだかシュンペーターだかが言っていたような、ある日荒野に突然二本のレールがバンと敷かれる、そんなゼロからの立ち上がりみたいなイノヴェイション、マーケットの創出はもう無理。だから、再生産レベルで、とにかく同じものを可能な限り早いサイクルで、何度も買ってもらいたい。買い替えたところで、とくによいモノになっているというわけでもない。今って、確かにそういう感じですよね。

トマ・ピケティ『二一世紀の資本』をどう読むか

平井――産業資本主義は終わっていくだろう。でもそれを無理やり終わっていないかのように見せかけるために、いろんなことをやっている。たとえば、ピケティとか水野和夫は、「資本主義の覇権国が何度も辿っている運命だ。モノを生産することで頂点に立っていた覇権国は、金融に行くしかない」と――そのサイクルについての論理の展開の仕方はずいぶん違うんだけど――似たようなことを言っている。はたして、その次のサイクルはあるのか、たぶんないだろうというのがお二人の考えだよね。

廣瀬――アベノミクス以外のオルタナティヴがあるのか、と言えば、そんなものはないですよ。ただし、それは資本主義のためのオルタナティヴの話です。そもそも、ピケティも他の人も言っているけど、産業資本主義時代がほとんど例外。期間としても四〇年とか五〇年とか、せいぜいそんな期間。レーニンを読んだって、彼が資本主義って呼んでいるものは、基本的に金融資本主義ですよ。誰ももう何も新たなモノなど欲しくない今日、もう一回産業資本主義時代に戻るような方法をいったい誰が提案できるのか。民主党でも共産党でも、そんなことはできるわけがない。そういうことを求めるほうが間違っている。

だけど、ぼくに言わせれば、それは資本が生き残るためのオルタナティヴがないというだけの話で、別に人類のオルタナティヴがないわけでもなんでもない。資本を生き延びさせようというのなら、アベノミクスでいいんじゃないですか。貧者から収奪して、富者にそれを再分配する。それで資本は生き延びます。

中山――ピケティは現実主義で、産業資本主義は一九世紀から二〇世紀にかけての一回きりだから、あとは基本的には一部の者の富の世界だったと割り切って、お金で再分配しましょうという考え方ですよね。資産家は絶えずより豊かになり、世襲は繰り返される。受け継いだ者も資産を失いたくないから、さらに運用して増やしたりする。税金でとろうとしてもなかなか思ったようにはとれなかった歴史がある。

それとピケティは、キャピタル概念における「資本」の細かい区分に重きを置きたくなかったようです。だから土地でも何でも、収益を生む富のうち、人的資本以外のすべてをキャピタルとして、そのキャピタルたる資産に税をかければいいとする。それで国家が再分配の機能をやっていくしかないと。

では、結局国家に何を期待しているのか、していないのか。ピケティは、オランドのブレインですし、理論的にやってきたことを政治にコミットして活用したいというスタンスです。だから彼の書物は官僚さん向けなんです。一般庶民とか運動の側からいえば、政治の中枢部にいる人や官僚たちに向かって、投げつけておけばよい本ですね。話し合いのテーブルにつかず、デモがうるさくて仕事にならないとか言う相手に、じゃあせめてこれ読んで勉強してよと突きつける。そんなものだと思いますけど。

廣瀬――中山さんのおっしゃるとおりで、ピケティはただ偉くなりたいだけのエリートでしょ。彼が批判の対象にしている人だって、ジャン゠ポール・フィトゥシとか、フランスで自分より一世代前の偉かったケインジアンみたいな連中を批判の対象にしてる。

ピケティについてぼくが一番バカじゃないのと思うのは、資本の出先機関でしかない国家に、政治の自律性みたいなものを期待する自分の姿勢が「現実的」だと思ってるふしがあるっていうところです。産業資本主義時代に国家が富者から貧者への分配・再分配の音頭をとっていたのは、ピケティ自身も知っている通り、政治の自律性ゆえのことでもなんでもなく、資本からの要請にたんに従っただけのことでしょう。今日、再分配のヴェクトルを逆転させたのだって、資本からの新たな要請に応じただけのことだし。「現代思想」のピケティ特集で中山さんも疑問符つきで書いていたけど、どうして、再分配ヴェクトルを再逆転させることが現実的な提案になるわけ？　資本からの要請に逆らった、そんな政治の自律性に期待することがどうして現実的なのか、ぼくにはさっぱりわからない。それが現実的だって言うんなら、それこそ、政治の自律性の現実性を、お得意の実証研究で証明してみてくださいよって感じです。

平井——世界国家じゃない？　いわんとしていることは。

廣瀬——ありえないでしょう。国家というのはつねに徴税＝再分配の装置としてあり続けると思うけど、再分配が富者から貧者っていうヴェクトルで行われた時代は限られてる。資本からの要請に応じて動くだけですよ、国家は。それが「世界」国家だったとしても同じです。

中山——ピケティには、政治思想的なセンスがないのだと思います。コモンユーティリティやジョン・ロールズにも言及するけれど、分量はとても少なくてどこかおめでたい。人は本来だれでも、社会の理想状態を求めるような理念を持っていると信じているのでしょうか。第三世界も出てこないし、世界システムの歴史とか、国家間の力関係などのダイナミズムもまったくない。ぜんぶ横並びにして各国の三〇〇年のデータとりました、でも理屈は問いませんと。歴史観なしに歴史的な長期スパンのデータを扱ったという感じですね。

世界国家でないとすれば、各国がまるで対等で同じ大きさであるかのように協調した上で、各国が富に累進課税をかければ、どこかのタックス・ヘイヴンに逃げることもないからグローバルに成功！——絶対うまくいかないと言ってしまえば、それまでですよね。ただし財政学者は、そうやって少なくとも税を公正にしていきましょうと言わなければならないのだと思います。だからたとえば諸富徹さんが、ピケティのような一段階ではなく二段階で考えましょうとおっしゃるのは、わかるのです。国家の政策立案者やそれに近い学者さんたちには、お願いだから、多少は資本の論理に拮抗しつつ頑張ってやってほしいと思います。それ自体を止めようとは思わない。

平井――格差論という非常に平板な資本主義批判がある。長い間、格差とか市場原理主義と言えば、資本主義を批判できるかのように思われていたんだけど、ピケティはいわばその最終版みたいなところがありますよね。数学はそれ自体イデオロギーだけど、それを使いながら、エリート層に向けて証拠を叩きつける。

ここで問われているのは、ピケティというより、この二〇年ぐらいの間に現れてきた批判する側の論理の弱さ。国際富裕税みたいなものは、日本国内でもずいぶん言われてきたわけですよ。脱成長もそういう主張のひとつだと思うんだけど。いずれにせよ、産業資本主義のある種の疑似平等社会みたいなものは、階級闘争があったから成立した。二度世界戦争があったからじゃない、帝国主義戦争が原因であちこちで起こったのは、革命ですよ。階級闘争が激化してどこかで平準化しないといけない、そこで再分配を行ったというのが事実。

その階級闘争がない世界で、資本は譲歩などしない。むしろこの状態をもっと続けていく。なぜ、闘争が提起されないんだろう。脱成長もいいし累進課税もいいよ。あいつらから金とったほうがいいと思うけど、それだって、キャバクラ闘争で現場で争ってもせいぜい何万、何十万。それすら非常にレアケースになっている状態で、脱成長にせよ累進課税にせよ、どうやって実現するのか。闘争がないだろ、それでいいのかっていうのがぼくの意見です。

廣瀬――階級闘争がもしあるとしたら、というよりも、すでにあると思いますが、いま平井さんがおっしゃった産業資本主義時代のそれのような、資本のなかでの階級闘争じゃないと思うんです。資本の外に出る闘争。だって、お前ら死んでいっていうのが資本の言っていることなんですから。

ピケティの話にこだわって言うなら、資本の側のいったい誰がそんな再分配に興味を持っているのか。貧者は死んでいいんだから。あんたが持っているもの全部よこしたら死んでくださいっていうのが、いまの資本。死ぬべき人が死んだら、今度はいま生きてる人のなかで死ぬ人が出てくればいい。かつては、みんな生きてたほうがよかったけど、いまはもう生きててもらう必要ゼロ。

だから、資本主義の枠組みのなかでの階級闘争というのは想像できない。キャバクラ闘争だって、ひょっとすると、たんなる未払い賃金のための闘争じゃないかもしれない。賃金云々ももちろん重要なんだろうけど、どこかに、「殴り込み」っていうような感覚もあるんじゃないかな。たんに店への殴り込み、っていうだけじゃなくて、システム全体への殴り込み。ひょっとすると、さっきから問題になってるお客さんも、これに気づいてるのかもしれない、それでああいう反応になるのかもしれない。

平井――小さなキャバクラの空間の抗争が、流言飛語となって、キャバクラ嬢たちの見えないネットワークにつながっているわけですよ。一方、対抗するブラック経営者側にも、使い古された言葉でいえばリゾームがあるわけだ。かつてのような工場内での階級闘争はないかもしれない。むしろキャバクラ労働者たちは金とったらパッと消えちゃう、組合に残って闘うというふうにはならない。でも噂のネットワークが広がっていて、それが数千件というユニオンに持ち込まれる案件数にあらわれている。

そういう意味では必ずしも資本の枠内で闘っているとは言えない。何も生産しないですからね、キャバクラの中では。ただ会社員たちが労働することでため込んだストレスやハラスメントを廃棄するところ、ごみの焼却炉みたいなところです。焼かれるごみがキャバ嬢たちで、そのごみが闘っている。そういうものに近いんじゃないか。寄せ場の闘争と違うのは、寄せ場の労働者たちはビルを作って道路を作って、産業資本主義の都市社会を作ってきたんだというある種のプライドがあった。それとはぜんぜん違う。何も作ってない、ただ代謝して、自分も廃棄されるだけ。

中山――闘争は、空間的に言えば、もう消費の場でしかありえない。そしてまさに生存闘争なんですよね。「お前死んでね」という力に対して、「ちょっと待ってよ」と。だからキャバクラのお姉さんたちは、生存が最低限確保されたら、当然そのお金をもってその場から立ち去るわけです。

ユニオンという駆け込み寺をキープする人たちにとっては本当にしんどいけれど、お姉さんたち一人ひとりは残らなくても、逃げ場があることが伝わるというかたちでつながり、それが最後の砦になって、闘争が持続されるんですね。

闘争の最小回路

中山――廣瀬さんが著書の題名にもなさっている、「闘争の最小回路」の話をしましょうよ。みんなで手をつないで大きい闘いにして、というのではなく、ミニマムな最小単位の一人ひとりのなかにしか生存の闘争はありえず、闘争に入っていく一番はじめの、微分的な変化でカチッとスイッチを入れる回路のことだと私は理解したのですが。

廣瀬さんのご説明では、オブザーバーになって劇場を見ていますという自分と、そうやって「見る」劇場の主役を自分に設定することも含めての、アクターの自分が存在するのですが、今の日本ではこのアクターの部分が限りなく抑えられていて、消費するだけ、あるいは消耗していくだけの労働を行うだけになっており、オブザーバーの部分だけが人間の働きみたいになっていると。自分はアクターとして期待もされていないし、実際に「できない」から呆然と見ているだけ。しかも労働の現場はしっかり監視されていて、なおさら動けなくなっている身体がいっぱいある、そんな状況だと思うんです。

廣瀬――「闘争の最小回路」っていうのは、もう一〇年ぐらい前に考えたことで、中山さんがおっしゃってくださった通り、政治、政治アクションを取り戻す、その装置のことなんだけど、いまだったら、自由を行使するための装置だって言うかも。政治アクションっていうのは、まずは、自

新橋の未払いのキャバクラへの争議通告（2015年 3 月15日）
写真提供：フリーター労組・キャバクラユニオン

由の実現のことだから。

中山さんが「監視」の話を出してくださったので、そこを出発点に説明すれば、たとえば数年前にロンドンの街中で起きた自爆テロ。ロンドンって、監視カメラがいたるところに設置されてて、どこにいても映っちゃうって言われてる。それでも、やると決めた人、決死の覚悟のある人はやるわけです。ぼくが念頭においているのは、ミシェル・フーコーの有名なパノプティコン（一望監視装置）の話なんだけど、パノプティコンって、どこかに得体の知れない眼差しがあって、それに見られているとひとは行儀よく振る舞ってしまうっていう話です。フーコーのやった一番重要なことのひとつは、権力概念を根底から刷新したってことにある。権力ってのは、どこかに主権者がいてそいつが法律などで人々を支配する、隷属させるっていうことじゃない。パノプティコンの例に典型的な通り、権力ってのは、他人への働きかけ、他人を特定のアクションへと導くアクション、要するに、他人との関係、力関係のことですよ、ってフーコーは言った。

もちろん主権や法＝権利がなくなっちゃうわけじゃない。でも権力はそこにはなく、あくまで人間関係、力関係の平面で作動している。たとえばキャバクラの客はネオリベのイデオローグみたいなことを言うように導かれている、ここに権力の作動をみる。闘う側だって、力関係の平面に直接、身を投じる。法的手続きでどうのこうのじゃなく、現場に殴り込むわけです。もちろん、キャバクラ闘争には法＝権利の次元もあるのでしょうが、それだけじゃない。

権力が純粋に力関係の平面で作動するのだとしたら、じゃあ、なぜ、法体系はなくならないのか。フーコーは、法体系が権力との連動におかれ、権力の作動を隠蔽する一種の目くらましの役割を果たすんだって論じています。殴り込みに来た人に対して、じゃあ、法廷で闘いましょうといったかたちで、権力そのものの次元から、権力の表象のレベルに連れ出しちゃう。日本での様々な公害闘争がその典型じゃないですか。なんちゃら原告団のようなものを作らせて、力ずくでの闘いを阻止しようとする。後は、裁判をぐずぐずやって、相手が死ぬまで待つ、そんなことばかりが続いてきた。

でも、法＝権利なんて糞喰らえ、加えて、パノプティコンがあるからなんだってんだよ、という人もいるわけです。これがぼくにとっての、自由の行使です。力関係として権力が作動してる。それでもなお、つねに「自由」が存在し、勇気さえあればいつでもそれを行使できる。なんでそんなことが言えるのか。フーコーによれば、権力関係のなかには「働きかけ」あるいは「導き」がつねに二つあるからです。たんに、他人を特定のアクションへと導くわけじゃない。他人が他人自身を特定のアクションへと導くように、この他人を導くっていうのが、実際に起きていることです。だから、「他人への関係」としての権力関係のコアのところに、その他人における「自己への関係」が最初からセットされているわけです。この、「自己への関係」がつねにあるってことが、自由がつねに存在してるってことです。ぼくの言葉で言えば、これが「闘争の最小回路」です。

原発事故が始まってからずっと続いている人々の自主退避が素晴らしいのは、そこに自由の行使があるからです。もちろん、放射能が怖いとか子どもを守るとか、そういう理由もあるだろうけど、それだけじゃない。放射能公害のなかで、人々は自由の存在を突如として発見し、それを勇気をもって行使する。東京で暮らしていくしかないんだってそれまで漠然と思っていた人たちが、突如として、どこでどう暮らしたってかまわないし、それはいつでも可能じゃないかって、自分の人生の前にありとあらゆる可能性が広がっていることを発見する。でも、それまでの暮らしのすべてを捨てるわけですから、そういう可能性を実現するには勇気がいる、新たな土地にほとんど何も知らないまま飛び込んでいくんだから、文字通り「決死の」勇気がいる。でも、死を覚悟した勇気さえあれば、自由はいつでも実現できる。そういう側面が「退避」にはあるわけで、だからこそ、退避は利害というよりも欲望の問題、あるいは、利害が条件になって生起する欲望、すでに「政治」なんだと思います。

『闘争の最小回路』って本では、「最小回路」のことだけじゃなく、その「共振」ってことも問題にした。フーコーの話をもとにこれを言い直せば、誰かが勇気をもって自由を行使すると、それを目にした人たちもこの勇気に触発される、オレも勇気さえあれば自由をいつでも行使できるんだって気持ちになってくるってことです。「他人への関係」のその中核に見出された「自己への関係」は、それが自由の行使として実現されるとき、今度はそれ自体で「他人への関係」「他人への働きかけ」となって、他の人々を一人ひとり「自己への関係」の発見と、自由としてのその実現へと導くってことです。東京から名古屋に退避した矢部史郎さんなんかが彼自身の経験についての本を何冊も出したりしてるのは、「勇気を持てばあんただって自由をこうやって行使できるんだ」ってことを他の人々にも見せつけなきゃいけない、って思いがあるからなんじゃないかな。それで、実際、どんなに多くの人々が触発されたかわからない。テレビなんか見ててもなかなかわからないところに、そうやって、闘争の最小回路たちの共振が続いてる、首相官邸前での善良な人々による目に見える運動ももちろん重要なんだろうけど、なかなか目に見えないところで、「悪い主体」の隊列に勇気をもって加わる者たちが絶え間なく増え続けているってことです。希望がありますよね。

自主退避についてもうひとつ重要なのは、死を逃れて生きようとすることがそれだけでスキャンダルになっているってことです。お前、放射脳じゃねーかって、白い目で見られる。自主退避には勇気が必要だっていうのは、それがスキャンダラスなことだからでもある。資本から「死んでください」って言われる今日では、たんに幾つかのスキャンダラスな生き方があるっていうだけでなく、生きることそれ自体がスキャンダルになりつつあるんじゃないか。

でも、逆に、どんなスキャンダルにも、生きることへの勇気があるような気もする。ヘイトスピーチだってどこかそういうところがあるんじゃないかな。全員にとって、というわけではないかもしれないけど、少なくとも何人かにとっては。人によっては、生まれて初めて街頭に出て、わけのわからないことを言うわけでしょ。とんでもない勇気が必要だと思うんです。でも、勇気を出して街頭に出て大きい声で何かを言うことで、今までに感じたこともないような解放感、「ぼくは生きてるんだ」ってことが感じられる。その意味では、もちろんこれは批判のつもりじゃまるでないけど、カウンターのほうが、理性的で、誰もが納得するような当たり前のことを言っているわけだから、ヘイトほどの勇気は必要ないかもしれない。

フランスなんかでも、イスラーム国に兵士として参加する若者が後を絶たない。そのほとんどが、イスラーム教徒でも何でもなかった人たちだって言われてます。じゃあその人たちはなんで参加するか。イスラーム国そのものが素晴らしいかどうかは別として、生きるってこと、自由を行使するってことを、死んでもいいから一度でも経験したい、実感したいって強い思いがあってのことなんじゃないのかな。

――でも、その自由の行使のために、殺されたり生の基盤を破壊されたりする人たちの自由の可能性についてはどうなんでしょうか。イスラム国やヘイトスピーチに向かう人たちについて、そこに自由の行使があるというのはわかりますが、廣瀬さんがそれを強調されたい意図がわからないんです。廣瀬さんが自由に着目して、「自由がどこに向かうか」を問わないとおっしゃるとき、何か奇妙な既視感があるんです。経済学者が原発や基地のことなんかを聞かれて、「自分は経済のことを話しているのだから環境／政治のことはわからない、自分はそれについて論じる立場にはない」と言ってきたのと、それはいったいどのように違うのでしょうか。

廣瀬――抱かれている疑念、わかる気がします。次のように考えてみたらどうかな。まず第一に、権力がある、権力の編成する社会がある。次いで第二に、それへの抵抗の可能性がある、自由が存在し、自由への欲望があり、自由への勇気がある。そして第三に、しかし、そうした勇気を捕獲してしまう装置が様々なところで待ち構えている。人々の自由への勇気をそっくりそのまま吸収してしまうブラックホール、捕獲装置がヘイトスピーチであり、イスラーム国であり、その他の破壊装置なんだ、と。特定の社会装置に捕獲され、そのなかで割り振られたつまらぬ役割に流し込まれてしまう。しかし、逃走線を捕獲する社会装置の名において、逃走線の存在そのものを否定することはけっしてできません。強く言っておけば、間違っている。捕獲装置がどんなにひどい装置であっても、その装置に捕獲される人々の自由への勇気はあくまでも素晴らしいし、つねに、他の人を触発し続ける。

自由への勇気は、社会に一体化することでは微塵もない。あくまでも、権力の編成する社会に対する抵抗です。とりわけ、今日のように、社会が「貴様なんぞ、持ってるもの全部、こっちによこして、さっさと死ね」と言ってきている場合には、生きることを選びとるってこと自体が自由の行使になる、決死の覚悟で勇気をもって実現すべき自由になる。

ひょっとしたら、いまぼくの言ったことは十分に理解された上で、どうやったらヘイトスピーチを止めさせたり、イスラーム国を叩き潰せるのかって、ぼくに尋ねているのかもしれない。ヘイトスピーチを止めさせたいって本気で思っているなら、新大久保や鶴橋に行って、彼らを皆殺しにすればいい。それもまた、自由の行使だし、素晴らしい勇気だし、そのスキャンダラスな振る舞いは必ずや、多くの人々を触発するはずです。

ヘイトスピーチに関して、もっとニーチェ的な答えをしておくなら、そんなくだらないことの前ではいっさい動じない、っていうのも、「自己への関係」としての自由の行使の素晴らしいあり方だと思います。どんなにひどいヘイトスピーチを前にしてもいっさい動じないような強さをもつ、自分の生をそうした強さにまで高めるってことです。ニーチェのよく知られた一節に「君を殺さないものである限り、どんなものでも君の力を高める」ってのがありますが、これを実践するってことです。

平井――でもさ、資本を駆動してきたのもそういう自由への希求じゃないの。もちろん、本源的蓄積といわれるような元手がないと何もできないといった話がいろいろあるわけだけど、資本主義の駆動も戦争の駆動力もある種「自由」だと思うんです。戦争で出征していく下層の兵士なんて、初めて東大出のやつをぶん殴れる、これまでできなかったようなことをやれるって。それがヘイトスピーチやイスラム国というかたちで表れているかもしれないけど。戦争も資本も自由を駆動させる一つのやり方だった。そこのところを腑分けして、それこそ別の回路を作らないと。ただ横に並べて言っても仕方ないんじゃないかと思うんですが。

廣瀬――平井さんがおっしゃっていることも、わかるような気がします。自由の行使は、実際のところ、ブラックホールに吸収されながらでしか実現しないんじゃないかってことですよね。現代思想風にいうと、脱領土化は直ちに再領土化されてしまうことなしにはあり得ないんじゃないか、絶対的脱領土化なんてあり得ないんじゃないか、脱領土化はつねに相対的なものにとどまることを宿命づけられているんじゃないか、って。平井さんのお話のなかにとどまるかたちで、もう一度、ぼくの話を繰り返しておくと、自由への傾向と戦争や資本との関係は、前者が後者を「駆動させる」っていうものじゃない、前者を後者が「捕獲する」あるいは「吸収する」って関係だと思います。自由への傾向、逃走線は、それを捕獲しようと待ち構えている社会装置にあくまでも先立つものとして存在する。だからぼくとしては、たとえば、自主退避とヘイトスピーチっていう同時代の二つの現象を「ただ横に並べて」そこから見えてくるものを捉えたい、それらに共通する傾向を把握したい。そこにこそが未来への力能がある、革命的な力能があると信じているからです。

食べることと資本主義

中山——イスラム国とかヘイトクライムはまずいと思いますが、ただ、廣瀬さんがとっていらっしゃるスタンスはわかります。そこで、「食べものでいこう!」という話がしたい(笑)。

いや冗談ではなく、自由の行使が許容されるための最低限のラインを、自分はモノを食べて生きてるんだ、生きるための闘争なんだというところに置くのはどうだろうということです。被曝の問題は直接的ですが、何を腹に入れるのかを考え、「これを食べさせられるのは嫌だ」と感じることは、人が死守すべき最後の一線ではないでしょうか。豊かな人だけが安全な食べ物を食べるというのは、絶対におかしい。その尊厳を守るのは正当防衛でしょう。

実は私、廣瀬さんのデビュー作『美味しい料理の哲学』がすごく好きなんです。あれが面白いのは、料理は結局素材によるとか、結局は農業だ生産だとかいうところに行き着かないからです。かといって、料理は結局文化だ、宗教、習俗だと一般化する文化人類学とか社会学にも寄りかからない。そうではなく、素材を料理して人が食べるという行為を、とても具体的かつ思弁的に、大切なかたちで扱っているなあと思って。その戦略をもってすれば、貧しい人は産業化のシステムのなかで製造された工業製品のような食べ物だけを食べていろという状況に対して、ひょっとしたら別の最小回路をひらいていけるのではと思うのですが、廣瀬さん、いかがですか?

廣瀬――拙著を中山さんからほめていただけてとっても嬉しいです。料理本とは少し別の角度から話します。現代思想において、あるいは二〇世紀前半ぐらいからの哲学や文学においてって言ってもよいのかな、いずれにせよ、食べることは、カフカの『断食芸人』やメルヴィルの『バートルビー』なんかもそうだけど、できることならしたくないことに位置づけられてきた。なぜ食べたくないのかっていうと、お腹がすきました、食べました、消化しました、ウンチしました、またお腹がすきました、食べました……っていう反復から外に出たいっていうのがあったからです。食べることは生物としての人間が強いられた恥辱的反復だった。フーコーはセクシュアリティを論じた人として有名なわけだけど、本当は、何よりもまず、食べること、あるいはむしろ、ダイエット(減量)とか断食とかを論じたかった、まさに、先ほどから話している自由の行使の問題としてです。モーリス・ブランショなんかも「文学と死ぬ権利」って言ったりする、つまり、文学は食べない権利の行使だってことです。

で、ジル・ドゥルーズの場合だと、一種のダブルバインドが問題になる。食べることは恥辱だけど、他方、食べなかったら死んじゃう。死んでしまっては元も子もないから、食べながらにして食べないっていう、とんでもない曲芸の可能性を探っている。ヘイトの話で触れたニーチェの路線です。ドゥルーズは、ジョー・ブスケっていうフランス人文学者の奇妙な一節を引いてくる。「リンゴが君にとって糧になるのは、それに含まれてるものによってではなく、それが思い描かせるものによってのことだ。食べることで君はリンゴの木になる」という一節。反復は運命として受け入れられる、でも、反復のその過程そのものが二重化されることで差異の創造が試みられるわけです。「食べる」のただなかで行使される「食べない」。生物学的な生のただなかでの死の権利の行使。生きながらにして死ぬ。さらに言い換えれば、「食べる」それ自体が「話す」になる。食べる、話すっていう、口の二つの機能に、反復を二重化しそのただなかで差異を創り出すチャンスを見ようとする「ユーモア」の戦略です。

ここからが中山さんのお話に繋がるところですが、食べることからどうやって逃れるかっていう問題が現代思想の問題であり得たのは、ぼくの考えでは、現代思想が産業資本主義時代の思想だったからです。つまり、資本に食わしてもらっていた時代、資本が「どんどん食え、それで明日も元気に工場に来い」「ボーナス出してやるから、うなぎでも食ってこい、それで元気に働いてくれ」と言っていた時代。生きることは、資本に生かされることで、食べることは、資本に食わしてもらうこと、その意味で、恥辱だった。資本との恥辱的妥協だった。だからこそ、現代思想あるいは二〇世紀の思想や文学では、食べることからの逃走が考えられたんだと思います。しかし、「お前なんぞ、腹一杯食う必要はない。その分のカネをオレによこせ」って資本が言い出している今日では、食べることや生きることの位置づけが、産業資本主義時代のそれと同じでいいわけがない。食べることが抵抗となる時代が到来したって言えるとすれば、そんな意味でのことなんじゃないかな。

平井――野菜工場っていうのに資本は非常に熱心ですよ。そのうち人がいなくても、LEDを照らした無人の野菜工場で無菌状態に近いものができる。そうなってくると、エコロジカルな循環みたいなものは、捕獲されてしまう。

中山――かつてうちのゼミ生のひとりが論文で指

摘したことですが、泥がついているネギは、泥を洗っていないだけなのに、それを「泥のついたネギです」とかいって、わざわざ普通のネギより高く売っているのが都会の現実です。それは別にありがたくないぞ！　というまともさに立ち返らないと、消費者が資本による捕獲の片棒を担いでしまいます。最近では地方再生の呼び声や、第六次産業、「強い農業」などのスローガンの下で、小さい耕作地を全部まとめちゃいましょう、大規模経営したほうがいっぱいつくれますよといって、資本と国家が手を携え、農業生産を捕獲しにやってきています。そして、「泥のついたネギ」を高値で買える富裕な男女が、アグリビジネスとかアグリコミュニティビジネスとか、地産地消で食べるコミュニティってステキよねと、地方に行って農業の美味しい部分だけ体験して、美味しいものを食べて――そうやって、本来はお金をかけなくてもやっていけるはずのところさえ、根こそぎ捕ってしまう。

もちろん農業は誰もができるものではないし、地方再生も失業も何でも農業で解決するのは無理ですが、食べること、生きることの根幹に関わるという意味では、やはり農業は重要だと思います。経済学に取り柄があるとすれば、食べることに関わるからでして（笑）。

廣瀬――一方に経済の金融化、他方にハイパーアグリビジネス。産業資本主義の解体によって、天空と大地とが無媒介的に接続され、ほとんどコズミックとも言えるような、大いなる短絡回路を形成する。お二人の話に従うと、我々がいま前にしている資本のありようは相当すごいもんだなって気がしてきます。これ、どう見ればいいんですかね？

中山――農業でも漁業でもそうですが、生業としてやっていく人たちがどこで行き詰まるかというと、生業だったものを元手にして金融に走ったときのようです。毎年毎年同じ作業を繰り返しても、劇的に儲けが倍増することはないという現実が、人を退屈させるのでしょうか。漁業の場合は、獲れるときと獲れないときがあるから博打だとアイスランドの漁師さんが言っていましたが、農業でも漁業でも同じ作業の反復は多分にあり、そこにつまらなさを覚えてしまうと、この世界から出たい、大儲けをしてみたいとなってしまうのかもしれません。人はみずからを縛る農地や漁場を捨て、住みたいところに住めるのだという可能性があるときに、どうやってそれに抗うのか。とても難しいところですよね。もちろん反復といってもまったく同じではなく、人は意外とすぐに老いていくものだし……そういう思いで過ごせれば大丈夫なはずなのですが。

――農業や漁業が反復だという言い方には強い違和感があります。たとえば有機農業では、生産者一人ひとりが、自分と自然との関係のなかで、自分も自然も変化していきながら、固有のやり方を組み立てていきます。

中山――うまく説明できていなかったかもしれませんが、廣瀬さんの『美味しい料理の哲学』に立ち戻ると、農業に回収されない「食べること」が大切ではないかと思うんです。料理して食べることは、実は生産でもなく消費でもなく生産と消費のあいだにある。ひとが生きているということの実質も、そこにあるのだと思います。生産と消費が次第にダイナミックになり、ひとりの人間など虫けら以下みたいな小ささになっているのだけれど、その小さい一人ひとりは、「ゆっくり食べている」ほうがいい。明日も元気に働くためではなくて、こうやったほうが美味しいかなとか、このソースをからめてみようかなとか、だれと一緒に食べようかなとか――たっぷり時間をかけて、食べたほうがいいんです。スローフードと言ってしまえばそれまでですが。

――ただ、農業も生産や産業に還元されるものではなく、ひとの生と一体化した営みですよね。

中山――はい。それでも農業というと第一次産業になってしまう部分があるんですよね。たとえば二〇世紀には、農産物を作り出荷して売るという行為が天候に依存したりしてとても不安定だとして、善意の農業経済学者たちが一生懸命考え、他の産業と同様GNPに貢献できるようにしようとした。結果は両義的でしたが、かれらが農業を産業にしていきたかった意図は悪意ではない。それこそ産業資本主義時代の典型的な思考様式です。

廣瀬――『美味しい料理の哲学』って、中山さんのおっしゃる通り、たしかに、料理っていつ始まるの？　っていう話だったかもしれない。料理はつねにすでに始まっていて、また、いつまでもけっして終わらない。そこに、食べ物を自分のものにするチャンスがあるって話だって理解することもできるものだったかも。コンビニでおにぎり買ってきても、それをまだ自分のものにするチャンスがあるんだって。料理は台所で始まるわけじゃない。畑からすでに始まっているし、土壌の手入れから、もっとその前から、つねにすでに始まっている。他方でまた、料理は台所で終わるものでもない、食卓でもつねにその可能性に開かれている。トンカツがある、でも卵とじにしてカツ煮にすることもできる、さらにそれをご飯にのせてカツ丼にすることだっていつでも可能だし、さらにはまた、そこに七味をかけるか山椒をかけるかで、まるで違った美味しさになってくる。自分の名において何かを食べるってことがいつでも可能なんだってことだったのかも。

「労働」を読み換える

廣瀬――最後に中山さんに訊いておきたいことがあるんですけど、ぼくは、金融資本が価値増殖するときに、産業労働とは別のかたちではあるだろうけど、やっぱり、どこかに具体的な「労働」があるんじゃないかって考えてるんです。逆に言うと、金融資本の価値増殖も、やっぱり、ただたんにコンピュータに任せとけば自動展開するってことではないんじゃないかって考えてる。その具体的な労働ってのは、グローバルな言語活動ネットワークを通じた全人類による協業です。たとえば、アベノミクスの第一の矢で、日銀が今度は八〇兆円投入しますって言うわけだけど、これはもちろん、実際にマネーが市中に供給されるかどうかということよりも、そう言ってみせること自体が重要なわけですよね。言語活動ネットワークに特定のディスクールを投入し、それに従ってこのネットワークが特定の仕方で作動することが目指されているわけです。この言語活動ネットワークは、通常、「マーケット」って呼ばれているけど、多分、もっと大きなもの、人類全体を包括するものなんじゃないかなって思うわけです。

「現代思想」誌の認知資本主義特集に掲載された中山さんの文章を読んだとき、ぼくは中山さんも迷ってらっしゃるんじゃないかと思った。文章の冒頭では、金融資本の価値増殖がひらすら「偶然」によるものだって論じられるんだけど、おそらくは特集が認知資本主義だったたってこともあってなんだろうけど、文章の途中から、金融資本の価値増殖を可能にしているのは「認知労働」すなわち言語活動労働なんだっていうふうに話が変わってきている感じがした。偶然なのか認知労働なのか、どう考えるべきなんだろうか。もし、偶然だとすれば、資本主義とおさらばする時代がもうすぐそこまで到来していると言えるかもしれない。資本主義を一台のコンピュータのなかに閉じ込めて、そこでもう好き勝手にグルグル回っててもらえばいいわけだからね。ぼくたちのほうは、もうコミュニズムです。でも、もし認知労働なんだってことになれば、話はそう単純じゃない。もちろん、一方で死に至る収奪があり、どんどん人は死んでいくけど、その都度、残された人々がひとりの例外もなく言語活動的協業におかれるってことになる。どう考えればよいのでしょうか？

中山——レントの話だと思うのですけれど、その捉え方を迷っていたというのは、ご指摘の通りかもしれません。一方で、たしかに多くの人々が賃金ではなくレントで暮らすようになっている側面はあるわけです。賃金は少ししかなくてもレントで稼げば大丈夫になり——その割合が五対五、四対六、一対九などと、次第にほとんどレントで賃金の割合はわずかとなり、本当にレント全盛期。しかし賃金がゼロになってもいいのかという問題

新橋の未払いのキャバクラへの争議通告（2015年 3 月15日）
写真提供：フリーター労組・キャバクラユニオン

ですね。

しかし、これは核の問題でも金融でもそうですけれども、たとえレントの生じる場でも、あらゆるプロセスに人間の労働が介在しなければ、少しも動かないわけです。だから実はそれは、人間の労働をものすごい勢いで消費しながら進んでいくシステムであり、廣瀬さんがおっしゃったように、人間バイバーイなんて絶対にできないのです。

まぐれとか偶然というのは結果として生じる利得の大きさであって、たしかに人がどうコミットしたからどう上がるということではない、その意味では、すべてがまぐれ当たりやまぐれはずれであると。ナシム・ニコラス・タレブという人はこれが、めったに現れないブラックスワンであると表現したのですが、ブラックスワンだけを見ていることはできないわけです。金融資本主義における認知労働の重要性という意味はそこですよね。レントで生計を立てる人が多くなっても、それを生み出すシステムを維持するために大量の労働が投入されており、賃金を発生させる。これはマルクスの時代とか、二〇世紀初頭を生きた人たちには、考える必要はなかったことでしょう。件のピケティは資本の収益をすべてレントだといいましたが、それとは別のかたちで問いを立てていかないといけない。どういうふうに概念化していくか、これから考えていきたいと思っています。

廣瀬――これは「ベイシックインカム」（基本所得）の問題にも関わります。ベイシックインカムはもともとネオリベラル派の提案なんだと思うけど、彼らにとってのベイシックインカムは、何よりもまず、究極的にすっきりと一本化された社会保障制度、まさしく「小さな政府」時代に相応しい社会保障のあり方です。他方、ぼくらみたいなコミュニストにとってのベイシックインカムは、ある意味、金融資本のロジックのなかに無理やり産業資本のロジックを捩じ込むようなものとしてあります。金融資本の価値増殖は、全人類を協業におき、労働させることで初めて実現される。だったら、全人類に賃金を、ってことになるわけです。しかし他方、金融資本の価値増殖は、そんな賃金を微塵たりとも払わないことをその必須の条件ともしているわけです。ぼくが「無理やり」と言ったのはこの意味でのことです。要するに、金融資本のただなかに産業資本のロジックを「無理やり」、しかし同時に、「当然のこととして」導入することで、金融化した資本主義をそっくりそのまま解体する、ってのがぼくらコミュニストにとってのベイシックインカム。このオペレイションがたんに「無理やり」なだけではなく、同時に「当然のこと」でもあるためには、金融資本の価値増殖過程のなかに全人類の協業が書き込まれているとする必要があるわけです。

ベイシックインカム、あるいは、その前提としての全人類の協業ってのは、この意味でまた、労働と賃金との関係の再考を迫るものでもあります。誰かに賃金が支払われているのはその人が労働しているからだっていう、これまで自明のように語られてきた話が、もはや成立しなくなるからです。全人類が資本の下に包摂され、ひとり残らず労働させられているのだとしたら、そこには、ただたんに、賃金が支払われている人と、支払われていない人とがいるだけだって話になる。そんなのおかしいじゃないか、みんなに賃金が支払われるべきじゃないかってのが、ベイシックインカムです。

中山――そう、「働く」とは何かを考え直していくことは、間違いなく必要ですね。従来の経済学者たちは、金融化ではすべての人は食えないとずっと言ってきたのですが、ほんとうにそうなのか。もう一度考え直してみる必要があるということになりますか。

平井――「家事労働に賃金を」ってダラ・コスタが言ったときに、それは始まっているわけだよね。キャバクラの闘いも、差別労働に賃金を、ですよ。何も生産していないけれど、差別されることを労働としてお金をもらう。向こうは向こうで、俺は差別することが労働なんだというか、金払ってんだから差別させろって。その「差別工場」の果てに、どういう闘い方があるかっていうことだと思う。脱成長とか農の問題も、資本との闘いが核にないとね、どうしても捕獲されやすいものだろうなと思うんだ。

（二〇一四年一二月二六日、ピープルズ・プラン研究所で）

情勢下の政治哲学

ディエゴ・ストゥルバルクとの対話

2015. 2-3

以下はブエノス・アイレス在住のアルゼンチン人活動家・社会学者ディエゴ・ストゥルバルク（Diego Szulwark, 1971-）との対話である。二〇一五年二月から三月にかけてメールのやり取りを通じ二つ同時にスペイン語で進められた。日本語訳は廣瀬による。

廣瀬――二〇一四年末に君はサンドロ・メッザードラ（Sandro Mezzadra）との共同執筆で「南米情勢の政治解剖学――開発イメージ、政治サイクル、新たな社会紛争」（Anatomía política de la coyuntura sudamericana. Imágenes del desarrollo, ciclo político y nuevo conflicto social）を発表した。あの文章は南米諸国（とりわけ

ストゥルバルク――『シネキャピタル』（スペイン語版『シネキャピタル』の第三章は日本語版とは別物で『絶望論』の議論が導入されている）を読んだ。そこで君が言っていたのは、真の創造というのは「不可能性」に依拠しているということだ。この考え方はとても興味深い。というの

ブラジルとアルゼンチン）の今日的状況についてとても明確な見取り図を呈示するものだった。ネオリベラリズムの正当性を解体する運動や闘争が精力的に展開された時代を経て、二〇〇〇年代に入り「進歩派」（progresistas）と形容される政権が相次いで出現した。そうした政権が今日「ポストネオリベラル」経済モデルとして提案しているのはかつての開発主義の一種の復活で、「新開発主義」（neodesarrollismo）と一般に呼ばれているものだ。ところで、進歩派政権時代の一般的特徴として君が「新開発主義」を論じたのは今回が初めてではない。「袋小路」という共通のテーマでヨーロッパやラテンアメリカの論者たちに対して行ったインタヴューを集めた本『袋小路世代』（*Generaciones en el impasse*, Tinta Limón, 2009）のためにその序文として君がコレクティボ・シトゥアシオネス（Colectivo Situaciones）の仲間たちと書いた文章「袋小路における不安あるいは野心」（Inquietudes en el impasse）にはたとえばすでに次のようにある。「新開発主義（ネオリベラリズムの正当性の危機をその出発点としつつも純粋厳格なネオリベラリズムとの連続も、いかにして力能が出現するのかを考えさせてくれるからだ。君の挙げている例は基本的には芸術における創造に属するものだが、政治をラディカルに構想するためにも役立つものであるようにぼくには思える。実際、少なくともラテンアメリカでの経験に関する限り、芸術における創造とラディカルな政治的創造とは少なくとも次の一点で交差するように思われる。どちらも創造の実践であり、どちらも不可能性に対峙するものだという点だ。二〇一四年三月のスペイン語版『シネキャピタル』刊行時にブエノス・アイレスに来たときに君が書店でのぼくとのトークイヴェントで言っていたのは、創造のためにはこの創造的不可能性を探さなければならないということ、さらにまたそれが意志によってなされなければならないということだった。これをぼくは次のように理解している。すなわち、グローバル資本は我々に様々な出来合いの可能性を与えてくることで、真の創造の条件をなすはずの「不可能性」の経験を我々から性と切断とを併せもつ開発主義のグローバル版）は、確かに一方で、労働や集団についての諸権利の解体が進められた時代を経て再び社会を構成し直すための軸として、労働や生産（あるいは消費や家族など）への回帰を提案しているが、しかし他方で、その想像力の実効性を揺るがせその実現に制限を加えるような幾つかの条件（金融による媒介、雇用の不安定化）を伴ってもいる」。反ネオリベラル闘争で獲得されたもの（の一部）が新開発主義によって回収あるいは捕獲されてしまうという事態のうちに君たちはポストネオリベラル時代に固有の「袋小路」を見出しているわけだ。まず最初に、アルゼンチンにおけるこの新開発主義的「袋小路」について話してもらえないか。

ストゥルバルク——サンドロとの文章で「新開発主義」という語を用いたのは政治的な意味においてのことで、二〇〇一年の所謂「危機」から帰結した社会再編の戦略に名を与えようとしてのことだった。つまり、この語はあくまでもひとつの特殊な状況についてのものだということだ。第一に、二〇〇一年

奪うのだと。政権（とりわけ「進歩派」政権）もまた辿るべき道を我々に与えることで創造的プロセスを脅かす。ぼくの君への質問は不可能性と創造とのあいだのポジティヴな関係をどのように考えればいいのかというもので、次のような直観に由来している。不可能性と創造とのあいだの関係は「無意志的」なのではないか。「無意志的」（involuntario）という表現はドゥルーズにおける政治についてフランスワ・ズラビクヴィリが提案したものだが（François Zourabichvili, « Deleuze et le possible (de l'involontarisme en politique) »）、ぼくにはたいへん興味深く思えるこの「無意志的」という道を君は『シネキャピタル』でもトークイヴェントでも拒否した。不可能性が意志的な条件なのか無意志的な条件なのかという点を軸にした場合に不可能性／創造についての考え方がどう変わってくるのかをはっきりさせるために、この点について君がどう考えているのかを教えてほしい。

廣瀬——『シネキャピタル』で提案したのは創

というのはやはり重要な年だ。というのも、新開発主義を今日可能にしている状況が出現する契機はそこにあるからだ。「ワシントン・コンセンサス」に立脚したネオリベラル諸政策（国有財産の私企業化、国際金融機関への債務、公共財の構造調整）をもはや許さず、既存の政治システムの枠組みから溢れ出すようにして街路に出て「みんな出ていけ！」と叫ぶひとつの新たな社会的主役が出現した。ネオリベラル的緊縮政策の正当性が社会によって大々的に問いに付された（同時に主たる政党もそのすべてが問いに付された）ことがひとつの原因になって、ペロン党から連続して誕生した政権（二〇〇三年にネストル・キルシネルが大統領に就任し、次いでその妻クリスティナ・フェルナンデス＝デ＝キルシネルがその座を引き継いだ。後者の任期は二〇一五年一二月までである）が新たな統治戦略にかたちを与えることになった。

新開発主義を今日可能にしている第二に重要なファクターはいま話したようなプロセスがアルゼンチン一国にとどまるものではなくラテンアメリカ全体に関わるものだったという点にある。ネオリベラ造が二段階からなるという考えだった。君はまずワンセットの不可能性を創造する。そうすると次いで、このワンセットの不可能性が何か新たなもの、新たな可能性の創造を君に強いる。創造過程というのはこうして二つの段階から構成されているということだ。

第一の創造は隅々まで「意志的」でなければならない。日常目にしているもののなかに不可能性を見出すためには意志をもたなければならない。我々の世界はつねにたくさんの可能性に満ちていて、意志なしには不可能性を見出すことはけっしてできない。ドゥルーズはヴィデオ作品『アベセデール』のなかで「左翼政権は存在しない」と言っているが、ぼくはこれを次のような意味で理解している。ネオリベラルだろうと進歩派だろうと政権というものは不可能性を語ったりはけっしてしない、彼らが語るのはつねに可能性だけだ（新たな党をPodemos〔私たちはできる〕と名付けたスペイン人たちはこれを完璧に理解しているように思われる）。キルシネル政策に対する拒絶は、アルゼンチンと同時期にベネスエラやエクアドル、ボリビア、しかしまたブラジルやウルグアイでも同様の政治転換をもたらした(もちろん国ごとに様々な差異は見られる)。

今日の情勢、「新開発主義戦略」の構築を可能にした三つめの要因も挙げられる。それは世界市場のあり方が変化したということだ。よく知られているように世界市場の主軸がアジアに移され、この変化によってラテンアメリカは第一次産品の輸出(石油、鉱物、穀物)を基礎に世界市場に改めて統合されることになった。

この一〇年間の南米情勢は以上の三つのプロセスから形成されていると言える。新開発主義戦略はこれら三つのプロセスを基礎として、「危機」からの脱出の際に社会や経済において生じた様々な変化を互いに結びつけようとしているのだ。

新開発主義のこの結合戦略は、九〇年代のネオリベラル戦略がそうだったの同様、新たなタイプの役割を国家に求める。今日、国家に求められているのは、レント(とりわけ農業と石油採掘から生じるレン

ル政権とその新開発主義とに特徴づけられる今日のアルゼンチンの情勢において、何らかの「ブロック」あるいは「袋小路」を見出すのが意志をもった人だけなのは明らかだ。不可能性や耐え難いもの(lo intolerable)は自分の重みで空から降ってくるといった類いのものではない。出来合いの可能性のそのすべてを消尽させ、掃き払うためには「努力」が必要だ。世界が君の目に耐え難いもの、消尽したものとしてその姿を現すように世界と出会うためには君は努力しなければならない。これは遠近法主義的コナトゥスあるいはスピノザ的遠近法主義とでも呼べるようなものだ。

創造過程の第二段階は、反対に、ぼくにとって優れて「無意志的」なものだ。不可能性によって君は創造することを「強いられる」からだ。無意志的な創造過程に入っていくことを不可能性によって強いられる限りで、君は何か新たなものを創造する可能性を獲得する。この意味では、新たなものの創造は賽の投擲のように

ト）の一部を捕獲し、そのマネーの流れに基づき、消費を通じたそれとしての「社会的包摂」（inclusión social）政策を進めること、そのために必要な様々な装置を創り出すことだ。そうした装置を簡潔に列挙しておけば、社会給付（planes sociales）の推進、労働者生産組合の支援（貸付、補助金）、年金ファンドの国有化、年金支給の拡大、労使間直接賃金交渉の開放、石油会社ＹＰＦの国有化などがある。

新開発主義戦略は、言い換えれば、経済「成長」を目的とした複数の措置を組み合わせた戦略だと言える。第一に世界市場への参入戦略。第二にスローガンとしての社会的包摂の強調とそれに基づく大衆動員戦略（人権政策やマスメディア法、独占禁止措置などをめぐる大衆動員がこれまでに行われた）。そして第三に従来の北米支配に抗する南米の地域的な自律空間創造。

新開発主義戦略は、消費推進に立脚したその政策の正当性を人々に認めさせるという点では成功していると言えるが、同時に様々な点でたいへん暴力的なものでもあり続けてきた。たとえば、レント生産

なされると言える。不可能性によって君は賽の投擲を強いられるということだ。

創造過程の第一段階の意志性をぼくが強調するのは、ドゥルーズの思想に忠実でありたいからというよりも、実践についての理論（史的唯物論）を創り出したいとぼくが望んでいるからだ。ドゥルーズ自身においては話はもっと複雑だと思う。カフカ、アルトー、フランシス・ベイコン、ジョン・マッケンロウなどに関してはドゥルーズは不可能性の創造を意志的なものとして語っている。しかし、たとえば六八年五月などについては、ドゥルーズは不可能性の知覚を無意志的なものとみなしているように思われる。グァタリとの共著テクストのなかでドゥルーズは、六八年五月が「見ることの現象」だったとした上で、そこではすべてが「あたかもひとつの社会がおのれに含まれていた耐え難いものを突如として見る、そして他のことの可能性も見るかのように」起こったのだと論じる。ドゥルーズは「突如として」と言っている。ま

のための土地を接収する過程は構造的な暴力を伴っており、そうした暴力は大別すると二つの異なる局面で目に見えるかたちで行使されている。一方では、農民や先住民を退去させるために形成された無数の武装グループの出現、都市部への強制移住、村々での環境や食品の汚染、採鉱による水源独占使用などが見られる。他方では、不安定な統治から産み出された都市暴力が郊外で拡大し続けている。「権利」というものが消費へのアクセスのそれとして新たに位置づけられ、そうしたアクセス権が平等でないと同時に労働にももはや結びついておらず、純粋な資金獲得力の問題になりつつあるために、人々のあいだでは、都市部での地価の操作などをはじめとした様々な金融戦略が繰り広げられるとともに、極めて不安定的な労働活動が様々なかたちで展開されるようになった。

　今日我々が目の当たりにしている限りでの新開発主義はレント生産の全面化、金融的媒介（社会形成が金融に媒介されているということ）の全面化と一体化したものとしてある。この意味でやはり、多くの

さに、無意志的に、意志的な準備なしに、ということだろう。ここから言えるのは、ドゥルーズの議論がひとつの非常に単純な存在論的観察（存在するものは存在する）をその基礎としており、この存在論から二つの平面の区別が生じているということだ。私的なもの（lo privado）と集団的なもの（lo colectivo）という二つの平面。不可能性は私的な創造（芸術、文学、哲学、倫理）においては意志的なものであり、集団的な創造（社会、人民、政治）においては無意志的なものだとされる。話がさらに複雑になるのは、ドゥルーズが私的なものと集団的なもの、倫理的なものと政治的なものとを短絡回路において捉えるときだ。「私的な事柄は無媒介的に政治的である」。これはいったいどう理解すればいいのか。集団的過程が意志的にはなされ得ないという事実それ自体こそ、君が不可能なもの、耐え難いものとして意志的に創造する当のものなのではないか。君が意志的に創造するのは人民のひとつの欠如（人民は無数のマイノリティに

人が考えているのとは異なり、「ネオリベラリズム」と「新開発主義」とのあいだに、論理的に整合性のある境界を引くことは不可能であるように思われる。事態はむしろ正反対だ。新開発主義戦略はネオリベラル的理性がとり得るひとつの特殊な情勢、ひとつの政治的努力の現れなのである。

説明が長引いてしまったが、以上のことを踏まえてようやく君の質問、つまり、なぜ新開発主義に内属するものとして「袋小路」を語る必要があったのかという質問に簡潔に答えられる。ここでは二つの側面だけに話を絞って「袋小路」を論じておきたい。コレクティボ・シトゥアシオネスでのそれまでの政治活動は、強い政治的自律性を求める民衆運動やその様々な組織と密接な関係のなかで進められたものだった。そうした活動を通じてぼくたちが試みていたのは、賃労働に根差したタイプの社会、ネオリベラル国家への従属を前提にした社会への徹底的な批判であり、また、ネオリベラリズムが一部の住民に対して限定的に提案していた生活形式、消費重視の生活形式に対する批判だった。これに対し、袋小路粉砕されてしまっている）であり、人民のこの欠如に強いられることによってこそ君は、来るべき人民の可能性を無意志的に創造するのではないか。

ストゥルバルク――世界は我々に可能性を与える、しかもその量は過剰である、君はそう言っている。ぼくたちを不可能性の探求に向かわせるのはいったい何か、ぼくたちを不可能性に従わせるのはいったい何か。可能性を消尽させなければならないとして、それは意志的行為としてなされなければならないのか、それとも、可能性それ自身が然るべき瞬間に、我々に与えるべきもののすべてを失い、我々を（ドゥルーズの幾つかのテクストで重要な役割を果たしている言葉を使えば）「消尽させる」、つまり、我々をいっさい可能性なき状態に導くのか。その著作群の幾つかの箇所でドゥルーズは「可能性」の創造を「必然」によって実現される行為として語っている。そしてこれを説明するのにドゥルーズはよく、ひとつの特定の状況あるいは生という概念で把握しようとしたのは、そうした批判的エネルギーが圧倒的な仕方でブロックされてしまうという新たな事態だった。この観点からすると、新開発主義とは、ポリティカル・エコノミーの諸範疇を復活させて民衆のエネルギーをそれらの範疇へとまるごと誘導しそれらに従属させようとするものであり、闘争状態にあった社会のその自律的な政治創出を国民国家的諸範疇の実現へとまるごと誘導するものだと言える。しかし、これに加えて同時に言わなければならないのは、袋小路が停止でも凍結でも敗北でもないということだ。そうではなく、袋小路はひとつの新たな時間であり、そこでは社会野それ自体が変異を遂げる。ぼくたちの見方からすれば、そうした変異に伴っているのが、新開発主義戦略に内属する先に話したような構造的暴力から生じる新たな紛争なんだ。

廣瀬――進歩派諸政権の出現と彼らによる新開発主義モデルの導入後、民衆運動の領域では何が起こったのか、何が起こっているのか。新開発主義による誘導の試みに対して民衆エネルギーはどう応じ、どの状態が我々にとって耐え難いものになるという話をする。ドゥルーズのこの指摘を踏まえるならば、君の提案している創造の二段階はむしろ逆転されるべきだということになるのではないか。つまり、「消尽」や「耐え難いもの」こそを創造過程の始まりに据えるべきだということになるのではないか。その場合、賽の投擲は、耐えることのもはやできないものから創造的意志の出現(創造の始まり、新たな力能の誕生)への移行、あるいは、両者のあいだの蝶番として機能するということになるのではないか。そしてもしこの仮説が正しいとすれば、創造過程の無意志性というものは、我々を苦しめるものを我々自身が自分で選ぶわけではないということ、そして、自分の寛容さの閾値(自分が何をどこまで耐えられるか)についてもまた我々自身が自分で選ぶわけではないということを意味するものとなるはずだ。これはまた、不可能性に我々が直面することになるその状況を我々自身が自分で選ぶわけでもないということでもある。

う抵抗しているのか。また、都市部や農業地帯、油田地帯などにおいて民衆エネルギーは「新たな紛争」をどう生きているのか、どう闘っているのか。とりわけ後者の問題については君はサンドロとのテクストにおいて新開発主義に固有の構造的暴力のその「人種差別的」(racista) かつ「階級差別的」(clasista) 側面を指摘してもいる。その際にはまた、アルゼンチンの都市郊外居住区において貧しい移民系若者が犯罪者扱いされていることや、ブラジルのファヴェーラでやはり貧しい住民が執拗な抑圧を受けていることを例に挙げてもいた。「社会的包摂」政策に人種差別的かつ階級差別的な暴力が内在するというこの事態を君はどのように分析しているのか。

ストゥルバルク——民衆運動において何が起きたのかを理解するためには、新開発主義モデル導入の前提となった状況変化から話を始めたほうがいいかもしれない。つまり、社会的エネルギーが「消費による包摂」とぼくたちの呼んだものによってどのように変化したのか、とりわけ、キルシネル時代のその前半期にあっては様々な社会運動組織がそうした包

この場合に重要となるのは、力能がその発生において自由選択よりもむしろ居心地の悪さ (malestar) に結びついているという点だ。意志的なものは、反対に、不可能性に対峙することの決意＝決定 (decisión) としてあるということになる (君の立論についてもう少しよく知っておきたいのは、不可能性の探求それ自体が意志的なものだと君が考えているのかどうかという点だ)。

そしてとりわけ、意志的なものは、不可能性とのこの対峙によって産出される新たな事物の状態の内部での創造的思考として位置づけられることになる。ぼくの仮説をドゥルーズ＝グァタリの言葉で言い換えれば次のようになるだろう。第一の段階では、ひとは自分の生成や逃走線を自分自身で選びはしないが、それらを辿るか否かは自分で決意＝決定する (偶然性を肯定できるか否かの問題だとニーチェだったら言うだろう)。ひとは新たな動的編成《アジャンスマン》の創造に参加するが、それはあくまでも意志的ではない要素や関係を素材にしてのことである (我々が肯定するときそこ

摂のための統治装置形成に参画することになったが、そのことが社会的エネルギーにどのように影響を与えたのかと問うことから話を始めたほうがよいかもしれないということだ。

このプロセスは、先にすでに触れた通り、社会において金融によって演じられる媒介の役割がその重要性を日増しに強めていったということと不可分だ。この一〇年我々が生きてきた限りでの新開発主義（これを「モデル」と呼べるかどうか正直かなり疑わしい。というのも実際に行われているのは大半が、「開発」という以前に「成長」という考え方に導かれた即興的措置に過ぎないからだ）に固有のその両義性は、それが一方で消費に結びつけられた活力、消費を介して権利や享受へのアクセスを可能にする様々な装置に結びつけられた活力であり、同時にまた他方でそうしたあり方での蓄積と社会構築とに伴う構造的暴力だという点に存する。

この暴力は様々な仕方で出現している。ずっと以前からのことだが、南米では油田掘削やアグリビジネスの大規模化といったかたちでのレント的生産活

で肯定されるのはつねに偶然性である）。新たな力能がどのように産み出されるのかということを考えるに際して以上のようなぼくの立論は有効性をもつのか。君にはどう見えているのかをぼくとしては知りたい。同時にまた確認したいのは、このように考えることによって、君の指摘する通りドゥルーズ自身がその解体を試みていた私的なものと公的なものとのあいだの分離を最終的に乗り越えられはしまいかということだ。

「左翼政権は存在しない」というドゥルーズの言葉についての君の解釈に興味を引かれた。とりわけ、不可能性としての世界を「探す」際にマイノリティとしてぼくたちが担っている役割を理解させてくれるように思えたからだ。政権というものが全体として力能（Podemos ＝「私たちはできる」）の観点から成り立っており、「可能性」を絶えず与えるものとしてあるというこの考えについてもう少し詳しく話してもらえないか。また、不可能性を眼前にして創造される

動の拡大のために人々からその居住地とその生活とを奪い、彼らを強制的に移住させるという暴力が続いている。大規模鉱山の位置する村落に対する様々な侵害行為も後を絶たない。そうした構造的暴力は都市においても同様に行使されている。強制移住させられた人々が都市郊外で土地と住居のために闘っているが、彼らに対してありとあらゆる種類の暴力が行使される。賃労働関係がいっさいの権利改善もないままに一方的に拡大された帰結として「インフォーマル」「不安定」と形容される労働が産み出され、その過剰搾取として行使される暴力。あらゆる土地を不動産投機の対象とみなすことで生じる暴力も拡大する一方だ。郊外貧困地区に暮らす若者たち（必ずしも移民とは限らない）を安価な労働力として不法ビジネスのなかで搾取するということに伴う暴力もあり、これにも様々な仕方で国家の機関が関わっている。最後の場合についてはドラッグの生産や売買に絡むものが日増しに多くなってきている。

貧しい住民に対して新開発主義国家の行う公共政策は以上のような意味で明らかに人種差別的で階級「可能性」と政権のこの力能とがどのように異なるのかということについても君の考えを聞かせてほしい。同時にまた、そのような不可能性を「探す」人々や運動が存在するということについて君がどう考えているのかも教えてほしい。彼らは人民が存在しないと決断を下しているのか。あるいはむしろ、様々な具体的な生成が固定的で統一的な「人民」のひとつの表象に対立しているのか。

廣瀬——力能への意志（新たなものを創造しようとする意志、君自身の力能を高めようとする意志）によってこそひとは、消尽されたもの、耐え難いものとして見えてくるようなアスペクトの下で世界と出会うことになるとぼくは考えている。新たなものの創造というのは既に存在している出来合いの何らかの可能性を実現することではなく、創造されるのは新たな可能性だからだ。創造過程の始まりに消尽や耐え難いものを据えるという点については君に賛成だが、ぼくが強調したいのはその始まり（零度）自体が差別的だ。また、そこでの直接暴力は公共サーヴィスの劣化と連動しており、水質や土壌の汚染、健康や教育、社会保障制度の機能不全といった問題は実際、九〇年代のネオリベラル的「調整」においてよりも新開発主義モデルにおいてのほうがずっと本質的で深刻なものとなっている。

以上のような暴力に対する抵抗はとても広範囲に展開されている。キルシネル時代よりも前からある社会運動組織も、キルシネル時代になってから出現した組織もある。アサンブレア型の大規模な闘争運動があって、先住民や農民に対する様々な侵害行為を告発したり、汚染や独占から水源を守るために闘ったり、鉱山開発に抵抗したりしてきたし、また、都市部での若者たちに対する警察暴力に反対したりしてきた。今日ではまた、官僚機構に対する若い労働者たちによる闘争もあるし、健康や教育の分野での闘争も様々な地域で広範囲に展開されているし、土地占拠運動もある。しかし、これらの運動のすべてが新開発主義モデルの構造的特徴を問題にしているかと言えば必ずしもそうではない。

やはり意志的に創造されなければならないという点だ。

ぼくはドゥルーズにおける逃走線の存在論にとても興味をもっている。ドゥルーズは三種類の線を区別している。逃走線（遊牧民の線）、分子状線（移民の線）、そしてモル状線（定住民の線）の三種類だ。その上でドゥルーズは逃走線の存在論的優位を強調している。第一のものは逃走線であり、それが一方では分子状線へと「相対化される」あるいは「折り畳まれる」、また他方ではモル状線において「停止あるいは切断される」。問題はどうして二種類ではなく三種類の線が必要なのか、逃走線とモル状線とに加えてどうして分子状線が必要なのかという点にある。次のように問いを立て直すこともできる。モル状線を避けるために、どうして我々は逃走線を「相対化し」あるいは「折り畳み」それを分子状線にしなければならないのか。どうして我々は逃走線を無媒介的、直接的に辿らないのか。ドゥルーズによって「狂った逃走をな

新開発主義全体に対する政治的批判の構築を困難にしている要因には様々なものが考えられるが、とりあえず次の四つを挙げておくことができる。(1)人々に所得をもたらすという点で新開発主義モデルが示したその有効性。(2)地方での新採掘主義（neoextractivismo）に対する批判（環境保護運動がその基調をなしている）と都市部での金融的媒介に対する批判（そこでの紛争は所得をめぐって組織される傾向にある）とをひとつに結びつけることの難しさ。アグリビジネスや天然資源開発と金融とをレント採掘のひとつの同じ組織化として捉えるような批判が創出されないままにとどまっている。(3)消費中心主義と消費型モデル内部での知識生産（および欲望生産）とが今日有しているヘゲモニー。消費を失うことの不安。消費とは異なる枠組みで幸福あるいは社会性を構想することがなかなかできない。(4)グローバル資本主義の危機および純粋厳格なネオリベラリズムによるブロックという問題の前で新開発主義が様々な社会主体にとって実効性のある戦術に見えてしまっていること。そのためにまた、ネオリベラリ

す白鯨」の線に比較されてもいる逃走線は「あまりにも暴力的であまりにも高速である」がゆえに、「我々がそうであるところの低速の存在」を壊滅状態に、すなわち、死と狂気とに導くことなる。遙か遠い未来には、逃走線をいっさい相対化することなしにそれとして生きることのできる人間が出現するかもしれないし、ドゥルーズが「来るべき人民」（遊牧人民）を語ることで期待しているのもそうした人間の出現だ。しかしそれはあくまでも「百万年単位の」未来の話であり（小泉義之）、だからこそ「人間であることの恥辱」という有名な問題が生じてくるわけだ。恥辱の意志的創造は互いに異質な複数の不可能性を組み合わせることでなされる。逃走線をそれとして無媒介的に生きることの不可能性、逃走線を生きないでいることの不可能性、モル状線との妥協のなかに定住民としてとどまることの不可能性、最低限のモル状線なしには生きられないという不可能性など。要するに、力能への意志は致命的危険とつねに

ズムの正当性が危機に陥った後のそこからの脱出として、消費が反「調整」的で反「緊縮」的な様相をまとってしまっている。

要するに、社会的包摂という考え方自体が平等主義的な側面と階層的かつ差別的な側面とを併せもってしまっているということだ。

廣瀬——君の話を聞いていてぼくが思ったのは、新開発主義をネオリベラル権力の内部化（あるいは「折り畳み」）のひとつのあり方として捉えられるのではないかということだ。構造調整時代のネオリベラリズムは外部から（国外から）行使される資本権力として機能し、アルゼンチン国家はその傀儡の役割を演じていたわけだが、今日ではこのネオリベラル権力が開発主義的組織化のなかに折り畳まれ、内部化され、溶け込んだと言えるのではないか。レント資源の国有化において結晶しているのは、ネオリベラル権力を内部化するこの新開発主義的プロセスそのものなのではないか。しかし他方でまた興味深いのは、今日もなお、外部としてのネオリベラリズムが存続し機能し続けているということ、ただし、

不可分であるということだ。この資格において恥辱は互いに峻別される二つの道に開かれることになる。ひとつは芸術におけるものであり、もうひとつは実人生におけるそれだ。芸術においては我々は恥辱に強いられて可能性として逃走線を「描く」ことになる（「幾ばくかの可能性を、さもなければ窒息してしまう」というキルケゴールの一節をドゥルーズは芸術を論じるたびに引いている）。これに対して実人生では我々は同じ恥辱に強いられて逃走線に「なる」（devenir）、すなわち、逃走線を分子状線へと折り畳む。芸術にできることは遊牧人民を創造することではなくその存在可能性を垣間見せるということであり、他方でまた、実人生においては我々は遊牧民であることはできず、遊牧民への生成変化（devenir）によって移民であることができるだけなのだ。

ドゥルーズのいう「恥辱」が何なのかをよりよく理解するために、これをフーコーのいう「勇気」と比較してみてもいいかもしれない。

それは実効的あるいは現実的な権力としてではもはやなく、想像的あるいは幽霊のような権力としてのことであるように思えるという点だ。外部からの敵権力としてのネオリベラリズムというこの光学効果の下で、実際の資本権力は、多かれ少なかれ平穏なかたちで、内部化されたネオリベラリズムを通じて機能し続けている。しかしもしそうだとしたら、君が「純粋厳格なネオリベラリズム」(neoliberalismo puro y duro)と呼んでいるものと新開発主義の構成要素と君がみなしているもうひとつのネオリベラリズムとのあいだには、純粋さや厳格さの度合いの差異というよりも、トポロジックな差異があると考えたほうがいいのではないかとぼくには思える。

同じことを別の仕方で言い換えてみる。一年前(二〇一四年三月)にブエノス・アイレスに滞在した際、ぼくは最後の軍事独裁から三八年を記念してクリスティナ・フェルナンデス＝デ＝キルシネル政権が主催した大行進を見学しに行った。その行進で何よりも驚かされたのはやはり白色と水色の巨大な人々の波で、何十万、何百万もの人々がキルシネル

八〇年代にフーコーは「真理への勇気」や「自由の実践」というものを語り始めた。この議論において興味深いのは、ドゥルーズとは異なりフーコーが芸術と実人生とを区別していないという点、またその上で、自分の人生をそっくりそのままひとつの芸術作品にする勇気をもつよう我々一人ひとりに呼びかけているという点だ。フーコーにおいて問われるのは、逃走線を分子状線として折り畳み生き得るものにするにはどうしたらよいかという問題ではもはやなく、逃走線をその致命的無媒介性のなかで直接的に辿るためにはどうしたらよいかという問題だ(この意味で「襞」という概念はフーコーのものというよりもドゥルーズのものであるとぼくには思える)。だからこそフーコーは倫理実践が完遂されるのは自殺においてのことにほかならないと主張するにまで至るわけだ。どうしたら自由の実践として自殺することができるのかという問いは最晩年のフーコーにとって極めて重要なものとなる。避けるべき「危険」についても、そ

政権への支持を表明するために集まっていたということだ。一九四〇年代のペロニスモっていうのはおそらくこうしたものだったんだろうとぼくは想像した（ネストルとクリスティナはペロンとエバを思い起こさせるようなかたちで今日のナショナリズムの象徴になっている）。キルシネル夫妻が政権の座について以後、国民《ネイション》と国家《ステイト》との一致という想像力が集団的に形成されたようにぼくには思える。つまり、資本権力を外部に共通の敵として想定した上で国民が国家に同一化するといった想像力だ。そしてその後、この想像的図式（国民＝国家と資本との対立）はさらに強化されていくことになる、とりわけハゲタカファンド問題をめぐる昨年の騒動はその強化を進めたのではないか。この観点から、ポストネオリベラル時代のアルゼンチン情勢に固有の問題を次のように指摘できるように思える。すなわち、国家と資本とのあいだに築かれている現実的かつ実効的な一致を前景になかなか浮上させることができないという困難。ぼくが遙か遠い日本からアルゼンチンの状況について立てているこの仮説について君がどう考えるかを

れはもはや死や狂気そのものに存するのではなく、死や狂気へのあらゆる類いのロマン主義に存するとされることになる。ロマン主義に陥ることなく自殺するにはどうすればよいか。ロマン主義的想像力によって再コード化することなく、その脱コード化の運動そのものにおいて逃走線を辿るにはどうしたらよいか。どんな「周縁者」の線（linea marginal）による表象も避けながら、遊牧民の線へと自分の生を一体化させるにはどうしたらよいか。ミクロファシズムの「ブラックホール」のなかに自らを閉ざしてしまうことを回避するにはどうしたらよいか。フーコーが倫理実践について「自己統御《エンクラテイア》」の必要性を語るのはまさに以上のような問題においてのことだ。コード化を避け脱コード化の線を辿るにあたって我々はどんな再コード化にも陥らないようにするために自己をしっかりと統御しなければならない。そして、個人による倫理実践は同様の倫理的過程へと他の人々を導くものでもあるとフーコーは論じる。彼が「生政

教えてほしい。

ストゥルバルク――こちらで一般になされている議論では、ネオリベラリズムとは開発や資源分配に関する重要な決定が国家不在の下で市場優先でなされることだとされている。同じ議論のもう少し洗練されたヴァージョンでは、国家はたんに埒外におかれているわけではなく、ネオリベラル的内容の活動を担っているとされる。しかし、いずれにせよ、ネオリベラリズムに市場権力への国家の従属をみた上で、ポストネオリベラリズムがそれとして存在するかどうかの判断は国家が決定権をもち諸過程を制御しているかどうかによるとする考えは変わらない。こうした視座のもつ政治性を理解するには、市場権力が批判される際に念頭におかれているのが大企業、とりわけ多国籍企業であるという点、また、国家が語られる際に念頭におかれているのが公共財、とりわけ国民のそれであるという点を忘れないようにしておく必要がある。南米とりわけアルゼンチンで今日、ポストネオリベラリズムというものが語られているのはあくまでもこの文脈でのことなのだ。

治」と呼んでいるのは倫理と政治とのこの一致のことだ。

「左翼」はぼくにとって力能への意志と同じものだ。政権は新たな可能性を創造したりはしない。ドゥルーズも『アベセデール』で言っている通り、政権にできることは新たな可能性に対して多かれ少なかれ「多孔的」(poroso)であるということだけだ。不可能性の集合を創造し新たな可能性の創造過程に入るのは政権ではなく我々一人ひとりだ。《Podemos》すなわち「私たちはできる」(あるいは「私たちはつねにいっそう多くの力能をもつ」)と宣言するのは人々であって、政権にできることは、人々によって創造され宣言されたそうした新たな可能性をおのれの多孔性の度合いに応じてふるいにかけた上で、それを表象の次元で文字通りに反復するということだけだ。サンドロとの共著テクストのなかで君は、一つひとつの政権はその多孔性の度合いによって定義されると論じていたが、ぼくも君たちのこの主張に全面的に賛成だ。

しかしながら、国家と市場（様々な規模の様々な市場）とのあいだの結びつき、国家と資本とのあいだの結びつきというものに着目するならば、当然のことながら事態はより複雑で入り組んだものであることが判明する。君の質問は、したがって、一般的になされている議論についていま素描したような表象のその解体を狙ったものなんだろうとぼくは理解している。君の言っているような意味合いの指摘は七〇年代そして八〇年代フランスのラディカルな哲学によってすでにその幾つかがなされていた。たとえばフーコーが言っていたのは国家というものに固定的な本質などないということ、また、国家の被る様々な変異は国家にとって外的な様々な過程（国家によって実現され国家によって再定義されるがそれでもなお本質的にはあくまでも国家の外部にとどまる過程）を考慮することなしには説明できないということだった。同じ点についてドゥルーズ＝グァタリは資本（世界市場）の公理系というものを語り、すべての国民国家はこの公理系に巻き込まれたものとしてあると論じていた。

いずれにせよ、ひとが歴史的に規定された事物の状態に基づいてそこからワンセットの不可能性を意志的に創造するのは、不可能性のその集合それ自体が創造的力（トニ・ネグリなら「構成的ディストピア」と呼ぶだろう）をなすからであり、この力こそが、遊牧人民の存在論的構築過程においてさらなる一歩を踏み出すために賽を投じることをひとに許すからだ。「史的唯物論」（ネグリ）あるいは「偶然性の唯物論」（アルチュセール）ということをぼくはそのような意味で理解している。

ストゥルバルク――晩年のドゥルーズとフーコーとの関係についての君のたいへん鋭い読解を聞いて、君との今回のやり取りで考えようとしてきたことの一部がドゥルーズとフーコーとの「あいだ」に位置づけ得るものではないかという印象をぼくはもった。ドゥルーズが可能性の「ヴィジョン」と「生成変化」とを逐次的に配列するのに対し（ここにはある種の恥辱的な取引が含まれる）、フーコーは感嘆すべき――ある国家と資本とを結合させている合理性に焦点を合わせて議論する場合には、外部に超国籍資本（市場）を配置し内部に国民（国家）を配置するような単純な図式はもはや受け入れ得るものではない。反対に問題になるのは新開発主義期における資本と国家との新たな結びつきであり、これにはもちろん九〇年代ネオリベラル期のそれとの様々な違いが含まれており、そのうちの幾つかはすでに言及したような新たな政治化を導くものでもある。

これをネオリベラリズムの「内部化」と呼び得るかどうか。君の問いは示唆に富んだものにぼくには思える。より厳密にこの問いを立てるためには、ネオリベラリズムという概念のもつ意味合いをもう少し広く理解する必要があるだろう。すなわち、金融的価値増殖を軸に据えた様々な機構を通じて社会野に対する資本制指令をよりいっそう強化していこうとするフレキシブルなシステムとしてネオリベラリズムというものを理解する必要があるということだ。そうしたシステム、そうしたプロジェクトとして捉えた場合、ネオリベラリズムはすでに言及した次のいは怖るべき――自己制御に立脚した直接的な逃走を試みる（おそらくは美学を存在に貼り付けることによって）。そうだとすれば我々はその「あいだ」においてこれら二つのパースペクティヴを横断するような観点を採用することができるのではないだろうか。ドゥルーズにおける「芸術」や「見ること」に主体を分裂あるいは裂開させるモーメントを見た上で、この裂開によって、主体において始まりをなすモーメント（不可能性の探求）から終わりをなすモーメント（新たな欲望の具現化、生成変化への欲望、あるいは、新たな「力能への意志」の具現化）へと向かう連続が中断されると考えることはできないだろうか。そしてこの裂開を無意志的なものの核、すなわち、偶然と肯定とを結びつける点（賽の投擲の連鎖）と位置づけることはできないだろうか。真の出会い（encuentro）というものが、これまでいかなる関係ももち得ていなかった対象とのあいだに関係を新たに創造することを我々に求めるものだとすれば、出会いに三つの特徴からなるものだとみなし得る。すなわち、世界市場への特定の仕方での参入（新採掘主義）、国家における様々なプロセスの生産、そして成長への意志。この最後のものを我々は「新開発主義」と呼んでいるわけだ。

この新開発主義的意志は、そのイデオロギーやその言説の次元では外部／内部の単純なトポロジーをあれほどまでに強調してやまないものの、実際には、ネオリベラル的であり続けている構造的条件と結びついたものとしてあり、また、そうしたネオリベラル的条件は今日さらにいっそう強化される傾向にすらある。実際、最近の調査結果によると、資本の集中あるいは中心化がつねにいっそう強められていくというこの数十年のアルゼンチンにおける傾向はいまもってなおまるきり逆転されていないとされる。

廣瀬——新開発主義の過程について君がサンドロと行った分析は、たとえばルイス・カルロス・ブレッセル＝ペレイラ（Luiz Carlos Bresser-Pereira）などの経済学者たちによる新開発主義の理論化と比較すると、実のところ、とても特異的なものだということがわかる。

――――――――――――――――

おいて起こることはこの裂開によってこそ理解できるのではないだろうか。そうした関係の創造こそが力能への意志というものなのではないだろうか。不可能性が探求されつつあるなかでしかしいっさい意志されないままにとどまるのがこの出会い＝裂開であり、また、そうした出会い＝裂開を軸にして生じる力能への意志を捉えようとするニーチェ的賭博師を特徴づけるものこそが「自殺」や「自己制御」だと言えるのではないだろうか。

廣瀬——最晩年のフーコーがドゥルーズ（とグァタリ）と共有しているのは、権力諸装置に対して逃走線が存在論的に先立つという肯定だ。フーコー自身の表現で言えば、「他者への関係」（権力関係）に対して「自己への関係」（自由）が存在論的に先立つということ。「主体と権力」（一九八二年）と題された有名なテクストでフーコーは次のように言っている。「権力が行使されるのはあくまでも〝自由な主体〟に対してのことであり、主体たちが〝自由〟である

かる。君の分析の特異性は新開発主義を「レント資本主義」と定義している点、その上でまた、そこでの富の分配が従来の開発主義とは異なり賃労働を必ずしも介することなく「レント」のかたちでなされると指摘している点にある。他の経済学者たちもアグリビジネス、天然資源開発、それらの一次産品の輸出が新開発主義において担っている戦術的な重要性を確かに指摘してはいるが、彼らの議論においては、そうした要素はあくまでも国内の再工業化過程を前進させるための資金源とみなされ、そうした再工業化とそこで創出される労働こそが（賃金というかたちでの）富の分配を保証するとされている。君の分析では、反対に、国家権力による運営の下での輸出から分配への直接的な現金移転が問題になる。君が「新採掘主義」を語るのはこの意味でのことなんだと思う。ネオリベラル期に先立つ旧来の開発主義との比較においてまとめれば、新開発主義においては、所謂「輸出代替工業化」（フォーディズムのラテンアメリカ版）に代わって採掘＝輸出の戦略が導入され、富の分配は賃金ではなくレントのかたちで構想され、

という限りにおいてのことだ。ここでいう〝自由の主体〟とは、多岐にわたる操行や対応、多岐にわたる振る舞い方が実現可能となる可能性に満ちた場を前にしている個人主体あるいは集団主体のことである」。少なくともドゥルーズの観点に立てば（八六年刊行『フーコー』や八八年発表「装置とは何か」などはこの観点から書かれている）、フーコーは、権力関係と抵抗現象との悪循環を打破することができずにいた「袋小路」の期間を経てついに、権力関係のその中心に存在する自由として自己への関係を「発見した」ということになる（ここで興味深いのは、意志的に創り出された袋小路から逃走線の創造的発見への移行がフーコーの思考のその内容およびその過程において二重に辿られているという点だ）。

フーコーは（死去する三ヶ月前、一九八四年三月にコレージュ・ド・フランスで行われた最後の講義で）この「自己への関係」の実践を倫理実践としてだけではなく政治実践としても提案するに至る。すなわち、個人主体あるいは集団主

住民の国民的統一も労働ではなく消費を通じたものとなる。最後にもう一度、進歩派諸政権下でのラテンアメリカにおけるレント資本主義の導入について君の考えを聞かせてほしい。

ストゥルバルク——二〇〇一年から今日に至るまでの南米とりわけアルゼンチンの状況の推移を理解するためにたくさんの仲間たちとこれまで続けてきた努力を振り返るならば、すでに触れた次のような複数のプロセスがどのように組み合わさっているのかが見えてくる。(1)アジアにそのヘゲモニーを移すようなかたちで変化しつつある世界経済への参入プロセス。(2)世界経済へのこの参入プロセスを組織化するための金融構造の一般化。大規模なレント収奪プロセス。(3)消費活動の加速を促すためにこのレントの一部を捕獲するという国民国家の能力の刷新。

以上のような複合プロセスにおいてとりわけ注意を引くのは、それが国民国家的言説となしている幾つかのコントラストであるように思える。すなわち、国家は、国内プロセスをグローバルなプロセスに結びつける環としてあると同時に、また、社会におけ

体がおのれの身体的振る舞いにおいて自由を行使することとしての倫理実践であるだけではなく、同時にまた、この主体が、すべてのひとに共通の真理としてある自由のその存在自体をおのれの身体を通じて可視化することによって(パレーシア)、他の個人主体や集団主体に語りかけ、その各々を自己への関係に入り身体によって自由を行使するよう導くこととしての政治実践でもあるということだ。倫理的な次元から政治的な次元へのこの移行においてなされているのはプロセスのひとつの反転であると言えるだろう。倫理実践が、自己への関係に入ることで権力関係を避けることに存するものだとするならば、政治実践は、権力諸関係のネットワークを通じて他の主体たちに語りかけることで彼ら各々を自己への関係に入るように導くことに存するものだということだ。先に言及した最終講義でフーコーは次のように言っている。「エピクテトスが問題にする生活形式はたんに個人たちを改革するものではなくひとつの世界

る金融による媒介を促進する点でも一種の環の役割を果たしているということ。労働や賃金の世界ですら、この図式のなかでは、もはや価値生産の原動力としてではなく、インフォーマル化され不安定化された労働力へとその範囲が拡張されたことにより、ひとつの特権的な下位システムとしてその姿を現すことになる。労働や賃金による媒介は存続しているが、しかしそれは金融による媒介の内的変数としてであって、その逆ではもはやない。もちろん輸入代替についてもこれとまるきり同じロジックで理解することができるだろう。

クリスチャン・マラッツィの言っているような「所得のレント化」とサンドロ・メッザードラとの仕事のなかでぼくが呈示しようとしたような広い意味での新採掘主義とのあいだに内的な関係が見出せるという君の指摘は正しい。新採掘主義を広い意味で理解するとは、天日掘りの巨大採鉱や前代未聞の規模での油田試掘、輸出のための遺伝子組み換え大豆の作付け面積の大規模化といったものを想起するというだけのことではない。そうした「採掘的」活

全体を改革するものである。実際、このキュニコス派哲学者が一握りの個人だけに話しかけ、彼らがいま送っている生活とは別の生活を送るように説得していると考えてはならない。すべてのひとに対して、彼らが本来送るべき生活とは異なる生活を送っているということを示すのだ。そして、まさにそのことによって、ひとつの別の世界がまるごと出現しなければならず、あるいは少なくとも地平に位置づけられなければならず、このキュニコス的実践の目的とならなければならないのだ」。

君が（ドゥルーズとフーコーとの）「あいだ」という名において提案する道は、倫理的プロセスの政治へのこの直接的な反転にこそ見出せると言えるかもしれない。この反転においては——フーコーの言葉に従えば——「個人たちの振る舞いにおける変化」が直ちに「世界の全体的構成における変化」に転じる。このようにして我々は再びドゥルーズのテーゼ、すなわち、私的なものと政治的なものとの無媒介的接触、

動が、先に話したようなレントの主たる源泉となっており、また、人々や土地に対する構造的暴力（これについてもすでに触れた）の拡大を促すものにもなっているというのは確かに事実だ。しかし我々の関心はそうしたことよりさらに先にある。すなわち、資本それ自身が社会生活の様々な局面（情報やコミュニケイション、生活スタイルなど）において新採掘主義的な操作を行っているということ、所得のレント化がそれ自体でつねにいっそう「採掘操作」的な傾向を強めているということ。社会組成のただなかにおいて価値増殖の力動が以上のように拡大し続けているのであり、この拡大に結びついた「暴力論」（violentología）のようなものが語られなければならないのだ。

　金融によるそうした媒介と進歩派諸政権との結びつきについても君は問題にしている。結論としては次のように言っておけるように思う。南米の進歩派諸政権によって行われている社会管理を真に特異なものとしているのは、レント的＝金融的なこの媒介を、民衆蜂起によって開かれた新たな条件に結びつ

倫理的なものと集団的なもの（あるいはむしろ、共的なもの）との無媒介的接触、あるいはさらに言えば、倫理と政治との無媒介的接触というテーマに戻ることになる。倫理的実践が直ちに政治的になるのだ。

けようとするその傾向なのだろうと思う。つまり、蜂起の活力とポリティカル・エコノミーの諸範疇とを編み合わせるという試みだ。進歩派諸政権にあっては、したがって、媒介を金融に委ねる過程はこの媒介の政治化と不可分であるということだ。

あとがき

法律なんか糞喰らえ、監視カメラがあるから何だっていうんだ！——東電放射能公害事件とアベノミクスのこの四年間、日本で起きた最も喜ばしい変化は、やはり、大量の「悪い主体」が出現し、その増殖がもはやとどまることを知らないという一点に尽きる。法に従うこと、統治されることを人々に自ら欲望させてきた装置、「死を怖れよ」と人々に命じてきた装置がその効力を不可逆的かつ決定的に失いつつある。死を怖れず、大胆に、勇気をもって、自由を生きる人々。暴力階級はすでに到来している。日本のみならず世界中で。

怒りから恥辱へ、恥辱から勇気へ——本書では、確かに、二〇一一年からの四年間における日本および世界での暴力階級の形成過程が辿られる。しかし、「暴力はそれ自体でひとつの階級をなす」（デュラス）という肯定に本書が至ることになるのは、あくまでも、「情勢それ自体によって産み出され課される問題の下に身をおくべし」というアルチュセールの教えに従ってのことだ。情勢の下で思考すること。何らかの正義や善の高みから情勢について判断を下すのでも、超歴史的あるいは非時間的な本質や自然を思考するのでもなく。本書は「情勢下の政治哲学」を実践する試みだが、歴史的に規定された情勢のその具体性に思考を強いられることなしにはおそらくいかなる政治哲学もあり得ない。

＊＊＊

「週刊金曜日」誌上で五年前から月一回の連載を続けてきた。本書の主軸をなすのは、そのうち二〇一一年九月からの四〇回分の再録である（それ以前のものは『蜂起とともに愛がはじまる』にまとめた）。転載を許可してくださった同誌編集部、とりわけ編集長の平井康嗣氏、連載担当編集者の山村清氏に感謝を申し上げる。

本書はまた、「悪い主体」として生きる多くの友人たちのその生に日常的に触発され続けることなしにはけっして書かれ得なかった。彼らに、しかしまた、「ピープルズ・プラン」誌上での鼎談の転載を快諾してくださった大和田清香（同誌編集部）、中山智香子、平井玄の三氏、本書のためにメール対談を引き受けてくれたディエゴ・ストゥルバルク（Diego Sztulwark）、刊行を引き受けてくださった航思社の大村智氏に、そしてまた、私が思考し生きる動機であり本書の事実上の共著者でもある最愛の佐藤公美に、心から感謝する。

廣瀬　純

二〇一五年五月一日、京都

初出一覧

Ⅰ

搾取の終焉、勇気の時代……「図書新聞」２０１５年1月1日号

我々はいったいどうしたら自殺できるのか……「現代思想」２０１５年3月臨時増刊号

Ⅱ

すべてのうちにすべてがある～アントニオ・ネグリと現代思想、アベノミクスと叛乱～「そして沈黙は恐ろしい」……「週刊金曜日」８６７号（２０１1年10月14日）～１０３６号（２０１５年4月17日）まで月1回連載（１０２８号＝２０１５年2月20日を除く）

「国家のイデオロギー装置」から「国家の記号装備」へ……「図書新聞」２０１４年7月12日号

Ⅲ

鼎談　ライフ・イズ・ア・スキャンダル……「ピープルズ・プラン」67号（２０１５年1月、原題「資本主義の賞味期限――『労働』と金融化」）

情勢下の政治哲学……書き下ろし

カバー写真　中村　早
表1　Flower 53 (Leontochir ovallei) 2014.4.20
表4　Flower 83 (Calla lily) 2014.11.15

廣瀬　純
（ひろせ・じゅん）
龍谷大学経営学部教授（映画論、現代思想）。
1971年生まれ。著書に『アントニオ・ネグリ』（青土社）、『絶望論』『闘争のアサンブレア』（共著、ともに月曜社）、『蜂起とともに愛がはじまる』『美味しい料理の哲学』（ともに河出書房新社）、『闘争の最小回路』（人文書院）、『シネキャピタル』（洛北出版）、訳書にアントニオ・ネグリ『未来派左翼』（NHK出版）、『芸術とマルチチュード』（共訳、月曜社）、フランコ・ベラルディ（ビフォ）『NO FUTURE』（共訳、洛北出版）ほか。

暴力階級《ぼうりょくかいきゅう》とは何《なに》か

情勢下の政治哲学2011-2015

著　者	廣瀬　純
発行者	大村　智
発行所	株式会社 航思社 〒113-0033 東京都文京区本郷1-25-28-201 TEL. 03 (6801) 6383 ／ FAX. 03 (3818) 1905 http://www.koshisha.co.jp 振替口座　00100-9-504724
装　丁	前田晃伸
印刷・製本	シナノ書籍印刷株式会社

2015年5月31日　初版第1刷発行

ISBN978-4-906738-11-3　C0010

2011 危うく夢見た一年

スラヴォイ・ジジェク 著
長原 豊 訳
四六判 並製 272頁　本体2200円（2013年5月刊）

何がこの年に起きたのか？　今なお余燼くすぶるアラブの春やウォール街占拠運動、ロンドン、ギリシャの民衆蜂起、イランの宗教原理主義の先鋭化、ノルウェイの連続射殺事件、そして日本での福島原発事故と首相官邸前行動……はたして革命の前兆なのか、それとも保守反動の台頭なのか？

平等の方法

ジャック・ランシエール 著
市田良彦・上尾真道・信友建志・箱田徹 訳
四六判 並製 392頁　本体3400円（2014年10月刊）

ランシエール思想、待望の入門書　世界で最も注目される思想家が、みずからの思想を平易なことばで語るロング・インタビュー。「分け前なき者」の分け前をめぐる政治思想と、「感覚的なものの分割」をめぐる美学思想は、いかに形成され、いかに分けられないものとなったか。

存在論的政治　反乱・主体化・階級闘争

市田良彦
四六判 上製 572頁　本体4200円（2014年2月刊）

21世紀の革命的唯物論のために　ネグリ、ランシエール、フーコーなど現代思想の最前線で、9.11、リーマンショック、世界各地の反乱、3.11などが生起するただなかで、生の最深部、〈下部構造〉からつむがれる政治哲学。『闘争の思考』以後20年にわたる闘争の軌跡。（フランスの雑誌『マルチチュード』掲載の主要論文も所収）

天皇制の隠語

絓 秀実
四六判 上製 474頁　本体3500円（2014年4月刊）

反資本主義へ！　公共性／市民社会論、新しい社会運動、文学、映画、アート……さまざまな「運動」は、なぜかくも資本主義に屈してしまうのか。排外主義が跋扈する現在、これまでの思想・言説を根底から分析し、闘争のあらたな座標軸を描く。日本資本主義論争からひもとき、小林秀雄から柄谷行人までの文芸批評に伏在する「天皇制」をめぐる問題を剔出する表題作のほか、23篇のポレミックな論考を所収。